Angelehnt daran, wie die Bewohner der Region sich selbst nennen und wie sie auch von Deutschen vor Ort bezeichnet werden, nenne ich die Bewohner Katars »Katari« bzw. »Kataris« und die des Omans »Omani« bzw. »Omanis«. Katari bzw. Omani kann männlich und weiblich verwendet werden, der Plural gilt ebenfalls für beide Geschlechter.

INHALT

Der Sprung ins Abenteuer 11
Der Daumen Arabiens 18
Marhaba! Willkommen! 21
Der Gang durch den Spiegel 30
Aber es ist doch Freitag! 35
Abaya-Barbies 44
Ich bin Ihr Fahrer, Ma'am 54
Alles anders – der erste Schultag 65
Dresscodes 75
Küssen verboten 81
»Pull, Ma'am, pull!« 86
Verdeckt beim Arzt 88
Das seltsame Verhalten der Mütter am Nachmittag 91
Wohnungssuche 95
Macht Uhren überflüssig: Der Ruf des Muezzin 111
Arabenglisch oder: Besser kein Wort zu viel 115
Klassengesellschaft 120
Sehnsucht nach Salami 127
Spontanparken 132

Das *Medical* oder: Alles hat seinen Preis 134

»Der Emir besprach wichtige Angelegenheiten« – Nullnachrichten 141

Frühjahrsputz 148

Ich hupe, also bin ich 156

Arabisch ist leider nicht gleich Arabisch 160

Horrorkino 165

Unsere MIA 169

Ramadan oder: Achtung, Randale 173

Kamel auf Abwegen 179

Heimaturlaub und Heimatgefühle 182

Einkaufen für Fortgeschrittene: Im Dattelparadies 186

Enthüllungen – meine erste Abaya 196

Eine nicht ganz freiwillige Verlobung 208

Nicht ohne meine Falken 212

Sandstürme und Geröllwüste 225

Land unter 230

Flirten auf Katarisch 237

Season's Greetings 239

Changes 242

Singende Dünen: Was bleibt 253

Glossar 259

Weiterführendes 269

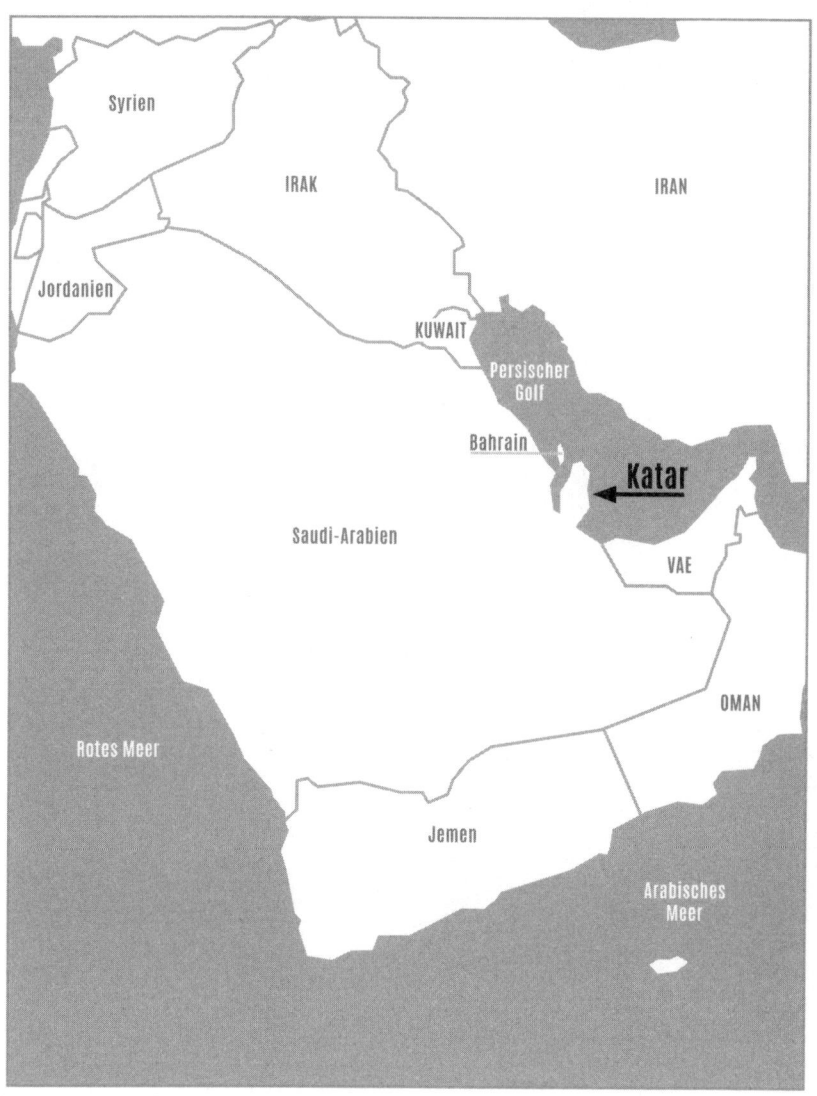

DER SPRUNG INS ABENTEUER

An dem Tag, der unser Leben komplett veränderte, blubberte der Kaffee in die Kanne und füllte die winzige Küche unseres Reihenhauses mit verlockendem Duft. Oliver, der Chef meines Mannes, war gerade aus Katar zu Besuch. Wir lehnten zu dritt in der Küche an der Arbeitsplatte und warteten darauf, dass der Kaffee endlich durch die altersschwache Maschine gelaufen war. Auf der kleinen Rasenfläche vor dem Haus spielten Tim und Noah und turnten lautstark auf dem Klettergerüst herum.

Mark drehte und ordnete die drei Becher vor der Maschine nervös. »Sag mal, Frida, könntest du dir vorstellen, nach Katar zu ziehen?«

Oliver sah mich erwartungsvoll an. »Ich habe Mark angeboten, mein Nachfolger als Geschäftsführer der Niederlassung in Doha zu werden.«

Ich zögerte. Mark hatte mich natürlich vorgewarnt, dass Olivers und seine Pläne in diese Richtung gingen. Aber ich hatte es für eine »Ganz eventuell in ein paar Jahren«-Option gehalten. In die Wüste ziehen? Seit einiger Zeit arbeitete mein Mann für zwei Firmen, Tochtergesellschaften eines deutschen Elektrokonzerns. Ein Standort war in Deutschland, der zweite in Katar. Alle paar Wochen pendelte er aus Deutschland in den kleinen Wüstenstaat zum Arbeiten. Mal für ein paar Tage, häufig für zwei bis drei Wochen am Stück. Mark und ich hatten schon bald beschlossen, dass seine Pendelei und mein Leben allein mit zwei kleinen Kindern kein Dauerzustand sein sollten. Dass die

Lösung allerdings darin bestehen könnte, uns alle zusammen nach Katar zu schicken, darauf war ich nicht gekommen.

Unsicher schaute ich zum Klettergerüst. Tim war sechs und gerade eingeschult worden, Noah war erst zwei und ganz aufgeregt, dass er jetzt »endlich« in den Kindergarten ging. Wie wäre es für die beiden, wenn sie aus der neuen Schule und dem neuen Kindergarten gerissen würden? Sie hatten beide gute Freunde, hingen an den Großeltern.

»Es wäre eine Entsendung für, sagen wir mal, zweieinhalb Jahre«, meinte Oliver in diesem Moment. »Wenn es euch gefällt, könnt ihr verlängern.« Oliver selbst und die anderen Deutschen in seinem Team hatten schon mehrfach in Katar verlängert, auch die Kollegen mit Kindern. So schlimm konnte es für Kinder in Doha also nicht sein. Meinen Job als freie Texterin würde ich auch nicht aufgeben müssen. Solange ich eine Internetverbindung, mein Notebook und ein Telefon hatte, konnte ich überall arbeiten.

Noch immer brachte ich kein Wort über die Lippen, meine Gedanken kreisten ständig um die gleichen Fragen. Ein Leben als Expat – war ich bereit dazu, mit zwei Kindern unter zehn Jahren? Noch dazu in einem Wüstenstaat, der nach islamischem Scharia-Gesetz funktionierte? »Expat auf Zeit« klang da auf jeden Fall erst mal beruhigend.

»Ich denk drüber nach«, versprach ich, »und bespreche das in Ruhe mit Mark.«

Das erste Mal hatte ich drei Jahre zuvor einen Fuß auf katarischen Boden gesetzt. Ich hatte gerade einen privaten Schicksalsschlag hinter mir. Der Schock und die Trauer saßen noch tief, als Mark das nächste Mal beruflich nach Doha fliegen musste.

»Frida, was hältst du davon, wenn du mitkommst, und Tim auch?«, schlug er eines Morgens vor. »Das würde dir sicherlich guttun und dich ablenken.« Ich hatte Angst vor Katar und wirklich keine Lust: Es war Juli, einer der heißesten Monate im Nahen Osten. Mark würde die ganze Woche arbeiten, und ich säße mit meinem vierjährigen Sohn im Hotel fest. Doch mangels einer besseren Idee kamen wir mit.

Knötterig und depressiv verstimmt stieg ich in Doha aus dem Flieger. »Auch das noch! Es ist sowieso schon so heiß, und jetzt lassen die auch noch die Triebwerke weiterlaufen, während wir daran vorbeimüssen!«, beschwerte ich mich. Die heiße Luft blies mich von der Seite an, als ich grummelnd die Gangway zum Bus hinunterstieg.

Im Zubringerbus regte sich zum ersten Mal seit Wochen meine Neugier: Wir waren nur eine Handvoll Leute, die anhand der Brillen und praktischen Kleidung eindeutig als Deutsche zu identifizieren waren. Uns umringten Menschen in allen Hautfarben dieses Erdballs. Ein Gemisch aus Sprachen, farbenfrohen Saris, schwarzen Abayas, weißen und erdfarbenen Kaftans sowie Kopftüchern in vielen Farben umspülte mich. Ich konnte mich gar nicht sattsehen. Es schaute auch niemand irritiert, wenn das Gespräch zwischen Arabern mal etwas lauter wurde. Das war ich aus Deutschland nicht gewohnt.

Dezent zeigte ich auf eine Person in einem langen weißen Gewand: »Ist das ein Katari?«, raunte ich Mark zu. Denn auch katarische Männer kleiden sich zu Hause in Landestracht. Sie ziehen sich im Flieger um – in Europa tragen zumindest die Männer gern Anzug, die Frauen bleiben der Abaya meist treu.

Mark schüttelte den Kopf. Auch die anderen Männer in Weiß waren angeblich keine Kataris.

»Aber wo sind die denn dann?«

Mark grinste. »Natürlich nicht im Zubringerbus der Economy Class«, raunte er. »Die Leute aus der Business Class werden separat bis in die *Immigration*-Halle kutschiert.«

Es war ein Uhr morgens, als der Zubringerbus uns am Flughafenterminal ausspuckte. Noch am alten Flughafen, Doha International Airport, wo alles mit Provisorien arbeitete, während man die Eröffnung des riesigen modernen Hamad International Airport, kurz HIA, herbeisehnte.

Beim Aussteigen aus dem Bus blieb ich verwirrt stehen. Kein Flugzeug weit und breit – wie konnte uns dann weiterhin eine Turbine heiß anblasen? Meine wochenlange Lethargie fiel von mir ab, als mir klar wurde: Diese Hitze kam nicht aus einer Maschine, diese Hitze war das Wetter in Katar! Es fühlte sich haargenau so an, als hätte jemand einen gigantischen Föhn direkt auf mich gerichtet. Nicht unangenehm, sondern wie eine exotische Wärmebehandlung in einem teuren Spa. Die Mondsichel stand, für unser deutsches Empfinden, »verkehrt« am Himmel, nämlich um neunzig Grad nach unten gekippt. In der Luft schmeckte ich einen Hauch Meeresbrise.

Direkt nach der Passkontrolle tauchten wir ein in ein Gewühl aus Asiaten, Indern und Arabern. Eine schwarz vermummte Frau mit fünf Kindern und zwei Nannys ließ sich per Mofa einen Stapel Pizzen an den Flughafen liefern. Vermutlich Wegzehrung, vielleicht war das Zuhause noch weit. Türkise Taxis glitten aus der samtigen Dunkelheit und ließen Miami-Vice-Feeling aufkommen.

Ein Erlebnis aus dieser Urlaubswoche ist mir besonders in Erinnerung geblieben: das erste Mal am Pool des Interconti. Um zu der großen Außenpoolanlage zu gelangen, muss man durch den Spa-Fitness-Bereich gehen. Dort weist man sich als Hotelgast aus, bekommt flauschige Handtücher in die Hand gedrückt und darf dann erst zum Pool.

Tim und ich schleppten unsere Pooltasche und die Handtücher, ich drückte die Tür auf. Meine Brille beschlug sofort, und ich sah nichts mehr. Tim hatte auf der Schwelle einen Schlappen verloren, machte einen Schritt barfuß nach vorn und schrie auf. Es war höllenheiß. Schlimmer als in der finnischen Sauna. Ich schob meine Brille nach oben, um wenigstens Umrisse von irgendwas zu sehen. Vor mir lag zu meinem Erstaunen nicht die Damen-Sauna, wie ich wegen der Hitze vermutet hatte, sondern die große Poollandschaft, die ich schon aus dem Hotelfenster bewundert hatte. Aber es war so heiß, dass mir eine Gänsehaut über den Körper lief. Dagegen war der heiße Fön gestern Nacht ein Klacks.

Ich schlüpfte aus einer Badelatsche und stellte testweise einen nackten Fuß auf den Steinboden. Kein Wunder, dass Tim geschrien hat: Er war so heiß, dass ich mir wahrscheinlich Brandblasen holte, wenn ich die paar Meter bis zum Schwimmbecken ohne Schuhe laufen würde.

Einige wenige Erwachsene schwammen in dem großen Becken. Sie trugen Baseballkappen und schütteten sich alle paar Meter damit das gekühlte Poolwasser über den Kopf. Nach ein paar Metern im Pool wusste ich, wieso: Die Sonne brannte derart auf meinen Haaren, dass es sich anfühlte, als würde ich den Kopf auf eine Herdplatte drücken.

Wir versteckten uns vor der sengenden Hitze am Kinderpool. Es war das einzige Becken, das überdacht war. Etwa ein Dutzend Plastikstühle stand im Schatten um das kleine Becken, damit die armen Eltern nur kochten, aber nicht verbrannten, während der Nachwuchs das kühle Wasser genoss. Wir waren die Einzigen hier. Ich saß im Bikini auf dem Stuhl und hatte mir ein Handtuch untergelegt. Nach einer Weile gesellte sich eine Familie zu uns: fünf Kinder, ein stark behaarter Mann in Badeshorts und vier Frauen in weiten schwarzen Gewändern. Man sah nur ihre Augen aus Schlitzen im Gesichtsschleier blicken, alles andere war von schwarzem Stoff verborgen.

Die Frauen setzten sich nebeneinander auf die andere Seite des Beckens, mir gegenüber, der Mann ging mit den Kindern ins Wasser. Er verrenkte sich fast den Hals bei dem Versuch, die fünf Kleinen im Auge zu behalten, ohne dass sein Blick mich streifte. Er bewegte sich immer mit dem Rücken zu mir und haschte blind nach den Kindern, die in meiner Nähe paddelten. Noch wusste ich nicht, wie streng die Regeln für verheiratete Muslime waren, aber dieses Treffen gab mir eine erste Ahnung.

Unter den Blicken der schwarz verhüllten Frauen fühlte ich mich, als sei ich nackt. Mein Gott, wie mein Busen über das Oberteil quoll! War ich nicht der lebende Beweis, dass westliche Frauen von Grund auf verdorben waren? Ganz furchtbar. Wieso hatte ich mich nur dazu hinreißen lassen, ausgerechnet in Katar einen Bikini anzuziehen? Ich hatte zwar ein ganz züchtiges Exemplar an, aber hier und jetzt saß ich mit vor Scham hochrotem Kopf am Pool.

Sosehr ich mich auch schämte – vor allem taten mir die vier Frauen leid: Es waren an dem Tag 47 Grad im Schatten, und sie waren derart eingemummelt! Und dann auch noch alle mit einem einzigen Mann verheiratet, den sie sich teilen mussten – was für ein Leben! (Sehr wahrscheinlich waren es in Wirklichkeit seine Mutter oder Schwiegermutter, Schwestern und älteren Töchter.) Dort saßen sie, einer anderen Zeit entsprungen, und hier ich, das Sinnbild der modernen Frau …

Mein mich selbst beweihräuchernder, nicht gerade vorurteilsfreier Gedankengang brach jäh ab, als die Frauen anfingen, ihre elektronischen Spielzeuge aus den geräumigen Designerhandtaschen zu kramen. Alle vier zogen das neueste iPhone-Modell heraus. Eine legte das Smartphone, nachdem sie ein Foto gemacht hatte, wieder weg und wurschtelte lieber eine fette Spiegelreflexkamera aus der Tasche. Das Modell war neu und kostete im Laden um die 2 000 Euro. Sie machte ein paar Fotos von den Kindern und zeigte sie den anderen. Daraufhin holte die Frau ganz außen ebenfalls dieselbe Spiegelreflexkamera heraus. Die Kinder, die nicht mehr schwimmen wollten, bekamen jedes ein neues iPad in die Hand gedrückt und waren beschäftigt …

Nach zehn Minuten sah es mir gegenüber aus wie in einem teuren Elektronikfachgeschäft. Mein inneres Bild von diesen Frauen als »im Mittelalter stecken geblieben« hatte einen kräftigen Riss bekommen.

Die Faszination, die dieser Gegensatz auf mich ausübte, war sicher einer der Gründe, warum ich später bereit war, nach Katar zu ziehen. Der andere Grund war persönlicher. In der einen Woche Urlaub brannte mir Katar meine Traurigkeit regelrecht aus dem Hirn – mit seiner glühenden Hitze, der betörenden Luftfeuchtigkeit, die einen wie in einem Dampfbad einhüllte, mit dem geschäftigen Treiben überall in den Einkaufszentren und nachts auf den Märkten, den üppigen leuchtenden Farben von Blüten, Kleidung, Essen und Meer, die vor dem Hintergrund der steinigen grauen Wüstenlandschaft umso mehr zu strahlen schienen. Erfüllt von neuen Eindrücken und in einer positiven Stimmung kam ich nach der einen Woche Katar nach Deutschland zurück.

Ich glaube, das ist der Hauptgrund, warum ich jetzt, drei Jahre später, »Ja« zur Entsendung sagte und mir ein Leben in Katar vorstellen konnte. Es gab die Seite des Landes, die mich abschreckte: das politische und gesellschaftliche System, das für unsere Augen geradezu mittelalterlich ist. Der Polizeistaat mit Zensur, Dauerüberwachung und allem, was dazugehört. Die andere Seite des Lebens in Katar ist dieses wunderbare Gefühl von »ich habe unendlich lange Sommerferien«, da man, zumindest als westlicher Expat, jeden Tag schwimmen, shoppen und in ein Multikulti-Großstadtleben eintauchen kann.

Ein paar Wochen nach Olivers Besuch flogen Mark und ich für ein paar Tage nach Doha, um uns die Deutsche Schule und mögliche Kindergärten anzusehen und Doha durch die »Könnte das meine Heimat sein?«-Brille zu betrachten. Ich lernte Marks Kollegen und Kolleginnen in Doha kennen, und sie zeigten mir all die modernen, »westlichen« Seiten der Stadt: Starbucks überall, Virgin Megastore, Einkaufen in der sagenumwobenen Villaggio Mall, die nach dem Vorbild Venedigs mit Wasserstraßen gebaut worden war ... Wir wohnten in Olivers schönem Compound-Haus und spielten ein paar Tage lang »Expat in Doha«.

Nach der Rückkehr nach Deutschland sagten wir der Entsendung zu. Danach ging alles ganz schnell: Ende Januar würden wir umziehen, zum Halbjahreswechsel von Klasse 1 unseres Sohnes Tim. Wir würden im Winter starten und uns dann langsam, wie der Frosch im Kochtopf, auf katarische Betriebstemperatur bringen lassen.

DER DAUMEN ARABIENS

»Katar ... Wo liegt das eigentlich?« Wenn wir Freunden und Verwandten in Deutschland von unseren Plänen erzählten, war das meist die erste Frage. Der Einfachheit halber gewöhnten wir uns an zu sagen: »Gleich neben Dubai.«

Eine gefühlte Wahrheit. Katar ist in Wirklichkeit auf drei Seiten von Wasser umgeben, an der vierten grenzt es an Saudi-Arabien. Immerhin erreicht man Dubai von Katar aus mit einem einstündigen Kurzflug. Es ist auch angenehmer, sich das eher westlich wirkende Dubai als nächsten Nachbarn vorzustellen als den Nachbarn, der tatsächlich nur eine kurze Autostrecke von Doha entfernt liegt: das im Vergleich zu Katar gigantisch große und hermetisch abgeschlossene Saudi-Arabien.

Das kleine Emirat Katar ist auf der Landkarte leicht zu finden, wenn man den Trick kennt. Schulkindern im Land bringt man bei, nach dem »Daumen Arabiens« zu suchen: Die Halbinsel ragt wie ein Daumen in den Persischen Golf – der hier übrigens immer »Arabische See« genannt wird. Ein wichtiger Unterschied, da die wenigsten in der Region gut auf den Nachbarn Iran zu sprechen sind.

Etliche Verwandte und Freunde lagen uns in den Ohren, wie wir es unseren Kindern antun könnten, Deutschland zu verlassen, und dann auch noch in »*so* ein Land« zu ziehen! Je nachdem, wie politisch korrekt oder unkorrekt die Gesprächspartner waren, kam natürlich das Thema Islam und Araber ziemlich einseitig zur Sprache. Meine Versuche zu erklären, dass Frauen in Katar Auto fahren dürfen, sich nicht per Gesetz verschleiern oder verhüllen müssen und dass unsere Kinder in einen westlichen Kindergarten beziehungsweise in die Deutsche Schule gehen würden, stießen meist auf taube Ohren.

Auch die Ratgeber über Entsendungen, die ich in den ersten Wochen nach unserem Umzugs-Entschluss hektisch las, hieben in dieselbe Kerbe: »So stellen Sie sicher, dass Ihre Kinder vom Kulturschock keine bleibenden Schäden davontragen«, lautete eine Überschrift. Eine andere: »Heimat- und sprachlos: Wie Sie Ihrem Kind während der Entsendung Halt geben.« Oder, kaum besser: »Überall in der Welt gelebt, aber nirgendwo zu Hause: Expat-Kinder.«

In dieser Situation stärkte mir ausgerechnet Tims Grundschullehrerin den Rücken. Als ich sie in unsere Pläne einweihte, machte ich mich auf die übliche Reaktion gefasst: »Oh mein Gott, Katar? Wie können Sie Ihren Kindern das antun!« Aber sie gratulierte mir zur Entsendung und sagte etwas, das ich während unserer ganzen Zeit in Katar nicht vergessen sollte: »Die Auslandserfahrung ist eine große Chance für Ihre Kinder! Die Erfahrungen, die sie im Ausland machen werden, diese Horizonterweiterung – davon werden Sie und auch Ihre Kinder noch lange zehren. Das kann Ihren Kindern auch später niemand mehr nehmen.«

Tims Lehrerin also war eine der wenigen, die uns grünes Licht für unser Abenteuer gaben. Aber wie bereitet man sich als Mutter von zwei Kindern auf ein Leben auf Zeit vor, das sich Tausende von Kilometern entfernt von der Heimat abspielen wird, noch dazu in einer anderen Kultur? Die Antwort ist so einfach wie kurz: kaum. Denn ich war in den etwa sechs Monaten zwischen Zusage und Abreise dermaßen mit dem ganzen Papierkrieg sowie dem Ausmisten und Einpacken beschäftigt, dass ich schlicht nicht dazu kam, mich in irgendeiner Weise vorzubereiten.

Gefühlt mit Vollgas rasten wir auf den Tag unserer Abreise zu. In dem Maß, wie der entscheidende Tag näher rückte, wurde das Ganze schließlich immer realer. Die Kinder und ich verabschiedeten uns tränenreich nach und nach von allen Freunden und Verwandten. Alles wurde irgendwann das »letzte«: Das letzte Weihnachtsfest mit Schnee, das letzte Kaffeetrinken mit der besten Freundin, der letzte Spielnachmittag unserer Söhne mit den Nachbarskindern.

Zu den Abschieden von Menschen kamen dann noch die Abschiede von Dingen. Marks Firma bezahlte uns nicht etwa einen Schiffscontainer, sondern gerade mal zehn quadratische Seefrachtkartons pro Person. Bei vier Personen macht das vierzig Kartons, was erst einmal viel klingt. Aber wenn man alle Lieblingsbücher, wichtigen Dokumente, Computerzubehör, Lego, Playmobil, Brettspiele und Küchengeräte verpackt hat, sind nicht mehr viele leere Kartons übrig. Den Rest lagerten wir bei meinem Bruder in einer Scheune ein.

Als unsere Mietwohnung schließlich leergeräumt und übergeben war, marschierten wir vier zum Bürgeramt, um uns abzumelden. Ohne jedes Gespür für die Situation pulte die Dame vom Amt die Adressaufkleber von unseren Personalausweisen und pappte stattdessen »Kein Wohnsitz in Deutschland« darauf. Zack, noch ein Stempel drüber, und wir standen auf der Straße.

»Kein Wohnsitz in Deutschland« – zum ersten Mal in meinem Leben. Vielleicht hätte ich verschreckt sein müssen, dass der Umzug jetzt wirklich kurz bevorstand. Aber seltsamerweise fühlte ich mich regelrecht befreit. Wir hatten keine Wohnung und kein Auto mehr, und jeder besaß nur noch einen einzigen Koffer. Kein Haus und keine Möbel warteten auf uns in Katar. Bis die Seefracht in frühestens acht Wochen nachkäme, würden wir nur aus unseren Koffern leben. Noah, unser Jüngster, schleppte wie eine Schnecke ihr Haus stolz seinen Boosta-Pak-Rucksack überall mit hin, der sich mit einem Handgriff in einen Auto-Kindersitz verwandeln ließ.

Wir waren alle bereit für das große Abenteuer, von den Großen bis zu den Kleinen.

MARHABA! WILLKOMMEN!

»Mama, was hat die Frau da an?« Noah zupfte mich diskret am Ärmel. So diskret, wie das ein Zweijähriger eben macht: also gar nicht. Sein helles Stimmchen tönte laut durch die Sitzreihen des Gates in Frankfurt. Mit dem Finger zeigte er auf eine Frau in schwarzem Outfit mit einem schwarzen Tuch um die Haare.
»Das ist eine Abaya«, erklärte Mark. »Sie trägt das, weil sie das schön findet.«
Tim und Noah gafften beide auffällig-unauffällig. Kein Wunder: Sie hatten noch nie zuvor eine Frau in der Tracht der Golfstaaten gesehen – und hier am Gate rollten gleich mehrere schwarz gekleidete Damen hintereinander ihre Bordcases herein.
In den Flugzeugreihen saß dann eine bunte Mischung nebeneinander. Die Damen in Abaya waren mit ihren in Anzüge gekleideten Ehemännern in die Business Class entschwunden. Hier in der Economy saßen europäische, indisch-asiatische, afrikanische und viele arabische Familien. Für Tim und Noah war alles aufregend: der Bildschirm im Sitz vor ihnen, das Anschnallen, die Ansagen in Englisch und Arabisch.
Der Anflug auf die Golfregion ein paar Stunden später weckte mulmige Gefühle in mir. Qatar Airways bot inzwischen nicht nur die Möglichkeit, aus Kameras am Bauch des Flugzeugs nach unten zu sehen, sondern auch, den Flug auf einer 3-D-Landkarte zu verfolgen. Es blinkten Städte- und Ländernamen rechts und links der Flugroute auf, die ich nur aus den Nachrichten kannte: Syrien, Iran, Irak, Teheran, Mekka …

Wir zogen in der Zeit des IS-Terrors nach Katar, was mir zumindest für die Anreise ziemlich Sorgen machte. »Die werden schon nicht ihre eigenen Leute vom Himmel sprengen«, wiederholte ich in Gedanken den Satz, den mir ein Bekannter zum Trost mit auf den Weg gegeben hatte. Aber »die eigenen Leute«, was hieß das schon in Zeiten von IS-Einzeltätern? Lieber zur Ablenkung einen Actionfilm gucken. Ich klickte auf »Independence Day«.

»Inhaltlich bearbeitet«, verkündete das Display. Mal schauen, was die katarische Zensurbehörde diesmal entfernt hatte. Bei der romantischen Komödie vorhin war es eine Kussszene gewesen. Das Ergebnis sah dann folgendermaßen aus: Held und Heldin standen sich gegenüber, er nahm ihre Hände, sie öffnete leicht den Mund … Schnitt. Die Handlung setzte mitten im nächsten Satz wieder ein. Mark hatte währenddessen einen James-Bond-Film angeschaut. Wichtige Plot-Infos waren ihm entgangen, da James Bond die Informationen leider ausgerechnet nach dem Beischlaf, noch im Bett mit der Dame, erhalten hatte. Mann und Frau im Bett ist ja schon kritisch in Katar, aber wenn sie auch noch unverheiratet sind? Schnitt und Cut.

Eine Viertelstunde vor der Landung schaltete ich auf die Bordkamera um. Da wir spätabends ankamen, war von Katar so gut wie nichts zu sehen. Aber allein das war schon bemerkenswert: Im Anflug auf eine Zwei-Millionen-Metropole über dunkles, so gut wie unbewohntes Land zu fliegen, ist ungewohnt. Katar, das reichste Land der Welt, hat nur eine Handvoll Städte und nur eine einzige wirkliche Großstadt zu bieten.

Der Flughafen liegt gleich hinter der Stadt, und so dreht man eine Schleife über den Golf, wenn das Flugzeug bereits ziemlich tief fliegt. Die Kameras erfassten eine zauberhafte Szenerie: schwarzes Wasser unter uns, betupft mit bunt erleuchteten Ausflugsbooten und eleganten weißen Jachten. Am Horizont schließlich Doha – ein Lichtermeer. Die Autobahnen und Schnellstraßen zerteilten die Stadt wie mit schnurgeraden Bändern. Ganz vorne am Wasser standen in mehreren Reihen die rot, grün, blau und violett angestrahlten Wolkenkratzer der West Bay. Wie Süßigkeiten oder Kinderspielzeug sahen sie aus der Luft aus.

Dieses Mal war ich gegen den Hitzeschock beim Aussteigen gewappnet und trug nur eine leichte Bluse und eine Jeans. Prompt fuhr mir auf dem Weg zum Transitbus ein kühler Wind unter die Klamotten. Die Temperaturen in Doha Ende Januar sind trotz tagsüber knallblauem Himmel und strahlender Sonne nachts manchmal ziemlich frisch. Zumindest, wenn man bei fünfzehn Grad in Sommerkleidung herumläuft.

Im Bus fuhr noch etwa ein Dutzend weiterer Deutsche mit, gekleidet wie wir. Inmitten der Asiaten und Araber müssen wir mit unseren Funktionshemden, Allwetterjacken, festen Schuhen und Jeans ausgesehen haben wie eine Delegation vom Outdoor-Ausrüster. Farbenfrohe Saris, schwarze Abayas, weiße und erdfarbene Kaftans, Kopftücher in allen Farben und ein Gemisch aus Dutzenden von Sprachen umgaben uns auch dieses Mal wieder.

Innerhalb des Flughafens umkurvten uns immer wieder elektrische Golfwägelchen, die hupend an uns Fußgängern vorbeibrausten. An Bord ein asiatischer Fahrer und auf dem Rücksitz Damen in Abaya und Männer in eleganter weißer Dischdascha.

Ich war überrascht, dass wir zu den wenigen gehörten, die nicht zielstrebig in Richtung des Transitbereichs liefen. Der Flughafenmitarbeiter, der aufpasste, dass Transitpassagiere nicht in den falschen Teil des Flughafens gerieten, fragte sogar zweimal nach: »Arrival? No transit? Sure?« Die anderen Passagiere im Flugzeug, die ich für zukünftige »Nachbarn« in Katar gehalten hatte, waren offenbar fast alle Transitpassagiere, die nach Asien und Australien weiterflogen.

Wir folgten den »Arrival«-Schildern und waren die erste Zeit ganz allein unterwegs. Noah konnte sich nicht mehr auf den Beinen halten, sodass Mark ihn und seinen Autositz-Rucksack tragen musste. Tim schleppte tapfer seinen eigenen Rucksack und betrachtete den Flughafen mit weit geöffneten Augen. Es war schon fast Mitternacht, und Tims sowieso schon helle Haut sah vor Erschöpfung käsig weiß aus.

»Wie schön, dass es so schnell vorangeht«, freute ich mich und nahm Tims Hand. Wir beide sahen schon das Hotelbett in greifbarer Nähe.

»Freu dich lieber nicht zu früh.« Mark nahm Noah auf den anderen Arm. »Ich hab in der *Immigration* schon die wildesten Sachen erlebt.«

Wenn man vom Teufel spricht ... So war es dann auch. Die weitläufige Halle mit den Einreiseschaltern war voller Menschen aus aller Herren Länder. Wir hatten über eine Stunde Zeit, sie zu studieren, während wir uns mit Hunderten von Indern und Filipinos in einer Schlange Schritt um Schritt durch das Seillabyrinth schoben.

Noah konnte kaum noch die Augen offen halten und weinte die ganze Zeit. Auch Tim war inzwischen hundemüde. Beide starrten wir die ganze Zeit wie hypnotisiert auf einen Mann vor uns, der zu einer Gruppe mit indischen Pässen in den Händen gehörte. Im Außenfach des Rucksacks, der ihm von der rechten Schulter baumelte, steckte eine blaue Zahnbürste. Sobald sich der Mann bewegte, putzte er mit dieser Zahnbürste die Umgebung: die Absperrung, andere Reisende, ihre Taschen, und das vielleicht, seitdem er in Indien sein Zuhause verlassen hatte.

Während wir im Zeitlupentempo in der Schlange vorwärtsrückten, schlenderten immer mal wieder Gestalten an allen Wartenden vorbei und entschwanden durch einen Express-Ausgang. Darüber stand »Nationals and other GCC countries«. Mark erklärte Tim, dass es dieses Schild in allen Ländern der Region gab. *Nationals* meinte in diesem Fall Kataris, »other GCC countries« die Einwohner der anderen Golfstaaten. So wurden wir schon gleich auf die feine Unterscheidung in den Golfstaaten eingestimmt: *Nationals* beziehungsweise *Locals* gegen *Residents*. Sowohl *Nationals* als auch *Residents* sind Einwohner Katars, aber die *Nationals* sind sozusagen die »Ureinwohner«, für die es nicht nur in Warteschlangen und auf Behörden eine Vorzugsbehandlung gibt. Eigentlich kein Wunder: In Katar stehen gerade mal 300 000 »echte« Kataris mehr als zwei Millionen *Residents*, also Menschen mit Arbeitserlaubnis, gegenüber.

Wenn man sich dem Kopf der Schlange in der *Immigration*-Halle nähert, wird klar, dass die Beamten an den mehr als ein Dutzend Schaltern *Nationals* sind, meist in Landestracht. Übrigens Männer *und* Frauen, was in der Region durchaus bemerkenswert ist. Die Dischdascha, das Gewand der Männer, sieht aus wie ein gestärktes weißes Oberhemd, komplett mit Kragen und Manschettenknöpfen, das bis zu den Fußknöcheln reicht. Dazu tragen die Männer weiße Kopftücher (Guthra), mit einer schwarzen Kordel verziert, die Agal oder Igal genannt wird. Jetzt im Winter trugen viele der Kataris ein rot-weiß gemustertes Tuch, das wir in Deutschland »Palästinensertuch« nennen. Es ist aus dickerem Stoff als das weiße Sommertuch. Die Füße stecken sommers wie winters in Ledersandalen. Man(n) führt die Sandalen übrigens auch abends im Nobelhotel aus. Sandalen sind am Golf derart weit verbreitet, dass es nicht nur Läden einzig und allein für Sandalen gibt – für uns Deutsche schon ein ungewohnter Anblick –, sondern sogar Läden, die sich auf Herrensandalen aus Leder spezialisiert haben. »Echte« Kataris kann man von anderen Gulf Nationals übrigens nur durch den Schnitt der Dischdascha unterscheiden und manchmal durch die Art, die Guthra zu tragen.

Die Frauen der Golfstaaten tragen die Abaya, eine Art schmal geschnittenes Überkleid, das von den Schultern bis zu den Handgelenken und bis zum Boden reicht, gern in Schwarz. Katarische Frauen müssen sich nicht verschleiern. Sie bedecken die Haare mit einem Tuch beziehungsweise Kopfschleier (*Hijab* genannt), aber je nach Familie ist es auch kein Drama, wenn der Haaransatz zu sehen ist. Tagsüber und in offizieller Funktion ist das Tuch schwarz, abends beim Ausgehen werden auch Tücher in hellen Farben getragen. Unter der Abaya tragen Golf-Araberinnen gern mörderisch hohe High Heels; aber auch Turnschuhe angesehener Marken und in leuchtenden Farben blitzen unter dem Saum hervor.

Ein katarischer Beamter hastete gerade mit wehender Dischdascha zwischen den Abfertigungsschaltern und der Warteschlange auf und ab, um die Menschenmassen gleichmäßig zu verteilen. Gestenreich und hektisch winkte er die Passagiere an den nächsten Schalter, wenn jemand nicht bemerkte, dass ein Platz frei geworden war. Erst in dieser letzten Schlange, direkt vor dem Schalter, wurde klar, warum die Abfertigung so elend lange dauerte: Am Schalter musste man natürlich die Pässe vorlegen, und wer noch keine Aufenthaltsgenehmigung, das *Resident's Permit*, hatte, dessen Papiere wurden jetzt auf Herz und Nieren geprüft.

Endlich, nach einer gefühlten Ewigkeit, waren auch wir an der Reihe. Ich wurde immer nervöser, während der Beamte endlos lange durch unsere Pässe blätterte, uns auf Englisch nach dem Grund unseres Besuchs befragte und danach, wo wir wohnen würden. Er war nicht unfreundlich, aber ich konnte seine Fragen aufgrund des harten arabischen Akzents kaum verstehen. Beeindruckt starrte ich meinen Mann an, der locker jede Frage sofort beantwortete.

»Kunststück«, murmelte Mark mir zu. »Es sind ja immer dieselben Fragen. Bei der zwanzigsten Einreise kann man die Antworten schon ohne die Fragen herunterbeten.«

Endlich knallte der Beamte Stempel in unsere Pässe. Aber es war noch nicht zu Ende. Denn anschließend mussten Mark und ich uns hübsch nacheinander auf eine Linie, die auf den Boden geklebt war, stellen und auf eine verspiegelte Säule schauen.

»Brille ab! Nicht an der Theke abstützen! Ganz gerade stehen!«, hieß es in scharfem Ton.

In der Säule fuhr eine Kamera auf Augenhöhe hinauf, um einen Gesichtsscan zu machen. Ohne Brille bin ich jedoch derart kurzsichtig, dass ich nicht erkennen konnte, ob die Kamera rot oder grün leuchtete. Und da ich nicht sehr groß bin und deshalb wohl die Mindestgröße für den Apparat unterschritt, funktionierte er nicht. Eigentlich seltsam, denn die meisten asiatischen Männer in Katar haben meine Größe, und die asiatischen Frauen gehen mir eher bis zur Schulter.

Der Katari, der das Gerät beaufsichtigte, rollte schon die Augen, während die Kamera mit einem leisen »iiiiiip-wusch« ein Dutzend Mal hoch und wieder runter fuhr. Ich hätte im Boden versinken können. Von dem klein gewachsenen Asiaten an der Nachbarsäule schaute ich mir schließlich ab, wie es ging: Ich balancierte auf Zehenspitzen und stützte mich (verbotenerweise) unauffällig unterhalb des Sichtfelds des Beamten an der Theke ab, damit ich nicht zu sehr wackelte. Sonst wurde es wieder nichts mit dem Scan.

Da das System nach dem Blick auf mein Gesicht keinen Alarm schlug, durften wir endlich das Geld für die Visa berappen. Die Kinder wurden nicht gescannt. Für umgerechnet zwanzig Euro pro Person durften wir von nun an vier Wochen im Land bleiben, mit der Option auf eine einmalige Verlängerung.

Ein paar Meter hinter der *Immigration* wartete der nächste Beamte auf uns, an einem Durchleuchtungsgerät. Das hatte ich von meiner ersten Reise nicht in Erinnerung.

»Wieso kontrollieren Sie uns denn *nach* dem Flug?«, fragte ich entgeistert.

Der Beamte wand sich bei meiner Frage und ließ sie unbeantwortet. »Legen Sie jetzt einfach Ihre Tasche hier drauf, Ma'am.« Sein Ton duldete keine weiteren Bemerkungen zur Sinnhaftigkeit dieses Vorgehens.

Nachdem wir die Security-Station ein Stück hinter uns gelassen hatten, raunte Mark mir zu, wobei es bei dieser »Security« ging: ob man Alkohol, Schweinefleisch oder pornografisches Material in seinem Handgepäck hatte. Unsere Koffer, die wir jetzt endlich vom Band sammeln konnten, waren schon längst bis auf die letzte Socke durchleuchtet worden. An einem klebte, sehr versteckt, ein elektronischer Alarmsticker. Was war den Beamten wohl verdächtig vorgekommen?

Am Gepäckband gab es für uns Normalsterbliche Gepäckwagen, für die Business-Class-Passagiere jedoch etwas viel Schickeres. Ihre Gepäckwagen waren so edel gestaltet wie im Luxushotel: ein hoher vergoldeter Käfig mit einem kleinen Haken oben, von dem man die teuersten Einkaufstüten oder die Designerhandtasche baumeln lassen kann. So einen Wagen schob man natürlich auch nicht selbst, sondern schlenderte hinterher, während sich ein livrierter Mensch vom Flughafen abmühte. Im Vergleich zu den elegant schreitenden, kinderlosen Damen und Herren in Abaya und Dischdascha fühlte ich mich mit unseren knötternden Kindern und den überquellenden Gepäckwagen wie die bucklige Verwandtschaft. Erst viel später kapierte ich, dass sie ihre Kinder bei den Nannys und anderen Verwandten ließen und am liebsten allein als Paar wegflogen, um Urlaub zu machen.

Zwischen Ankunftshalle und dem Zollbereich waren Sicherheitstore installiert, wie am Ausgang von H&M und Co. Sie leuchteten prompt auf und gaben Alarm, als wir den Gepäckwagen mit unserem getaggten Koffer hindurchschoben. Sofort leitete ein Zöllner uns zu einer Auspack- und Durchleuchtungsstation.

»Bitte legen Sie alle Koffer auf das Band«, forderte uns eine Zollbeamtin in Abaya auf und fischte anschließend zielsicher den Koffer mit dem Sticker heraus. »Ist das Ihr Koffer?«, fragte sie. Der Ton war derart barsch, dass ich lieber noch mal nachschaute. Nicht dass ich am Gepäckband das falsche Gepäckstück gegriffen hatte, mit dubiosem Inhalt.

Nein, es waren nur die Mitbringsel für Marks Kollegen, die beim Durchleuchten aufgefallen waren. Wofür wir denn so viele Fieberzäpfchen, Vomex, Jodidtabletten und weitere Medikamente bräuchten?

»Die sind nur für uns. Wir leben ab jetzt in Katar.«

Die Dame wedelte mit der Hand. Wir waren wohl entlassen.

Draußen vor dem Terminal, direkt nach dem Zoll, tauchten wir trotz der späten Stunde in eine große Menschenmenge ein.

»You need driver?« Ein Concierge winkte uns eine Limousine heran. Der Fahrer verstaute unser Gepäck im Auto – und schon waren wir unterwegs in die Zwei-Millionen-Metropole, die glitzernd wie ein Diamantenkollier am Arabischen Golf auf uns wartete.

Willkommen im reichsten Land der Welt!

Oryx

Antilopenart, die in Katar vereinzelt noch wild lebend anzutreffen ist. Oryxfarmen sollen den frei lebenden Bestand in Zukunft wieder aufstocken. Eins der Wahrzeichen von Katar, z. B. im Logo von Qatar Airways zu sehen. Der Grund, warum so viele Bereiche im katarischen Flughafen »Oryx« im Namen tragen.

DER GANG DURCH DEN SPIEGEL

Das W Hotel in Doha ist berühmt für drei Dinge: seine schicke Lobby mit den schwebenden blauen Glasleuchten, sein aufmerksames Empfangsteam und seine Nachtclubs. Das wusste ich alles nicht. Ich wusste nur: Einmal im Leben würden wir ein paar Wochen in einem tollen Hotel wohnen, es würde unsere erste Station hier sein. Aber wenn ich mir so ein Leben in meinen Träumen ausgemalt hatte, waren nie zwei randalierende Jungs von unter zehn Jahren vorgekommen. Wie würde das sein, das »Zuhause« im Hotel mit Kindern?

Es war Donnerstagnacht, genau genommen: Freitag früh kurz nach eins. Der letzte Hauch Make-up hatte irgendwo über dem Arabischen Golf mein Gesicht verlassen, weil sich ein völlig übermüdeter Noah im Flugzeug unruhig auf meinem Schoß herumgewälzt und mir mit den Händen immer wieder ins Gesicht getatscht hatte, als wollte er prüfen, ob ich noch da war. Irgendwann schlief er ein, und ich musste ihn aus dem Taxi ins Hotel tragen. Tim dagegen war hellwach, stand aber vor Übermüdung ziemlich neben sich. Er verfolgte alles mit großen Augen, als müsste er morgen einen Aufsatz über seinen ersten Tag in Katar schreiben. Ich zog ihn an der Hand neben mir her, Mark mühte sich mit den vier Koffern und dem Kindersitz ab. Die livrierten Männer links und rechts vom Eingang zogen mit großer Geste die Glastüren für uns auf: »Welcome to the Double-U Hotel, Ma'am. Sir. Please enjoy your stay.«

Eine für mein übermüdetes Hirn unwirkliche Szenerie breitete sich vor mir aus: Direkt vor uns ein Farbenrausch aus Dutzenden von Blumengestecken in Glasvasen in mehreren Etagen auf Glasböden arrangiert. Meine Mutterinstinkte funkten sofort: »Oh Gott, das wird teuer! Schnell weg!« Links und rechts des Blumenmeers am Eingang baumelten zwei schwarze Ledercouches an meterlangen Ketten von der Decke. Tim war zum Glück nach eigener Aussage »zu müde zum Schaukeln«. (Am nächsten Tag stellte er maßlos enttäuscht fest, dass die Sofas durch ein verstecktes Podest mit dem Boden verschraubt waren.)

Die Lobby war drei Stockwerke hoch. Breite Treppen schwangen sich links und rechts zu einer gläsernen Galerie empor. Von der Decke hingen bestimmt hundert blaue Kugellampen wie schwebend herab. Arabische geometrische Muster dominierten den Raum: Breit und schwarz schlängelten sie sich auf dem Boden, silbern glänzende Reliefs rauschten die weißen Wände hinauf. War ich in einem arabischen Märchenschloss gelandet? Wenn ja, war der Herrscher dieses Reiches jung und taub, denn die edle Lobby vibrierte von lauter elektronischer Club-Musik. Es war brechend voll. Männer in Anzügen und Frauen in kurzen Kleidchen, die wie aus Instagram-Accounts entsprungen aussahen, flanierten umher. Bei ihrem Anblick fühlte ich mich noch elender und müder als fünf Minuten zuvor. Auch deutsch durch und durch: mit meiner Drahtbrille, meinem vernünftigen Pferdeschwanz und meinen Allwetterschuhen. Neben diesen schönen Kreaturen der Nacht musste ich aussehen wie Aschenputtel, nachdem es zwölf Uhr geschlagen hatte.

Ein Hotelangestellter führte Mark zur Rezeption, während ein zierlicher Filipino, der mir knapp bis zur Schulter reichte, zu mir kam und begann, an meinem schlafenden Kind zu ziehen. »Ma'am«, sagte er. Dann etwas, das ich in dem Lärm nicht verstand.

Ich hielt Noah noch fester. »Verzeihung?«

Er lächelte mich breit an, zog wieder an Noah. Als ich mein Kind umklammerte, versuchte der Asiate, Tim an der Hand wegzuführen. Ich packte beide Kinder.

Ein rundlicher Hotelangestellter, der die Szene offenbar beobachtet hatte, eilte in diesem Moment mit wehendem blonden Haar zu uns. Sein Namensschild wies ihn als Patrik aus. Er wedelte übereifrig mit den Händen. »Alles in Ordnung!«, versicherte er mir in vorzüglichem Englisch. »Wir kümmern uns um Sie, während Ihr Mann eincheckt, Ms. Benedikt!«

Ich atmete aus. Endlich jemand, den ich verstand.

»Tom trägt Ihr Kind für Sie«, erklärte Patrik und deutete mit großer Geste auf den Filipino. »Erholen Sie sich vom Flug. Fühlen Sie sich wie zu Hause!«

Tom zog mir Noah aus dem Arm. Er ging unter dem Gewicht etwas in die Knie, aber lächelte weiter tapfer.

Wir folgten Patrik durch die Lobby, und ich fragte ihn, was all die Menschen hier eigentlich taten, mitten in der Woche?

Er lächelte. »Morgen ist doch Freitag.«

Äh, ja, war das nicht immer so am Donnerstagabend? Dann fiel es mir ein: Das muslimische Wochenende begann am Donnerstagabend. Muslime wie Nicht-Muslime gingen an dem Abend gern aus.

Behutsam bettete Tom Noah auf Patriks Geheiß zum Schlafen auf eine große runde Sitzinsel aus weißem Leder. »Setzen Sie sich doch bitte.«

Zögernd ließen Tim und ich uns auf das Polster sinken. Der Sitz war butterweich, und ich hätte mich am liebsten neben Noah zum Schlafen ausgestreckt. Angebote, mir etwas zu trinken zu bringen, lehnte ich mit halb geschlossenen Augen ab. Irgendwie stellt man sich vor, dass man beim Auswandern hellwach alle ersten Eindrücke in sich aufsaugt. Aber meine müden Gedanken kreisten immer noch um die tausend Impressionen am Flughafen und das überwältigende Gefühl: »Was tun wir eigentlich hier?«

»I am hungry«, hörte ich in dem Moment zu meiner Verwunderung Tim zu Patrik sagen. Wir hatten in den vergangenen Monaten versucht, ihm ein bisschen Englisch beizubringen, aber Tim hatte sich mit Händen und Füßen gewehrt. Schön, dass anscheinend doch etwas bei ihm hängen geblieben war. Ich wollte ihn gerade auf später vertrösten, nach dem Einchecken, da eilte schon auf Patriks Wink hin ein weiterer Filipino in Hoteluniform mit einem kleinen Tablett zu uns. Darauf stand ein Dutzend winziger Gläschen mit einer gelben Paste. Vielleicht Mini-Smoothies? Er hielt Tim das Tablett hin.

»Oh, danke. Super!«, rief Tim auf Deutsch – und griff nach dem ganzen Tablett. Der Kellner war so überrascht, dass er sich die Drinks widerstandslos aus der Hand nehmen ließ.

»Äh, da nimmt man sich ein einziges Glas runter!« Ich nahm peinlich berührt Tim das Tablett aus den Händen und reichte es dem Mann mit tausend Entschuldigungen zurück.

Doch Tom hockte sich neben Tim, außerhalb meiner Reichweite, und reichte ihm ein Gratis-Gläschen nach dem anderen. Es war der erste Vorgeschmack auf die Kinderfreundlichkeit der Menschen in Katar. Kinder werden gern und überall mit Süßigkeiten und Komplimenten gefüttert. Über Lärm und angerempelte Möbelstücke gehen die Erwachsenen jeder Nation (na gut: mit Ausnahme der Deutschen) mit einem Lächeln hinweg.

Wenig später übergab Patrik unsere kleine übermüdete Familie an einen weiteren Hotelangestellten namens Zoran. Der arbeitete im »Welcome Team« in der Lobby, vor allem war er aber für Gäste wie uns zuständig, die im Wohntrakt des Hotels, der »Residence«, gebucht hatten. Er führte uns zu einem breiten Glasspiegel, der sich zwar etwas versteckt weiter hinten befand, aber allein durch seine immense Größe die Lobby dominierte. Was sollten wir hier?

Trunken vor Müdigkeit, erwartete ich, dass der Kroate einen Singsang anstimmen würde, der mit »Sesam öffne dich« endete. Stattdessen drückte er mit einem Augenzwinkern ganz rechts gegen den Spiegel – der sich in der Mittelachse zu drehen begann. Der gesamte drei Meter hohe Spiegel entpuppte sich als gigantische Drehtür, die den Hotelbetrieb von der Residence für Dauergäste trennte.

Gedanken an Alice im Wunderland schossen mir durch den Kopf – durch den Spiegel in eine andere Welt. Wie würde sie sein, diese andere Welt? Und wie würden wir uns verändert haben, wenn wir eines Tages durch den Spiegel zurückkehren würden?

ABER ES IST DOCH FREITAG!

»Boah!«

Noahs gehauchter Ausruf fasste gut zusammen, was wir dachten, als wir unsere neue Bleibe für die nächsten Wochen betraten. Wir waren in einer Suite im 21. Stockwerk untergebracht. Der größte Unterschied des Wohntrakts zu den regulären Hotelzimmern war, dass uns als Teil des großen Wohnzimmers eine Küche mit Esstheke inklusive Spülmaschine und Herd zur Verfügung stand. Die Kinder teilten sich ein Zimmer, Mark und ich hatten ein Schlafzimmer mit eingebauter Büronische und eigenem Badezimmer.

Wir hatten jedoch nur Augen für die bodentiefen Fenster. Unser Blick schweifte über die in gleißendes Scheinwerferlicht getauchten Hochhausbaustellen rundherum zu den faszinierend unterschiedlich gestalteten Wolkenkratzern der West Bay. Das eigentliche Doha lag etwas entfernt. Ein Meer von hell leuchtenden kleinen Häusern, dazwischen dunkle Flecken, wo die vielen unbebauten Brachflächen lagen. Irgendwo dort draußen würden eines Tages auch wir wohnen. Aber wo?

Statt auszupacken, zog Mark überall die Verdunkelungsgardinen zu, während ich den widerstrebenden Noah in seinen Schlafanzug packte. Unser Jüngster war zwar todmüde, aber kaum von den Fenstern wegzubewegen. Gespannt beobachtete er die lautstarken nächtlichen Bauarbeiten an einem weiteren Wolkenkratzer direkt vis-à-vis. Der hatte fast unsere Höhe erreicht. Das Leben ist eine Baustelle! Über die Straße hinweg konnte Noah jeden Handgriff der Arbeiter verfolgen.

Erst als ihm die Augen zufielen, konnte ich ihn endlich ins Bett legen.

Der nächste Morgen begann zunächst einmal: früh.

»Mama, Papa, auf! Auf! Is' schon Mittag!« Noah hüpfte mit einem Enthusiasmus auf unser Bett, wie ihn nur Zweijährige nach einer viel zu kurzen Nacht aufbringen können.

Die Verdunkelungsgardinen hielten das Zimmer in einem Dämmerlicht, aber grelles Tageslicht brach an den Rändern um den dunklen Vorhangstoff hervor.

»Ich glaube, wir haben wirklich verschlafen!«, sagte ich.

»Es ist erst halb sieben«, tönte Mark irgendwo unter dem Kissen neben mir.

»Kann nicht sein. Bestimmt steht deine Uhr noch auf deutscher Zeit.« Katar ist normalerweise eine Stunde vor Deutschland, im Winter werden es aber zwei Stunden, da die Kataris die Zeitumstellung nicht mitmachen. Halb neun? Das könnte passen.

Ich sprang aus dem Bett und zog mit Noah die schweren Gardinen beiseite.

Doha bei Tag sah eindeutig weniger magisch aus als bei Nacht. Die Stadt zerfiel beim Anblick aus dem 21. Stockwerk in zwei Bereiche. Jenseits der schicken Hochhauskulisse der West Bay war die Stadt vor allem flach. Halbhohe Einkaufs- und Bürozentren ragten aus einem Gewirr zwei- und dreistöckiger beigefarbener Häuser. Grün? Fehlanzeige. Alles verschwamm zu Betongrau und Staubgrau. Das zum Greifen nahe türkisblaue Meer versöhnte mich aber sofort.

»Boah, wir haben voll verschlafen!«, rief jetzt auch Tim aus dem anderen Zimmer. »Hoffentlich gibt's noch Frühstück!«

»Es ist noch nicht mal sieben!«, brummte Mark abermals unter seinem Kissen hervor. »Geht wieder ins Bett!«

Die Sonne knallte vom Himmel wie in Deutschland im Hochsommer zur Mittagszeit – aber auf den Straßen, die in meiner Erinnerung vom letzten Doha-Besuch immer überfüllt waren, herrschte gähnende Leere. Ein paar Autos, darunter türkises Taxi, kurvten um die Hochhäuser. Eine einzelstalt in Uniform fegte die Auffahrt vor dem Hotel.

Es war tatsächlich erst kurz vor sieben. Wir waren noch an den deutschen Winter gewöhnt, wo es erst während der ersten Schulstunde richtig hell wird. In Katar geht die Sonne jedoch auch im Winter spätestens um halb sieben auf. Und »aufgehen« heißt hier, so nah am Äquator, dass es mehr oder weniger schlagartig strahlend hell wird. Alle Häuser und Hotels sind deshalb mit Verdunkelungsgardinen ausgestattet. So können die, die nicht bei Sonnenaufgang in der Moschee erscheinen müssen, noch ein paar Stunden länger schlafen. Es sei denn, man hat ein zweijähriges Kind, das in der Nacht die Gardine im Kinderzimmer beiseite gezogen hat ...

Der Frühstückssaal war schon gut besetzt mit Geschäftsreisenden und Familien, als wir dort eintrafen. Mark war an die üppigen Frühstücksbüfetts der Region gewöhnt, aber Tim und Noah flüsterten immer wieder »Wow!«, während wir von einer Servicekraft zu unserem Tisch geführt wurden. Ich wollte erst einmal auf den Kaffee warten, also zog Mark mit den Jungs los. Es dauerte eine gefühlte halbe Stunde, bis sie wiederkamen. Noah und Tim waren ganz ermattet von der Auswahl und hatten eine kuriose Kombination aus Puddingschnecke, Rührei, Speck, Wassermelone und trockenen bunten Fruit Loops auf ihre Teller gehäuft.

»Mama, Honig! Wie die Biene ihn 'macht hat!«, rief Noah so aufgeregt wie kryptisch.

»Und wenn du Pfannkuchen willst, sagst du dem Koch Bescheid«, ergänzte Tim fürsorglich. »Der macht die dann – nur für dich.«

Gespannt zog ich los. Den Honig konnte man aus einer echten Honigwabe löffeln – das hatte Noah also gemeint. Beeindruckender fand ich die Vielfalt, die in der herzhaften Sektion geboten wurde. Man merkte deutlich, dass europäische Gaumen hier nicht in der Überzahl waren: Mein Frühstück war eine Abfolge von Croissants, Sushi, Fladenbrot mit Hummus sowie warmen arabischen Snacks, die ich alle noch nicht kannte. Am besten fand ich die Kibbeh, knusprige Teigzipfel mit Hackfleisch- und Pinienkernfüllung, und einen Salat namens Fattusch. Nach dem dritten Gang zum Büfett seufzte ich: »Gut, dass wir dieses Frühstück nicht für den ganzen Aufenthalt gebucht haben.« Das wäre bei der Buchung der Suite eine Option gewesen, aber mit hohem Aufpreis. Stattdessen hatte Mark sich für das »einfache Frühstück« entschieden, das an den Werktagen in einer Mini-Lounge serviert würde. Ich war gespannt, wie der Kontrast zu dieser Opulenz ausfallen würde.

Nach dem Frühstück wollten wir etwas erleben. Und unsere Kinder lechzten danach, einen Laden mit Playmobil und Lego zu finden.

Behutsam versuchte Mark uns klarzumachen, dass die Einkaufszentren geschlossen hätten. Es sei doch Freitag.

»Starbucks?«

»Hat auch zu.«

»Das Museum of Islamic Art. Die sollen so einen schönen Hof haben, wo man ...«

»Auch zu. Es ist doch Freitag. Freitag ist wie Sonntag.«

Ach, stimmt. Das hatte ich vergessen. Gut, dann also an den Strand. Direkt neben dem Touristenviertel Katara gäbe es einen Kinderstrand mit Spielgeräten, hatte ich im *Qatar Residents' Guide* gelesen. Das Buch war meine »Bibel« während der Vorbereitungsphase auf Katar geworden. Ich hatte mir noch in Deutschland eigens für die Strände in Katar einen zweiteiligen UV-Schutzanzug mit langen Ärmeln besorgt, in der Hoffnung, dass das als züchtige Bekleidung durchging. Vorsichtshalber packte ich auch noch kurze Shorts und ein langärmeliges T-Shirt ein, um dem katarischen Dresscode für Frauen an öffentlichen Stränden zu genügen.

Wir winkten vor dem Hotel eine Limousine heran und ließen uns von dem Fahrer auf dem Parkplatz vor Katara absetzen. Katara liegt nur ein kurzes Stück nördlich der West Bay. Das

Viertel grenzt sich zur Stadt mit hohen Hügeln ab. Die einzigen Hügel in ganz Doha – künstlich angelegt, versteht sich. Anscheinend auch erst vor Kurzem, denn die Begrünung war noch nicht abgeschlossen, und die »Wanderpfade« (auch wenn man die paar Meter als Europäer nicht unbedingt so nennen würde) noch mit »Kein Zutritt«-Schildern behängt.

Entlang einer langen Strandpromenade liefen wir vom Parkplatz gen Katara, mit interessanten Ausblicken über die Bucht: rechts auf die überdimensionierten Hoteltürme des St. Regis Hotels und dahinter die Skyline der West Bay. Links übers Wasser ragten die mehrstöckigen Wohntürme der künstlichen Inselgruppe The Pearl auf.

Restaurants hatten Holzplattformen auf dem Sand errichtet und mit massiven Sesseln als Lounge-Inseln bestückt. Da war ja auch der von uns gesuchte Kinderstrand! Mit Spielgeräten auf dem Sand und für das Wasser. Ein Bereich für Schwimmer war abgetrennt durch eine Kette im Meer, vermutlich, damit die verrückten Jetski-Fahrer, die gern vor der Küste von Katar herumheizten, die Badenden nicht verletzten.

Dann die Enttäuschung, als wir zum Kassenhäuschen kamen: Der Strand würde uns pro Nase knapp zwanzig Euro Eintritt kosten – und er öffnete erst um siebzehn Uhr! Nicht nur im drückend heißen Sommer, sondern zu jeder Jahreszeit. Also auch jetzt, im Winter, wo es ab halb fünf stockdunkel sein würde.

Auch die Restaurants entlang der Promenade waren geschlossen. Keiner der Strandabschnitte war öffentlich begehbar, also kehrten wir der Promenade enttäuscht den Rücken und erkundeten stattdessen das »Kulturdorf« Katara. Wir waren die einzigen Menschen, die sich an diesem Morgen hier bewegten.

Katara wurde erst wenige Jahre zuvor errichtet, traditionelle katarische Bauweise sollte auf moderne Designgedanken für öffentliche Plätze treffen. Auf uns wirkte Katara bei unserem ersten Besuch wie eine mediterrane Oase: Sandfarbene Segel schirmten die Gassen vor der Sonne ab, kleine Wassergräben auf einer Seite der gepflasterten Wege spendeten Verdunstungskühle. Manche Touristen lehnen Katara als »Disneyfizierung« ab, genau wie den renovierten Souk Wakif. Wie könne man etwas schön finden, das neu gebaut »auf alt« gemacht ist! Vielleicht, weil es eine Wohltat ist in einem Land, wo sonst alles nur aus staubiger Geröllwüste und modernen Nutzbauten besteht? Die alten Gebäude in Katar wurden aus Lehm errichtet und sind deshalb schon lange verschwunden. Wenn ein Einheimischer stolz ein »altes Gebäude« präsentiert, sind es architektonisch anstrengende Schätzchen aus den 1980er-Jahren, die liebevoll konserviert werden. Es gibt nur Drinnen und Draußen. Drinnen ist alles auf sechzehn Grad heruntergekühlt. Draußen herrscht pralle Sonne, in der man sich auch in den Wintermonaten schon nach kurzer Zeit einen Sonnenstich holen kann. In Katar ist trotzdem kaum ein Spielplatz oder Pool überdacht, geschweige denn ein Gehweg. Es gibt nur ganz wenige öffentliche Orte, wo man sich halbwegs geschützt vor der Sonne draußen bewegen kann: in den neu erbauten Souks, in Katara und im Msheireb-Viertel. Deshalb liebte ich diese Orte in Doha und scherte mich nicht um die »Disneyfizierung«.

Immer wieder fanden wir während unseres Streifzugs kleine schattige Höfe mit Sitzbänken zwischen den Gebäuden. Viele mir unbekannte Vogelarten versammelten sich dort in den Bäumen und erfüllten die Luft mit ihren exotischen Rufen. Das Plätschern der kühlenden Minikanäle entlang der Wege war eine wunderbare Untermalung, als wir das Viertel erkundeten. Tim und Noah spielten mit dem Wasser und waren ganz in ihrem Element, während wir das Angebot des »Kulturdorfes« studierten. Die katarische Fotografie-Vereinigung traf sich in diesem Stadtteil und stellte ihre Werke aus. Ein Tierarzt mit Spezialisierung auf Falken hatte seine Praxis in der Shakespeare Street. Es gab eine öffentliche Galerie mit wechselnden Ausstellungen und einen schönen Museumsshop. Der Laden bot neben dem Üblichen auch Schmuck und andere Artikel an, die Studenten der Design- und Mode-Studiengänge der katarischen

Universität entworfen hatten. Beziehungsweise: *hätte* angeboten, denn im Moment war alles geschlossen. Es war doch Freitag!

Inzwischen war es kurz vor Mittag, und uns knurrten trotz des Megafrühstücks schon wieder die Mägen. Also riefen wir den Fahrer von vorhin an, um auf der Suche nach Essen diese hübsche, aber menschenleere Gegend zu verlassen. Als Treffpunkt mit dem Fahrer wählten wir den Platz neben der »Moschee von Katara« – nicht zu verwechseln mit der »Goldenen Moschee« auf der anderen Seite des Viertels.

Mit jeder Warteminute wurde es lebendiger in Katara. Vor einer Viertelstunde waren wir noch allein gewesen, jetzt hupten sich Autofahrer energisch auf der anderen Seite der Moschee an. Männer eilten einzeln oder in Gruppen von der Straße aus über den Platz – es konnte nicht mehr lange hin sein bis zum islamischen Mittagsgebet.

Wir setzten uns auf ein Mäuerchen vor dem berühmten Taubenschlag von Katara und beobachteten das bunte Treiben vor der Moschee. Ich konnte mich gar nicht sattsehen an den vielen geometrischen Mustern der Fassade, die aus Zehntausenden von überwiegend blauen und türkisen Mosaiksteinchen zusammengesetzt ist. Das Gotteshaus wurde von Zainab Fadil Oglu, einer türkischen Architektin, entworfen und gilt als eine der schönsten Moscheen von Katar. Laut meinen Recherchen war Zainab Fadil Oglu die erste Frau, die in der Türkei eine Moschee entwerfen durfte, und nicht unumstritten, da sie in Interviews darauf bestand, dass sich die muslimische Religion und ein westlicher Lebenswandel nicht ausschließen mussten.

Mit einem Mal erklang der Ruf des Muezzin. Die Lautsprecher befanden sich direkt über uns, und der Ruf zum Gebet war dermaßen laut und verzerrt, dass Noah vor Schreck zu weinen begann. Rasch türmten sich Flipflops und Ledersandalen in den Regalfächern neben den Moscheetüren. Aus einem Badehäuschen eilten Männer und Jungen herbei, die sich in den dafür vorgesehenen Becken die Füße gewaschen hatten. Männer jeder

Hautfarbe, die meisten in traditionellen arabischen Gewändern, begrüßten sich mit Handschlag vor der Moschee und gingen dann gemeinsam hinein zum Gebet.

Ich hätte gern noch länger die Menschen betrachtet, aber unser Fahrer kämpfte sich durch den plötzlichen Andrang. Wo es denn schon etwas zu essen gäbe, fragten wir ihn.

»Im Moment nirgendwo, es ist doch Freitag!«, sagte der Mann kopfschüttelnd. »Nur in den Hotels. Oder wartet eine Stunde.«

Etwas trotzig kehrten wir ins Hotel zurück und nutzten die Wartezeit bis zum »Friday Brunch«, um endlich unser Schwimmzeug einzuweihen. Wenn schon nicht im Meer, dann wenigstens im hoteleigenen Pool. Ein Rezensent auf Trip Advisor hat das W Hotel mal beschrieben mit »so hip it hurts« (»so schick, dass es schmerzt«). Daran musste ich denken, als wir den Pool eroberten. Es gab ein erhöht gebautes schmales, langes Schwimmerbecken ohne Schnickschnack, in dem zwei Männer pfeilgerade ihre Bahnen zogen. Kinder? Was für eine nervige Unterbrechung. Also blieben wir im flachen Wasser des ebenerdigen Beckens. Ein Schlaumeier hatte sich wohl gedacht: »Schwarze Fliesen sind doch sehr schick.« Da die umliegenden Hochhäuser den Poolbereich beschatteten, sah das Becken durch die schwarzen Fliesen aus, als sei es mit dreckigem Wasser gefüllt – und man konnte dadurch die Tiefe nicht einschätzen. Unter Doha-Insidern spricht sich schnell herum, welche Hotelpools die horrenden Preise für den Eintritt (ist man kein Gast) wert sind. Berüchtigt ist auch ein Hotel, das mit »fünf Pools« angibt – und verschweigt, dass zwei davon nur dreißig Zentimeter tief sind. Genauso wie das schwarze Becken des W Hotels dienen sie lediglich der schicken Optik, wenn man aus dem Lounge-Bereich aufs Wasser schaut.

Während ich mit den Kindern im schwarzen Wasser planschte, schwoll der Autolärm um uns von Minute zu Minute an. Denn zu den berühmt-berüchtigten »Friday Brunches« treffen sich dann alle in den Hotels wieder: die muslimischen Familien, frisch aus der Moschee, Expat-Familien am Rande des Nervenzusammenbruchs, weil sie seit dem Morgengrauen ihre Kinder auf das Büfett vertrösten mussten – und etwas zerknittert dreinschauende Gestalten, die gestern Nacht noch bis zum Abwinken im Hotel gefeiert hatten. Unter den kritischen Blicken aller Familien rotteten die Party People sich zu Gruppen von acht oder zehn Leuten an langen Tischen zusammen und orderten einen Brunch mit »free-flow house beverages«. In den Hotels darf nämlich Alkohol ausgeschenkt werden. Wer um die neunzig Euro für sein Frühstück bezahlt, dem wird in manchen Hotels statt Hauswein sogar Champagner bis zum Abwinken nachgeschenkt. Der Brunch geht bis sechzehn Uhr. Kein Wunder, dass manche Hotels gleich daran anschließend Happy Hour Cocktails auf der Terrasse anbieten. Danach kann man dann ein Häppchen essen und im Club weiterfeiern: »Es ist doch Freitag.«

ABAYA-BARBIES

Ohne Kinder hätte ich vielleicht den Rest des Tages in einem Nachbarhotel im Liegestuhl am Meer verbracht, umsorgt von einem freundlichen Hotelteam. Aber wir brauchten einen ersten Vorrat an Lebensmitteln und anderes Zubehör für unseren neu gegründeten Haushalt. Denn wenn die Kids weiterhin ihre täglichen Snacks in den Cafés des Hotels bestellten, würden sie uns in Kürze arm futtern.

Die Geschäfte hatten mit dem Ende des Mittagsgebets geöffnet. Da lag es nahe, den freien Nachmittag zum Einkaufen zu nutzen. Leider wussten wir nicht, dass nur lebensmüde Menschen am Freitagnachmittag in Doha einkaufen gehen, denn Freitag ist der einzige Tag, an dem die Arbeiter und viele Angestellte in Doha frei haben. Sie werden werktags mit Bussen von ihren Wohnheimen außerhalb Dohas zur Arbeit und zurück kutschiert. Nur am Freitag können sie sich frei bewegen, decken sich mit Lebensmitteln für den Rest der Woche ein, gehen in einem einfachen Imbiss etwas essen oder genießen einfach das Abhängen in den voll klimatisierten Malls. Je preiswerter der Supermarkt, umso voller ist er am Freitagnachmittag.

Die größte Auswahl sollte es laut meinen Internet-Recherchen bei »LuLu am D-Ring« geben. Aufgrund des Namens hatte ich mir LuLu als eine Art großen, aber niedlichen Tante-Emma-Laden für Expats vorgestellt. Stattdessen landeten wir in einem gigantischen, arabisch-indisch orientierten Supermarkt, eine Art überdimensionaler Golfstaaten-Aldi. Da jetzt am Freitag jeden Quadratmeter gefühlt ein Dutzend Inder und Filipinos bevölkerten, teilten wir unsere Liste auf. Mark würde den Großteil mit einem sperrigen Einkaufswagen besorgen, ich die Spezialeinkäufe wie Sojamilch oder Trockenhefe, die man vielleicht länger suchen musste. Die Kinder nahm ich fest an die Hand, Tim trug einen Plastikeinkaufskorb.

Wir konnten uns nur in einer Richtung durch die Gänge bewegen, da ein Durchkommen gegen die Menschenströme nicht möglich war. Wenn ein paar Leute stehen blieben, um bei den indischen Gewürzen etwas herauszusuchen, mussten wir alle pausieren, bis es Schritt für Schritt weiterging. Wir wurden geschoben und gedrückt. Maximal eine Handvoll weiterer Frauen befand sich im Laden, bei Hunderten von Kunden. Unter diesen wenigen Frauen war ich definitiv die einzige weiße Frau – und die einzige mit unbedeckten Haaren. Alle anderen, von den Verkäufern an der Gemüsetheke bis zu den Kunden, waren Männer.

Auf eine Frau in Katar kommen laut Statistik vier bis fünf Männer (je nach Quelle). Dieses rechnerische Missverhältnis wurde für mich im LuLu mit einem Mal zur körperlich spürbaren Realität. Erschwerend kam hinzu, dass es vielen der Männer, die heute einkaufen gingen, an ausreichender Körperhygiene mangelte, zudem fehlte ihnen offenbar jeder Sinn für persönliche Distanz.

Noah drückte sich immer enger an mich, weil Wildfremde sowohl ihm als auch Tim ständig die Haare und den Rücken streichelten. Ich redete mir und den Kindern gut zu: »In Indien empfindet man persönliche Nähe zu Fremden als nicht so störend.« Aber ich war mir nicht sicher, ob das wirklich dahintersteckte, zumindest in der Interaktion mit mir. Wie sollte ich reagieren, wenn sich wieder mal gleichzeitig drei Männer von hinten und von den Seiten an mich drückten? In dem Gedränge gab es kein Entkommen. War es wirklich harmlos? Oder machte sich da womöglich ein gewisser Triebstau bemerkbar? Angesichts der Tatsache, dass viele der Arbeiter teilweise jahrelang im Land waren, ohne eine Frau in der Nähe, war diese

Vermutung zumindest nicht ganz abwegig. Ich wusste jedenfalls gar nicht, was ich zuerst beschützen sollte: meine Kinder, meine Handtasche mit den Pässen und dem Bargeld oder meinen Körper.

Wir trafen Mark vor den Kassen wieder. Er ragte mit seinen eins neunzig hoch über den anderen Männern auf.

»Das«, sagte er mit einem Blick auf das Gewühl, »war das letzte Mal, dass wir hier an einem Freitag eingekauft haben.«

Ich konnte ihm nur zustimmen. Es war das Theater auch nicht wert gewesen: Wir hatten kaum etwas von unserer Liste gefunden. Der Taxifahrer gab mitfühlende Laute von sich, als wir uns durch das Getümmel vor dem LuLu zu ihm vorkämpften.

Auf der Rückfahrt zum Hotel rief ich frustriert Saskia an, die Ehefrau eines Kollegen von Mark. Ich hatte sie bei unserem Kurzurlaub in Katar kennengelernt, und wir hatten Telefonnummern ausgetauscht, damit ich sie um Rat fragen konnte. Sie riet mir, lieber am Samstagvormittag in einem der vielen Carrefours einkaufen zu gehen. Die französische Supermarktkette betrieb überall in Doha riesige Läden. Sie waren nicht die Einzigen: Auch andere französische und britische Ketten standen zur Auswahl. »Geht am besten am frühen Vormittag, zum Beispiel ins Villaggio. Da ist der Carrefour noch ganz leer. Oder ihr fahrt in der West Bay in den Monoprix, wenn ihr was ganz Spezielles sucht, das es nur in Europa gibt.«

»Was Spezielles? Was denn zum Beispiel?«

»Vanillestangen. Sojamilch. Vollkornmehl. Gelatine.« Sie lachte. »Die ganz besonderen Dinge eben.«

Den Rest des Freitags versuchten wir, die West Bay und Umgebung zu Fuß zu erkunden. Denn es war herrliches Wetter: wie ein Frühsommertag in Deutschland. Das Gebiet der West Bay liegt direkt am Meer und umfasst sieben Bezirke. Am bekanntesten war der, in dem unser Hotel lag, genannt Al Dafna. Er war jahrzehntelang der einzige Stadtteil in Doha mit hohen Bürotürmen. Al Dafna kommt vom arabischen Wort für Landgewinnung. Die Regierung von Katar konnte sich angeblich in den 1970er-Jahren nicht mit den Stämmen, die im Gebiet des Stadtzentrums von Doha siedelten, einigen. Daher begannen sie in den folgenden Jahren, massiv Land aufzuschütten. Lange Zeit war das Sheraton Hotel das einzige Gebäude in der heutigen West Bay. Ab den 1990er-Jahren kamen dann in erstaunlichem Tempo Dutzende von Hochhäusern dazu. In der West Bay gibt es auch Apartmenthäuser. Die meisten Gebäude aber sind Hotel- oder Bürotürme oder Botschaftsgebäude. Wer richtig viel Geld verdiente, wohnte in der Nähe in der West Bay Lagoon, mit Villa am Meer, oder ein Stück weiter auf der künstlichen Inselgruppe The Pearl. Die Pendlerströme morgens kamen aber aus den weiter entfernt liegenden, preisgünstigeren Stadtvierteln.

Obwohl die Wintertemperaturen so angenehm waren, gaben wir die Erkundung der West Bay nach einer Stunde auf. Man kam zu Fuß nur beschwerlich vorwärts. Es gab keine Bürgersteige, dafür aber Dutzende von kleinen und großen Baustellen. An Fußgänger hatte man weder beim Anlegen der Straßen noch bei den Ampeln und Baustellen gedacht. Der Bagel Shop, den wir uns als Ziel zum Kaffeetrinken ausgesucht hatten, war geschlossen, obwohl auf Facebook und Google etwas anderes gestanden hatte. Unser erster Kontakt mit der hierzulande weitverbreiteten Mentalität »Komm vorbei, dann siehst du schon, ob wir geöffnet haben«.

Als wir uns auf den Rückweg machten, wurden die Straßen in rotes Zwielicht getaucht. Die Sonne stand als orange-roter Ball knapp über dem Horizont und färbte die Wolkenkratzer und Straßen golden ein. Noah und Tim waren von dem Schauspiel begeistert.

Abenddämmerung? Jetzt schon? Ich sah auf mein Handy. »Es ist doch erst kurz nach vier!«

»Es wird in Deutschland im Winter doch auch früh dunkel«, erinnerte mich Mark. Stimmt. Aber es passte nicht zu dem Sommerfeeling, das die Temperaturen und der gleißende Sonnenschein geweckt hatten.

Jetzt, wo der Tag fast rum war, wurde es Zeit, ans Abendessen zu denken. Da unsere Ausbeute im LuLu so karg ausgefallen war und ich mir nicht vorstellen konnte, in der Küchenzeile unseres Hotelapartments den Kochlöffel zu schwingen, beschlossen wir, in einem Restaurant in der Stadt zu Abend zu essen. Die Wahl fiel auf das nahe gelegene City Center, neben der Villaggio Mall eines der berühmten Einkaufszentren in Doha. Es gab sogar Bustouren aus den meisten Hotels hierher. Unsere hohen Erwartungen wurden jedoch rasch enttäuscht. Es gab tatsächlich viele Geschäfte, aber das Design der Mall abseits der großen Eingangshalle war bedrückend. Als hätte man ein gigantisches Parkhaus gebaut und dann Teile davon zu Geschäftszeilen umfunktioniert. Überall viel zu breite und düstere Gänge, viele leer stehende, unbeleuchtete Läden. Übersichtstafeln: Fehlanzeige. Auf die Frage, wo es denn Spielzeug gäbe, zuckte der Wachmann die Schultern. »Überall. Geht einfach rum.« Die Kinder bettelten, dass wir mit ihnen jeden Gang erforschten, immer in der Hoffnung, endlich Playmobil und Lego zu finden. Wieder nichts.

Dafür bot die Mall aber eine große Eisbahn, wo auch jetzt ein Dutzend Kinder laut schreiend Schlittschuh liefen. Wir zögerten zuerst, weil Noah noch so klein war, aber die kinderfreundlichen Betreiber hatten an alles gedacht: Sie gaben uns eine Art Minischlitten mit Kufen, in Tierform. Das Kind wurde daraufgesetzt, die Schlittschuhe glitten neben dem Schlitten über das Eis. So konnten sich schon die Kleinsten an das Gefühl gewöhnen, während die Eltern (oder die Nanny) das Gefährt über die Eisfläche schoben. Auch Tim machte mithilfe dieser Stütze die ersten Versuche auf dem Eis. Anschließend aßen wir bei Applebee's zu Abend, einer amerikanischen Texmex-Marke.

»Ich fahre gleich noch mit dem Taxi in die Firma und leihe mir für morgen einen Firmenwagen aus«, entschied Mark nach dem Essen. Gute Idee: Dann konnten wir uns morgen frei in Doha bewegen, ohne ständig ein Taxi rufen zu müssen.

Als Kontrastprogramm zur West Bay und dem City Center suchten wir uns für den nächsten Tag die Gegend um die Al Waab Street aus. Hier lockten der bekannte Aspire Park mit seinem großen Spielplatz sowie die berühmte Villaggio Mall, die Venedig nachempfunden war.

Da wir wieder so früh aus dem Bett gefallen waren, waren wir bereits um acht Uhr da und hatten Park und Spielplatz ganz für uns. Aber schon zwei Stunden später ging es ähnlich zu wie im LuLu am Tag zuvor: Kinder mobbten sich auf dem Spielplatz, Autofahrer stritten sich um die Parkplätze in der Nähe des Parks und schienen kurz davor zu sein, sich gegenseitig ihre gut gefüllten Picknickkörbe um die Ohren zu hauen.

Zeit, rüber zur Villaggio Mall zu fahren – sie ist nur drei Minuten mit dem Auto entfernt. Hier gab es um die Zeit noch massenhaft Parkplätze, obwohl die Geschäfte gerade geöffnet hatten.

»Fahrt aber unbedingt wieder vor zwölf!«, hatte Saskia uns noch eingeschärft, in einem Ton, als würde sich um Punkt zwölf Uhr mittags der Firmenwagen in einen Kürbis zurückverwandeln.

Ich war ein bisschen eingeschüchtert, als wir die Villaggio Mall betraten. Sie ist zwar schon etwas in die Jahre gekommen, aber immer noch einer der Touristenmagneten der Region. Es gibt Leute, die deswegen nach Katar fliegen – und wir marschierten mit Sand in den Sandalen vom Spielplatz einfach hinein.

Das optische Vorbild der Mall soll Venedig sein, wie an so einigen Ecken in Katar. Die Mall hat zwar nur eine Ebene, ist aber sehr weitläufig und hoch. Die Geschäfte sind in bunte Hausfassaden integriert, die Decke ist himmelblau gestrichen und mit kleinen Wölkchen bemalt. Man kann sogar auf einer Gondel durch Kanäle gleiten, geführt von einem »echten« Gondoliere. Abgefahren: mitten in einem Wüstenstaat in eine venezianische Gondel steigen?

Die Kinder waren natürlich sofort Feuer und Flamme und wollten es unbedingt ausprobieren. Umgerechnet drei Euro pro

Nase kostete der Spaß. Wir stiegen in die Gondel, der Gondoliere stieß uns vom Landeplatz ab – und machte nichts weiter. Das Boot wurde, wie sich herausstellte, von einem nicht hörbaren Motor angetrieben, der Gondoliere war nur Dekoration. Noah juchzte, während er sich panisch an mich klammerte. Tim lehnte sich weit über die Seite und redete die ganze Zeit davon, unbedingt in dem beleuchteten Kanal schwimmen zu wollen. Mark hielt ihn eisern am T-Shirt fest. »Lieber nicht, Tim.«

Die Fahrt dauerte etwa drei Minuten. Vielleicht waren es sogar fünf. Der Kanal ging nämlich nur einmal schnurgerade einen Gang entlang. Gut, dann wollte ich am anderen Ende aussteigen, damit ich für zwölf Euro wenigstens die Illusion einer »Bootsfahrt« hatte.

»No, Ma'am. Not possible!«

»Aber hier ist doch auch eine Anlegestelle!«

»No, no stopping, Ma'am. We go back!«

Warum auch immer wurden wir also ein paar Minuten nach dem Start wieder dort abgesetzt, wo wir gestartet waren.

Als Nächstes stand Einkaufen auf dem Programm – mal wieder, und diesmal natürlich nicht bei LuLu, sondern bei Carrefour, wie Saskia uns geraten hatte. Vielleicht würde es im zweiten Anlauf besser klappen.

Carrefour-Märkte kannte ich von Frankreich-Urlauben. Dort sind sie, je nach Größe, vergleichbar mit modernen Edeka- und Rewe-Läden. Die Kette hat sich in vielen Ländern der Welt breitgemacht und bietet im Ausland meist eine Mischung aus lokalen Zutaten und französischen Produkten.

Ich war den Franzosen unendlich dankbar dafür, denn dank Carrefour konnte ich in Katar »exotische« europäische Zutaten kaufen wie Vanillezucker und Trockenhefe, aber auch Spezialitäten, die es sonst nur in Frankreich gibt. Überglücklich füllte ich den Wagen. Tim und Noah schlichen sich derweil davon. Nach längerem Suchen fand ich sie schließlich in der Kinderabteilung, wo sie vor den Regalen mit ferngesteuerten Autos und Plastiksuperhelden hingen. Von Lego wieder keine Spur.

Einen Regalgang weiter standen die Barbies. Ich wäre als Jungs-Mutter achtlos daran vorbeigegangen, wenn mein Blick nicht auf ein ganzes Regal voll mit Abaya-Barbies gefallen wäre. Natürlich keine Original-Barbie *Made in USA*. Es gibt im Nahen Osten sehr beliebte Barbie-Nachbauten, die auch im einfachsten Supermarkt mindestens ein Regalbrett füllen. Wo es in Deutschland die Pferde-Modepuppe gibt, hätte ich hier Puppen von Fulla oder Simba Toys in schwarzer oder bunter Abaya mit züchtigem Kopftuch erstehen können. Als kleine Beigaben hatten sie im Karton wahlweise ein Mobiltelefon, einen pinken Gebetsteppich oder die unverkennbare arabische Kaffeekanne Dallah mitsamt Tässchen.

Die erfolgreichste arabische Puppe heißt Fulla. Einen Ken hat sie nicht, sie geht laut Firmenphilosophie nur mit ihren Freundinnen aus. Es gibt aber kleine Geschwister zu kaufen und bald auch Fullas älteren Bruder, »der sie beschützt«, laut Werbetext der Firma. Fullas Outfits sind klar gekennzeichnet »für unterwegs« (lange Überwürfe und Kopftücher in Schwarz oder auch in modischen Farben) und »für zu Hause« (westliche Kleidung). Fullas Kollegin Jamila von der Firma Simba Toys (deren Mutterfirma übrigens in Deutschland sitzt) hat neben ihren Freundinnen einen Mann namens Jamil und zwei Babys, Asad und Almira. Auch viele Expat-Kinder spielen mit den Muslima-Puppen und sammeln die regionalen Varianten. Denn die Barbie-Klone in Saudi-Arabien haben sogar das Gesicht verschleiert, während die in modernen arabischen Ländern ohne Abaya und Kopftuch verkauft werden – allerdings nie mit Kleidung, die ihre Ellenbogen oder Knie frei ließe. So lernen schon die Kleinsten, was sich gehört.

Abaya-Barbies also ... Welche Überraschungen hielt der Carrefour noch bereit?

Ein paar Gänge weiter, bei den Waschmitteln, bot sich mir gleich die nächste. Der etwa sechs Meter lange Gang war beidseitig bis zur Decke bestückt mit Waschmittel, Weichspüler, Fleckensalz und Co. Die Abteilung für Waschmittel war zweigeteilt. Eine Hälfte bot nur Schwarzwaschmittel, die andere Buntwaschmittel. Zunächst war ich verwirrt, denn Goths hatte ich in Doha noch nicht gesehen. Aber beim näheren Hinsehen war klar, warum es genauso viel Schwarz- wie Buntwaschmittel gab: Der Grund waren die Damen in schwarzen Abayas, die mit betont unterkühltem Gesichtsausdruck von der Verpackung schauten. Der Herr des Hauses wiederum hatte eine kleine Ecke ganz für sich. Hier gab es Weißwaschmittel für eine strahlend weiße Dischdascha zu kaufen, verziert mit einem freundlich lächelnden Mann mit Ghutra. Bemerkenswert fand ich, dass die Produzenten der Waschmittel amerikanische und deutsche Konzerne waren.

Einen Gang weiter, bei den Lebensmittel-Fertigmischungen, war das nicht anders: Wer in Deutschland Vanillepudding verkaufte, vertrieb anscheinend im Nahen Osten arabischen Nachtisch zum Anrühren und Klebbällchen-Basismischung.

Gerne hätte ich noch weiter Regal für Regal erforscht: Ich liebe es, solche regionalen Eigenheiten beim Einkaufen zu entdecken. Aber die Gänge des Carrefour füllten sich unerbittlich genauso wie am Tag zuvor beim LuLu. Schlimmer noch: Beim Verlassen des Ladens wimmelte die ganze Mall von Menschen. Saskias Prophezeiung erfüllte sich gnadenlos, als hätte jemand die Uhr danach gestellt.

Draußen war es noch schlimmer. Wir schafften es kaum, den Parkplatz mit unserem Auto zu verlassen. Die Menschen strömten freitags und samstags so geballt zu den Malls, als stünde die Apokalypse bevor und die großen Einkaufszentren wären Schutzbunker. Autos parkten in zweiter, dritter und vierter Reihe, bis gar nichts mehr ging. Die mächtigen Karossen wurden dröhnend auf Umrandungen aus Feldsteinen hinaufgefahren oder gleich in den Ausfahrtsstraßen und Wendehammern abgestellt. Wobei es, wie ich schon bald herausfinden sollte, auch während der Woche im Villaggio nicht viel besser aussah.

Obgleich so viele Orte an unserem ersten »echten« Katar-Wochenende durch die Menschenmengen auf mich klaustrophobisch wirkten, bereute ich unseren Entschluss, nach Katar zu ziehen, keine Sekunde. Mir war klar, dass der Kulturschock und das Heimweh schon noch kommen würden, aber ich genoss den Thrill der ersten Tage. Es gab so viel zu sehen, zu riechen, zu schmecken, zu hören, dass ich gar nicht alles aufnehmen konnte.

Tim und Noah teilten meine Begeisterung nicht so recht. Ihnen war das Essen zu pfefferig, selbst bei US-Ketten, und als Tim versuchte, im Aspire Park auf einen Baum zu klettern, wurde er von der Security sofort heruntergeholt. »No climbing in the trees! It could hurt them!« Mein Kind, das seit seiner Geburt jeden Tag mit mir im Wald war, verstand die Welt nicht mehr. Auf den Sandpfaden im Park durfte man auch nicht Ball oder Boule spielen. »Das macht den Sand unordentlich«, erklärte der Security-Mann, der eigens mit einem elektrischen Golfwägelchen über den Sandweg gefahren kam, um uns zu ermahnen. Puterrot vor Wut zeigte Tim auf die tiefen Reifenspuren des Golf Carts. Wir verkniffen uns jedoch einen Kommentar und gaben klein bei. Mit der Security legte man sich besser nicht an. Der Mann von der Parksicherheit sah uns aufmerksam nach, bis wir »Vandalen« auch wirklich den Sandweg hinter uns gelassen hatten.

Als sich dann zu allem Überfluss noch herausstellte, dass Katar weder Online-Shopping noch einen gescheiten Spielzeugladen zu bieten hatte, verdüsterte sich Tims und Noahs Stimmung merklich. Dass fünf Umzugskisten voll Playmobil und Lego gerade über den Ozean schipperten, war nur ein schwacher Trost. Denn wo sollte der Nachschub herkommen?

ICH BIN IHR FAHRER, MA'AM

Am Sonntag war ganz überraschend dann sozusagen Montag. Denn die Arbeitswoche beginnt in Katar am Sonntag. Mark musste ins Büro, Tim in die Schule, und Noah sollte für ein paar Stunden testweise seinen Kindergarten besuchen. Heimlich graute mir schon seit Wochen vor diesem Tag. Wie würde Tim in der Schule klarkommen, und wie würde Noah auf den neuen Kindergarten reagieren?

Als ich mich um 5 Uhr 30 aus dem Bett quälte, verstand mein Körper die Welt nicht mehr: »Es ist doch Sonntag!« Auch Tim und Noah waren kaum aus den Federn zu bekommen.

Es fühlte sich bizarr an. Einerseits dieses Familienurlaubs-Feeling mit Hotelzimmer, Sonne, Pool und leckerem Restaurantessen – andererseits morgens um halb sechs aufstehen und sich mit deutschen Schulheften im Rucksack auf den Weg zur Frühstückslounge machen. Im Kontrast zu dem hippen Design des W Hotels sahen wir besonders verknittert und fern der Heimat aus.

Tim und Noah hatten eine Neuauflage des tollen Frühstücks von Freitag und Samstag erwartet. Stattdessen fand das »einfache Frühstück« in der berühmten Crystal Lounge des W Hotels statt. Dass hier jeden Abend geraucht, getanzt und gefeiert wurde, roch man leider sofort. Da kam auch die auf arktische Temperaturen eingestellte Klimaanlage nicht gegen an.

Zitternd vor Kälte und Müdigkeit setzten die Kinder sich an die kleinen, gerade mal kniehohen Clubtischchen. Das Büfett wiederum war in einer solchen Höhe angerichtet, dass Noah noch nicht einmal auf die Teller gucken konnte. Mark referierte auf Deutsch, was es gab. Das war nicht viel, verglichen mit dem Frühstück im Hotelrestaurant, und das meiste waren herzhafte arabische Snacks: Fattusch-Salat mit Petersilie und Tomaten, frittierte Kibbeh, Hummus, Fladenbrot. Die Kids hielten sich lieber an Cornflakes. Eine junge Asiatin stand an einer kleinen Theke mit Pfanne bereit, um nach Wunsch Eier zuzubereiten. Unsere Jungs wollten das nicht, aber Mark und ich bestellten Spiegeleier. Mir schmeckten die arabischen Gerichte gut. Sie in aller Herrgottsfrühe zu essen, erforderte allerdings etwas Umgewöhnung.

Tim aß wie ein Spatz. Er war sehr nervös wegen der neuen Schule. Meine Versuche, ihn zu beruhigen, machten ihn nur noch nervöser. »Du hast gut reden«, fuhr er mich an. »Du musst hier nicht in eine Schule gehen!«

Da hätte ich fast losgeheult: »Aber ich werde hier Auto fahren müssen, das ist mindestens genauso schlimm!« Aber das sagte ich natürlich nicht laut. Auch vor den anstehenden Behördengängen hatte ich Angst und überhaupt davor, dass Mark ab heute ins Büro ging und ich mich mit einem Schlag komplett allein würde durch Doha schlagen müssen. Viele große Konzerne stellten ihren neuen Mitarbeitern Fahrer und Häuser zur Verfügung, außerdem lokale Guides, die ihnen in den ersten Wochen bei den Behördengängen und anderen Widrigkeiten halfen. Marks Firma war zu klein für solch einen Luxus. Die Mitarbeiter und ihre Familien bekamen Hilfe bei den Behördengängen, das war's. Um alles andere musste man sich selbst kümmern.

Wenn wir Freunden zu Hause erzählten, dass wir nur ein Wochenende »Urlaub« zur Eingewöhnung in Doha haben würden, waren sie überrascht. »Wie, man sucht nicht erst eine Wohnung, und dann geht der Alltag los?« Für Expats ohne Kinder vielleicht. Aber nicht bei uns: Es gibt die Schulpflicht, auch in Katar. Zum Halbjahreswechsel Ende Januar gab es keine Ferien, deshalb musste Tim auch gleich eingeschult werden. Ein

Umzug aus Deutschland nach Katar mitten in den Sommerferien wäre wegen der Gluthitze nicht ratsam gewesen. Deshalb blieb uns nur so wenig Zeit, um »Ferien in Katar« zu spielen, bevor der Ernst aus Job und Schulalltag losging. Allen Expat-Familien, die wir im Lauf der Zeit kennenlernten, ging es ähnlich. Viele von ihnen lebten monatelang im Hotel, manche sogar die gesamten zwei, drei Jahre der Entsendung. Aber egal, wo die Eltern lebten – die Kinder hatten zur Schule zu gehen.

Bei allem Papierkrieg und den unzähligen Behördenmärschen, die vor und nach unserem Umzug notwendig waren, erwies sich zu unserem Erstaunen das Thema Schule als die Hürde, die sich am einfachsten nehmen ließ. Wir meldeten Tim völlig unspektakulär in Deutschland mit einem einzigen Telefonat mit der Direktorin seiner Grundschule ab und genauso unkompliziert bei der Deutschen Internationalen Schule Doha an. Etwas sorgenvoll hatte ich noch aus Deutschland eine E-Mail dorthin geschickt und wartete gespannt auf die Antwort. Denn über die amerikanischen Schulen in Doha hatte ich gehört, dass es dort feste Termine mit Eignungstests und lange Wartelisten gab. Nicht so bei der Deutschen Schule: »Kommen Sie erst mal an«, hieß es ein paar Tage später in der Antwort-Mail der Schulsekretärin. »Dann fahren Sie mit Tim zur Schule, und wir kümmern uns zusammen um den Papierkram. Er kommt in die 1a. Die Lehrerin und die anderen Kinder freuen sich schon auf ihn.«

Für die Fahrten zur Schule und zum Kindergarten hatten wir, wie es in Katar üblich ist und bis wir ein eigenes Auto hatten, einen Chauffeur bestellt. Mir brach schon jetzt der Schweiß aus beim Gedanken daran, dass ich in ein paar Wochen, sobald Mark für uns ein Auto organisiert hatte, selbst durch den Tumult aus Wahnsinnigen – auch Stadtverkehr genannt – würde steuern müssen.

Oliver hatte mir Hassan als Chauffeur empfohlen. »Er ist einer der wenigen Fahrer in Doha, die pünktlich kommen und auch ansonsten zuverlässig sind«, hatte er gesagt. »Allerdings ist er schwerhörig, und sein Englisch ist nicht so toll zu verstehen.«

»Hassan – und wie weiter?«, fragte ich ihn am Telefon, den Stift in der Hand.

»Nur Hassan.«

Eigentlich nur fair, da ich in Katar außerhalb des Hotels bisher auch nirgendwo als »Ms. Benedict«, sondern immer als »Ms. Frida« angesprochen worden war. Männer hingegen sprach man nie mit dem Vornamen an, auch nicht mit dem Nachnamen. Sondern? Natürlich mit »Sir«. Wenn ich jemandem klarmachen wollte, dass ich einen Wunsch meines Mannes weitergab, musste ich »Sir möchte das so« dazusagen.

Bei dem Namen »Hassan« erwartete ich einen Araber in einem sportlichen Auto und lief jetzt mit den Kindern suchend zwischen den Limousinen in der Auffahrt herum. Der Pendlerverkehr umtoste schon das Hotel. An die zehn Fahrer warteten auf ihre Kunden, alle paar Minuten fuhr jemand Neues vor. Keiner nickte uns zu oder winkte uns heran, dabei waren wir die einzige Familie hier draußen, und Hassan wusste, dass er mich und meine Söhne zur Schule fahren würde.

Es wurde immer später, und ich begann schon, mir ernsthafte Sorgen wegen Tims erstem Schultag zu machen. Da kam mir Zoran zu Hilfe, der uns am ersten Tag durch den Spiegel geleitet hatte. Er ließ sich von mir den Namen des Fahrers geben, stellte sich in die Mitte der Auffahrt und rief laut nach »Hassan«. Drei Fahrer antworteten auf den Ruf und luden uns ein, einzusteigen. Keiner war der Richtige. Der parkte nämlich mit einem großen Van abseits. Er war klein, schätzungsweise Ende sechzig, mit fortgeschrittener Glatze und dunkler Haut. Er strahlte übers ganze Gesicht und schrie uns entgegen: »Welcome, Ma'am! Welcome boys! I am Hassan from Bangladesh!« Als die Jungs kichernd einstiegen, jeder in guter deutscher Manier mit seiner Sitzerhöhung unterm Arm, brüllte er: »Good boys! Good boys!«

Kaum losgefahren, schrie er die Kinder an: »Mentos?« Dazu hielt er eine Rolle Kaudragees hoch. Als sich jeder einen nahm, waren sie wieder »Good boys! Gooooooood boys!«. Innerhalb weniger Sekunden waren Hassan und meine Söhne ein Herz und eine Seele.

Ich erklärte Hassan die Tour, die wir ab heute jeden Tag fahren würden. Erst zur DISD, dann zum Kindergarten Tot's Corner. Dann in die Mall, dann das ganze retour.

»Ach, wir fahren auch zu Tot's Corner? Habt ihr einen Termin mit Julie?«

Ich nickte erstaunt. Hassan kannte die Leiterin des Kindergartens?

»Very nice woman. Very nice. I drive Julie.«

Doha war wirklich ein Dorf!

Im Tiefflug schoss Hassan mit uns durch den Verkehr. Ich schloss ein paarmal mit meinem Leben ab, während er durch mehrspurige Kreisverkehre pflügte, ständig hupend und aus dem Fenster brüllend, und rücksichtslos jede winzige Lücke ausnutzte. Dabei erzählte er mir schreiend in radebrechendem Englisch, wie furchtbar die anderen Autofahrer in Doha fuhren – früher sei das viel besser gewesen!

Kein Wunder, dass Beschwerden über den Verkehr Gesprächsthema Nummer 1 in Doha waren. Als der südafrikanische Comedian und Talkshow-Host Trevor Noah in Doha Station machte, verbrachte er gut zwanzig Minuten seines Auftritts damit, sich über seine Erlebnisse im katarischen Straßenverkehr auszulassen. Er habe schon so viele Städte erlebt, Kapstadt genauso wie New York, aber der Verkehr in Doha, das sei was ganz Spezielles. »Nur in Doha scheint das Setzen des Blinkers ein Eingeständnis von Schwäche zu sein. Du blinkst? Ich mach dich fertig!« Das Publikum – egal ob Katari, Deutsche, Kanadier oder Inder – lag bei seinen pointierten Schilderungen vor hysterischem Lachen fast am Boden. »Ja!«, riefen wir alle atemlos. »Genau so verrückt ist das hier!«

Für einen Doha-Neuling wie mich sah im Straßenverkehr erst einmal alles wie gewohnt aus. In Kairo, Delhi oder Hanoi erkennt man den Wahnsinn schon auf den ersten Blick. In Doha nicht. Es herrscht Rechtsverkehr, es gibt Ampelkreuzungen sowie gut in Englisch und Arabisch ausgeschilderte Stadtautobahnen. Der Straßenverkehr ist noch nicht so anarchisch, dass Expats sich nicht trauen, selbst zu fahren.

Die feinen Unterschiede waren, als ich ihrer gewahr wurde, deshalb umso überraschender. Wir schlängelten uns durch die Baustellen der West Bay an der malerischen Corniche, kreuzten die Stadtteile Al Rumaila und Al Sadd, bogen dann ab auf die Salwa Road und fuhren von da aus durch die Nebenstraßen von Abu Hamour. Das bot einen guten Querschnitt durch den Verkehrsalltag in Doha. Fast alle Straßen, auch die vierspurigen, waren über Kapazität gefüllt. Leute blinkten links und bogen dann rechts ab. Nicht angeschnallte Kinder titschten wie Gummibälle durchs Auto oder saßen mit Saftpäckchen in der Hand auf der Kante der offenen Dachluke. Fahrer kreuzten im 90-Grad-Winkel einer Auffahrt alle Spuren. Fette SUVs überholten rechts auf dem Standstreifen und fuhren weiter geradeaus, obwohl man selbst nach rechts blinkte, um eine Ausfahrt zu nehmen. Arbeiterbusse mit zerschlissenen Tüchern und Pappkarton statt Fensterscheiben, die von Klebeband zusammengehalten schienen, fuhren abrupt aus Seitenstraßen, auch wenn der Verkehr mit 100 Stundenkilometern dahinbrauste und der Bus nur 50 draufhatte. Das andauernde Hupen war dazu angetan, einen in den Wahnsinn zu treiben. Angeblich sind knapp die Hälfte der in Katar gekauften Autos dicke, schwere Toyota Land Cruiser. Sie sehen aus wie Panzer, werden ebenso gefahren und sind ideal, um damit rücksichtslos durch alle Spuren zu pflügen.

Land Cruiser
Was man hier in Deutschland unter der Bezeichnung »Land Cruiser« kennt, ist der Prado, die niedliche Minivariante des in Katar erhältlichen Land Cruisers. Die dort beliebte V8-Variante ist länger, breiter, höher und bis zu 300 Kilogramm schwerer. Und die beliebten LCs sind noch die kleinen SUVs,

> die dort gefahren werden. Mir wird unvergessen bleiben, wie oft ich mich (in meinem SUV sitzend!) nicht auf Augenhöhe mit anderen Fahrern fand, sondern auf Höhe des Türgriffs des massigen SUVs oder Trucks in der Spur neben meiner. Vielleicht doch nicht verwunderlich in einem Land, wo ein Hummer als niedlicher SUV für die Expat-Ehegattin gilt.

»Was ist das Wichtigste, das ich lernen muss, um hier den Verkehr zu überleben?«, fragte ich Hassan gleich am ersten Tag.

»Get a big, big car, very high. Then you see crazy people before it's too late.«

So war es dann auch. In Hassans Siebensitzer von Hyundai hatte ich einen Logenplatz, als uns ein Land Cruiser rückwärts durch den Kreisverkehr entgegenkam.

»Oh, der hat wohl seine Ausfahrt verpasst!« Hassan drückte vehement auf die Hupe. Unser Auto schlingerte, als er mit achtzig Stundenkilometern den Rückwärtsfahrer umkurvte.

»Aber es ist doch ein Kreisverkehr!«, jammerte ich und versuchte krampfhaft, mich irgendwo festzuhalten. »Er kann doch einfach noch einmal eine Runde fahren!«

»They are all crazy here!«, schrie Hassan und lachte herzlich.

Das war während der halbstündigen Fahrt zur Schule aber nicht das einzige Erlebnis der speziellen Art. Sehr beliebt in Doha ist es nämlich, auf einer der vielen Schnellstraßen zu wenden und gegen die Fahrtrichtung zurückzufahren, wenn man die Ausfahrt verpasst hat oder auf einen Stau zufährt. Macht ja nichts, dass die Straßen in beiden Richtungen vier- bis fünfspurig sind und man Tempo hundert fahren darf. Wurde der Stau zu dicht, nutzten die Fahrer der dicken SUVs alles aus, um trotzdem voranzukommen: Geröllfelder links und rechts der Schnellstraße oder die Gegenverkehrsspuren.

Hassan fand mein entsetztes Quieken auf dem Beifahrersitz ausgesprochen köstlich. Er kutschierte mich während der ersten Wochen mehrfach am Tag durch die Stadt. Wir sahen uns also recht häufig und schafften es, trotz der Sprach- und Gehörbarriere nach und nach Informationen auszutauschen. Ihn interessierte vor allem das Wetter in Deutschland: Wie viel Grad im Winter? Wie viel Grad im Sommer? Wie oft regnet es? Er lachte herzlich über meine Scherze, dass dreißig Grad im Sommer für eine Deutsche heiß sind. Für mich war es faszinierend, was er über das Leben in Bangladesch erzählte und über das »gute alte Doha«.

Er war vor siebzehn Jahren von Bangladesch nach Doha gezogen, wie so viele in Katar ohne seine Familie. Damals gab es für das gesamte Stadtgebiet eine einzige Tankstelle und nur zwei Ringstraßen um die Stadt, die kaum befahren waren, da es so wenige Einwohner und noch weniger Autos gab. West Bay, wo unser Hotel stand? »Die West Bay gab es nicht. Nur ein einziges Hotel, die Pyramide des Sheraton.« Ich glaubte auf der ersten Fahrt, er mache sich einen Spaß auf meine Kosten, aber das Internet bestätigte seine Geschichten.

»Weißt du, wieso der ›TV Roundabout‹ so heißt?«, fragte er mich am zweiten Tag. Eigentlich haben alle Straßen und Kreisverkehre in Doha arabische Namen, aber jeder benutzt nur die Spitznamen. Es gibt den »Burger King Roundabout«, wo die ersten Filialen von Burger King und McDonald's eröffnet wurden. Den »Sports Roundabout«, wo zu dieser Zeit noch in der Mitte eine Sportlerfigur thronte. Am »Civil Defense Roundabout«, dem Feuerwehr-Kreisverkehr, lag einst die erste Feuerwache Katars – ein quietschgelbes Gebäude aus den 1980er-Jahren, das seit 2013 über Jahre liebevoll als Kulturzentrum restauriert wurde, da es für viele Kataris eine schöne Kindheitserinnerung ist.

»TV Roundabout?« Ich überlegte. »Ist da der Sitz von Al Jazeera?«

Hassan lachte sich scheckig. »Nein, da gab es das Geschäft, wo man die ersten Fernseher in Doha kaufen konnte.«

Für Neuankömmlinge sind die Bezeichnungen verwirrend, da sich der ursprüngliche Grund für die Namensgebung meist verändert hat oder ganz verschwunden ist. An der »Ramada Intersection« gibt es kein Ramada Hotel, das als Wegmarke dienen könnte. Das Hotel wurde vor Längerem in »Radisson Blu« umbenannt. Die Feuerwehr hat ihr Hauptquartier schon lange nicht mehr am Feuerwehr-Kreisverkehr, und »Burger King Roundabout« könnte man inzwischen jede große Kreuzung in Doha nennen: So gut wie jede internationale Kette, die Fast Food ohne Schweinefleisch serviert, ist in dieser Stadt mit zig Filialen vertreten. Fernseher kauft man jetzt, natürlich, beim Carrefour oder in einem der Elektronikfachgeschäfte in den Malls, aber schon lange nicht mehr am TV Roundabout.

Nach den Fahrten mit Hassan las ich mich, inspiriert von seinen Schilderungen, in die Geschichte des Landes ein. Katar hatte 1904 gerade mal 27 000 Einwohner. Nach dem Ende des Zweiten Weltkriegs begann der Erdölexport durch die Briten aus Katar (das Öl wurde 1939 entdeckt). Dadurch entwickelte sich die Bevölkerung ab den 1950er-Jahren explosionsartig. Von Anfang an waren die meisten Zugezogenen Arbeiter, die nicht dauerhaft im Land blieben. Die Einwohnerzahlen und Stadtbilder veränderten sich in riesigen Sprüngen. Vor allem die Städte außerhalb Dohas wuchsen rasant.

Auf den 11 581 Quadratkilometern Katars lebten bei unserer Ankunft 2014 etwa zwei Millionen Menschen, davon waren auf dem Papier nur etwa 300 000 Kataris. Außer Doha gab es 2013 keine nennenswerte größere Stadt. Heute, sieben Jahre später, leben mehr als 2,7 Millionen Menschen in Katar, davon über die Hälfte, nämlich rund 1,3 Millionen, in der Hauptstadt Doha. Woher die neuen Einwohner kommen, ändert sich jedes Jahr – von Konstanten wie Indien und den Philippinen mal abgesehen.

Ich versuchte, mir eine derartige Bevölkerungs- und Siedlungsexplosion in Europa vorzustellen. Das wäre so, als ob ich in einer Kleinstadt aufgewachsen wäre, die innerhalb von zehn Jahren von 24 000 Einwohnern auf über 200 000 anwuchs. Die Neuzugänge in Katar stammen aber alle aus dem Ausland. In unserem Beispiel würde es bedeuten: Die wenigsten meiner neuen Mitbürger praktizieren die bisher übliche Religion oder sprechen meine Sprache. Mit dem Bevölkerungszuwachs geht ein Bauboom einher. Kein Platz, keine Straße, kein Haus ist mehr so, wie man es noch fünfzehn Jahre zuvor kannte.

Es machte mich richtiggehend traurig, als mir ein Einheimischer eines Tages erzählte, dass kein Katari, der vierzig Jahre oder älter ist, heute noch seine Großeltern in ihrem Haus besuchen kann. Mein Gesprächspartner zum Beispiel hatte viele Stunden seiner Kindheit im Haus seiner Großeltern verbracht – aber keins der Gebäude aus dieser Zeit steht noch. Es waren einfache Bauten aus Lehm. Wenn sie nicht den großen Würfen der Stadtplanung zum Opfer gefallen sind, hat sie der Zahn der Zeit zerlegt.

Für mich als Europäerin war es faszinierend, wie jung alle Gebäude waren – und wie wenig erforscht die Vorgeschichte des Landes bisher war. Erst allmählich wurden die archäologischen Funde aus der Zeit vor dem 20. Jahrhundert freigelegt. Das Land hat mit dem plötzlichen Reichtum nur noch nach vorn geschaut und jahrzehntelang gebaut, gebaut, gebaut, nach dem Motto: »Die alte Innenstadt, wo schon die Großväter einkaufen gegangen sind, ist unansehnlich geworden? Okay, dann machen wir Tabula rasa.« Geschäftsbetreiber wurden an die gerade fertiggestellte Barwa Commercial Avenue weit draußen in Doha umgesiedelt.

Hassan machte auf einer Abendfahrt einen Umweg, um mir zu zeigen, was anstelle der einfachen Geschäftsgebäude im Zentrum entstand. »Alle Geschäfte: einfach weg.« Er deutete auf ein immenses Areal. Kaltes Scheinwerferlicht beleuchtete die Megabaustelle, als würde gleich das Ufo aus »Independence Day« landen. Über Jahre entstand und entsteht hier ein komplett neuer Stadtteil. Wenn er fertig ist, wird Msheireb eins der faszinierendsten Viertel in Doha sein.

Mit Hassan durch Doha zu fahren, lieferte die Perspektive, die man als frisch angekommener Expat sonst nicht hat. Für mich als Neuankömmling fühlte sich alles wie gewachsene

Strukturen an: Natürlich gab es einen IKEA, Doha war ja schließlich eine Großstadt. Natürlich gab es überall große Einkaufszentren. Aber Pustekuchen! »Noch vor ein paar Jahren«, sagte Hassan, »gab es keinen Carrefour. Es gab nur die kleinen indischen Läden an den Tankstellen und eine Handvoll arabische Supermärkte.« Wir dachten zusammen darüber nach, dass der erste IKEA in Katar erst ein halbes Jahr vor unserer Ankunft aufgemacht hatte. Die Expats waren bis dahin nach Abu Dhabi geflogen, hatten ihre Möbel beim dortigen IKEA ausgesucht und per LKW nach Katar liefern lassen. Das Einkaufszentrum in der Nähe der Deutschen Schule, wo sich laut Saskia jeden Morgen die Mütter bei Starbucks über den Weg liefen? Gab es auch erst ein paar Monate.

Ich gewöhnte mir an, bei allen Orten, die ich in Katar gern besuchte, nachzufragen, wie lange es diese Location schon gab. Katara, die Pearl-Promenade, Banana Island, das venezianische Qanat Quartier, die Grünanlagen um die Universität mit der schönen weißen Moschee, die Einkaufszentren Dar al Salam und 01 Mall ... Wären wir zehn Jahre vorher nach Doha gezogen, hätte keiner meiner späteren Lieblingsorte existiert, obwohl sie jetzt für jeden so selbstverständlich waren.

ALLES ANDERS – DER ERSTE SCHULTAG

Dattelpalmen wuchsen im Schulhof, die Außenwände waren in bunten Farben gestaltet und mit motivierenden englischen Worten wie »Grow« bemalt: Die Deutsche Schule gefiel mir auf Anhieb, als wir das erste Mal dort vorfuhren.

Tim hingegen stieg mit hängenden Schultern aus Hassans Van aus und huschte mit gesenktem Kopf durch das große Eisentor. Der Wachmann grüßte uns freundlich, aber Tim war zu aufgeregt, um zu reagieren. Er starrte entsetzt den großen, aber leeren Schulhof an.

Im Inneren der Schule ließ auch für mich der Charme etwas nach. Wie in Doha üblich, war das Zentrum der Schule eine große, aber karge Pausenhalle für die heißen Sommermonate – im Look einer deutschen Mehrzweckturnhalle aus den Achtzigern. Außerdem gab es eine kleine Cafeteria. Im Erdgeschoss war auch der deutsche Kindergarten untergebracht. Noah war dafür aber noch zu jung; er sollte erst einmal ein Jahr in einen britischen Kindergarten gehen. Die nahmen Kinder schon ab zwei Jahren auf.

Im Sekretariat wartete erst einmal überraschend viel Papierkram auf uns. Vor allem benötigten wir das *Resident's Permit* (RP), die Aufenthaltsgenehmigung, damit Tim offiziell an der Schule aufgenommen werden konnte. Damit die ausgestellt würde, müsste aber erst einmal Mark sein RP erhalten – was sich über Monate hinziehen konnte. Mich machte das hektisch, es ging ja schließlich um etwas so Wichtiges wie die Schule.

»Ach, machen Sie sich keine Sorgen«, sagte die Sekretärin freundlich. »Die Unterlagen sammeln Sie schon nach und nach zusammen. Tim geht so lange schon mal in die Schule.«

Der Schulleiter führte Tim, Noah und mich anschließend herum und erzählte etwas über die kurze Historie der Schule. Für mich war erstaunlich, dass der Emir der Schule das Gebäude und Gelände zur Verfügung stellte. »Hier war vorher eine indische Mädchenschule untergebracht.« Was er nicht erzählte: Das Bereitstellen erfolgte, genau wie alles andere in Katar, »at the Emir's pleasure«. Der Vorteil: Der Schulträger musste dem Emir keine Miete zahlen, sondern nur den Unterhalt der Schule finanzieren. Der Nachteil: Wenn dem Emir für so ein Gebäude eine bessere Verwendung einfiel, konnte es sein, dass eine Schule mit achthundert Schülern mitgeteilt bekam: »In 8 Wochen seid ihr hier raus.«

Mich interessierte am meisten, welches Niveau die Schule hatte. Auf keinen Fall durfte Tim im Vergleich zu Deutschland etwas verpassen, während wir in Katar lebten. Denn in Klasse 3 oder 4 würden wir ja zurückziehen.

»Darüber müssen Sie sich keine Sorgen machen«, versicherte mir der Schulleiter. »Das Niveau ist hoch. Wenn Sie nach Deutschland zurückgehen, wird Tim nahtlos den Anschluss finden. Wir nehmen nie mehr als die Hälfte der Kinder einer Klasse ohne deutschen Familienhintergrund auf. Die Kinder, die zu Hause nicht Deutsch sprechen, müssen vor der Einschulung mindestens zwei Jahre in den deutschen Kindergarten gegangen sein.«

Aufgrund dieser selbst gewählten Vorgaben stand die Schule aber vor einem Problem, und das gab der Direktor auch zu: Zu der Zeit, als wir nach Doha zogen, bauten deutsche Firmen massiv Stellen in Katar ab. Der Ölpreis war gefallen, und die Kataris waren bei Projekten nicht mehr so spendabel wie noch ein paar Jahre zuvor. Die Klassen der Schule waren daher spürbar geschrumpft. Tims Jahrgang wurde noch zweizügig geführt, aber ab der zweiten Klasse gab es nur eine Klasse, im Durchschnitt mit zwölf bis fünfzehn Kindern. In der Neun, Zehn und Elf bestanden die Klassen oft nur noch aus drei oder vier Schülern.

Tim sagte auf dem ganzen Rundgang nichts, sondern sah nur verschreckt seine neue Schule an. Die Grundschule, in die er bisher gegangen war, hatte sich in einem wunderschön restaurierten Gebäude aus dem 19. Jahrhundert befunden. Im Pausenhof hatte es jede Menge Spielgeräte gegeben. Dieser Riesenzweckbau hier mit zwölf Klassenstufen war ein harter Kontrast für ihn.

»Tim, deine Mama bringt jetzt Noah in den Kindergarten«, erklärte der Schulleiter und legte Tim fürsorglich eine Hand auf die Schulter. »Du bleibst ein paar Stunden in deiner neuen Klasse. Die anderen Kinder sind wirklich nett.«

Tim schluckte sichtbar und folgte, ohne sich von uns zu verabschieden, mit gesenktem Kopf dem Direktor. Ich musste an mich halten, um nicht hinterherzulaufen, mit meinen Kindern ins nächste Flugzeug zu steigen und nach Hause zu fliegen. Am liebsten hätte ich geheult, aber Noah registrierte ja jede Gemütsregung. Also spielte ich weiterhin die fröhlich-unbekümmerte Mama und strahlte eine Zuversicht aus, die ich nicht empfand: »Das wird bestimmt ganz toll klappen mit Tims neuer Klasse. Es ist ja so eine schöne Schule.«

Noah nickte. »Söne Sule. Jetzt Hotel?«

»Nein, Schatz, jetzt schauen wir uns den schönen Kindergarten an, den Papa und ich für dich ausgesucht haben. Der gefällt dir bestimmt.«

Noahs Laune sank sofort, und er klammerte sich an meine Hand. »Nein!«

Hassan hatte vor der Schule gewartet und fuhr uns zu Tot's Corner, Noahs zukünftigem Kindergarten. Er lag nur ein paar Straßen weiter.

Wir hatten uns die Wahl bei unserem Besuch vor ein paar Monaten nicht leicht gemacht. Die meisten Kindergärten in Doha funktionieren nach dem britischen System, und das ist für unser deutsches Verständnis von Kindergarten sehr verschult. Denn die Kinder sollen bis zum 4. Geburtstag »schulreif« sein, also mindestens lesen und rechnen und geometrische Formen malen können. Alle Kindergärten, die wir besuchten, betonten bei unserer Info-Tour, wie früh sie unser Kind fit für die Schule machen würden. Schon den Zweijährigen brachten sie lesen, schreiben und rechnen bei. Wir bekamen Stundenpläne gezeigt – schlimmer als für Gymnasiasten! Alle dreißig Minuten etwas anderes: Formen zeichnen (»Diese Woche: der Kreis«), Arabisch-Unterricht, lesen lernen, rechnen, Vordrucke bunt ausmalen, Gymnastik, basteln, Französisch-Unterricht ...

Letztlich hatten wir uns für den Kindergarten entschieden, der uns bei der Besichtigung am entspanntesten vorkam. Auf dem Papier war Tot's Corner ein britischer Kindergarten, nach dem englischen Lehrplan geführt, mit arabischer Beteiligung aus Dubai und ein paar Montessori-Einsprengseln. Die tatsächliche Führung des Kindergartens lag in dänischer Hand. Sowohl die langjährige Kindergarten-Leiterin Julie als auch ihre Assistentin waren Däninnen.

Höchstwahrscheinlich war es diesen beiden Damen aus Europas Norden zu verdanken, dass der Kindergarten, der sich in einer umgebauten Villa befand, wie eine europäische Oase inmitten eines typischen staubigen Viertels von Doha lag. Auch wenn der Rasen sich letztendlich als Kunstrasen entpuppte, so gab es immerhin Grün, Bäume und Spielgeräte, dazu einen großen klimatisierten Bewegungsraum mit Matten und Bällen. Innen war alles mit frischen Farben gestrichen und einfach gemütlich. All das war leider keine Selbstverständlichkeit, wie wir bei unserer Besichtigungstour gesehen hatten. Nur der australische »Starfishlane«-Kindergarten hatte mir noch besser gefallen. Da war alles in Pastellfarben getüncht und wurde mit ätherischen Ölen beduftet. Aber im Monat etwa 1500 Euro zahlen, damit Noah gut umduftet »Monkeynastics« machen konnte? Wir entscheiden uns dann doch für Tot's Corner. Da kostete der Monat »nur« um die 600 Euro, je nach Alter des Kindes. Marks

Firma übernahm zwar die Kosten für Schule und Kindergarten, aber nur bis zum Satz der privaten Deutschen Schule. Alles darüber hinaus hätten wir zuzahlen müssen, und das hätte unser Budget überstrapaziert.

Die Kindergartenleiterin Julie und ich brachten Noah gemeinsam in seine zukünftige Gruppe. Etwa zwanzig zweijährige Jungen und Mädchen saßen um einen Tisch und malten eifrig. Betreut wurden sie von einer rundlichen Filipina und einer weißen Erzieherin aus Südafrika namens Susan.

»So, und der liebe Noah bleibt jetzt zwei Stunden bei uns.« Susan zog Noah an der Hand zu sich und versuchte, ihn auf einen Stuhl zu setzen. Noah bäumte sich schreiend auf. »Mommy kommt bald wieder!«

»Nein! Mama!« Noah klammerte sich an mich wie ein Ertrinkender.

Innerlich stöhnte ich auf. Solche Szenen hatte ich in Deutschland gerade erst hinter mich gebracht und war froh gewesen, dass Noah nach einer langen Eingewöhnungsphase endlich so weit war, ohne Theater allein im Kindergarten zu bleiben.

»Du gehst jetzt, Frida«, entschied Julie. »Susan hat viel Erfahrung mit der Eingewöhnung.«

So ließ ich mein hysterisch schreiendes Kind in seiner Gruppe zurück, und Hassan fuhr mich zur Dar al Salam Mall ganz in der Nähe. Für zwei Stunden lohnte sich die Rückfahrt in die West Bay nicht. Von der Mall aus konnte ich auch zu Fuß zum Kindergarten zurückgehen. Hassan würde Noah und mich erst um kurz nach eins in der Mall abholen, damit wir Tim einladen und anschließend gemeinsam zurück ins Hotel fahren konnten.

Ich stieg aus dem Van aus und verabschiedete mich von Hassan, doch eigentlich nahm ich nichts um mich herum wahr. In Gedanken war ich bei meinen Kindern, vor allem bei Tim. Was er wohl für Klassenkameraden hatte? Wie er wohl seine Lehrerin Frau Hahn fand? Ob er sich langweilte oder in einigen Fächern überfordert war?

Immer wieder stiegen Zweifel in mir auf, warum wir unseren Kindern diesen Wechsel antaten. Bei meinen früheren Umzügen ins Ausland hatte ich noch keine Kinder gehabt. Und ich musste feststellen: Wenn man nicht für das Seelenheil von Kindern verantwortlich war, sondern nur für sein eigenes, war es deutlich einfacher, aus ganzem Herzen »Ja« zu jedem großen Abenteuer zu sagen.

Um mich abzulenken, lief ich einmal die ganze Mall ab. Sie gefiel mir viel besser als das City Center und die Villaggio Mall. Hier war alles eine Nummer kleiner, familiärer. Es gab einen gut bestückten Drogeriemarkt und eine Filiale von Bath and Body Works. Gegenüber lag eine Filiale der berühmten Magnolia Bakery, die ich aus meiner Zeit in New York kannte. Außerdem gab es einen Starbucks, in dem nichts los war. Die Barista hielt einen Schwatz mit mir und sagte dann, ich solle doch mal um die Ecke schauen, denn dort säße eine Gruppe Mütter von der Deutschen Schule. Als ich mich vorstellte, luden sie mich ein, mich dazuzusetzen. Um viele Doha-Tipps und Handynummern reicher, lief ich nach einer Stunde im Sonnenschein zu Fuß zurück zum Kindergarten.

Besser gesagt: Ich *versuchte*, zu Fuß zum Kindergarten zurückzukommen. Die achtspurige Mesaimeer Road und der Haloul Kreisverkehr trennten die Mall von dem Viertel, in dem viele Compounds, Wohnhäuser, Schulen und Kindergärten lagen. Und was gab es nicht? Richtig: einen Fußgängerüberweg.

Also hetzte ich über vier Spuren, rettete mich auf die schmale Fahrbahntrennung in der Mitte, ließ mich von fetten Land Cruisern mit achtzig Stundenkilometern umtosen, um schließlich todesmutig über die nächsten vier Spuren zu rennen. Das ging ja noch gut. Aber auf dem Rückweg hatte ich einen erschöpften Zweijährigen dabei.

Noah hatte, als ich zum Abholen kam, allein in der Spielküche seiner Gruppe gesessen und sich hin und her gewiegt. Die anderen Kinder saßen im Kreis und sangen. Bei meinem

Anblick schluchzte er heiser, warf sich in meine Arme und umklammerte mich, als wollte er mich nie wieder loslassen.

»Spricht er eigentlich?«, hatte Susan gefragt.

»Er kann kein Englisch.«

»Ich meine: Kann er überhaupt sprechen? Er hat die ganze Zeit kein Wort gesagt.«

»Natürlich kann er sprechen, aber nur Deutsch.«

»Wir haben ein deutsches Kind aus einer anderen Gruppe geholt. Mit ihr hat er auch nicht gesprochen.«

An der Mesaimeer Road blieb mir nichts anderes übrig, als Noah auf den Arm zu nehmen und um unser Leben zu rennen. Ich fluchte dabei lauthals über die katarische Verkehrsplanung und die Fußgängerunfreundlichkeit dieser Stadt.

In der Dar al Salam Mall musste ich anschließend zwei Stunden lang den erschöpften Noah beschäftigen, bis Hassan uns abholte. Der Kleine taumelte vor Müdigkeit, setzte sich überall auf den Fußboden, heulte lauthals. Ich stand schließlich so neben mir, dass ich in einem Schuhladen meine Handtasche mitsamt unseren Pässen und tausend Riyal in Bargeld – etwa zweihundert Euro – stehen ließ. Als es mir zwanzig Minuten später auffiel, klapperte ich zitternd alle Geschäfte ab, in denen ich gewesen war. Im Schuhladen stand die Handtasche immer noch auf dem Boden. Es fehlte nichts.

An der Deutschen Schule war beim Abholen der Teufel los. Der Parkplatz war überfüllt mit Autos und Kindern, die achtlos über die Fahrbahn liefen. Jede Menge SUVs blockierten die einzige Ausfahrt, da die Fahrer dort auf die Kinder warteten. Es dauerte eine Weile, bis ich in dem Gewühl Tim entdeckte. Er saß allein auf der Bank neben dem Security-Häuschen. Ein Blick auf sein Gesicht, und mir wurde ganz anders: Er hatte geweint, und sein Gesichtsausdruck war Gewitterwolke kurz vor dem Unwetter.

Noah war auf der kurzen Fahrt eingeschlafen. Ich ließ ihn im Auto sitzen und lief zu Tim. »Na, Schätzchen, wie war dein erster Tag?«

Er riss den Ironman-Rucksack, den wir ihm als Übergangstasche für die Schule gekauft hatten, von der Bank. Der Schultornister war noch in der Seefracht.

»Meine Lehrerin ist gar nicht da«, presste er hervor. »Wir hatten überhaupt keinen richtigen Unterricht. Keiner kann mir sagen, was für Bücher ich brauche und wo ich die bekomme. Und wir hatten Englisch.« Wuttränen schossen ihm aus den Augen. Tim heulte immer eher aus Wut oder Frust als aus Traurigkeit. »Die können alle Englisch! Die reden sogar in der Pause miteinander Englisch!«

»Wer?«

»Alle!«, rief er und schluchzte. »Die Lehrerin. Alle Kinder aus der Klasse. Und alle kennen sich schon, und ich bin der doofe Neue, den alle angucken.«

»Das sind doch deutsche Kinder, wieso sollten die Englisch reden?«

»Das sind gar keine deutschen Kinder!«, rief Tim außer sich. »Die sind alle aus Katar!«

»Das glaube ich nicht.« Der Direktor hatte doch erzählt, dass es noch nicht einmal eine Handvoll katarischer Schüler an der Schule gab.

»Na, okay. Dann halt nicht Katar. Ist mir auch egal!« Tim schmiss seinen Rucksack ins Auto und kletterte hinein.

»Hello! Mentos?«, brüllte Hassan und hielt ihm lächelnd die Packung hin.

Noah schluchzte erschrocken im Schlaf.

Tim schüttelte den Kopf, drehte sich zum Fenster und schwieg. Dass er Süßigkeiten verschmähte, hatte ich noch nie erlebt.

Noah schlief vor Erschöpfung wieder tief und fest ein, den kleinen Kinderrucksack, den er von meiner Cousine zum Abschied geschenkt bekommen hatte, wie einen Teddybären umklammert. Mir brach schier das Herz. Hoffentlich fanden die Kinder bald in ihren neuen Alltag in Doha hinein. Ich nahm mir vor, ihnen die Freizeit mit Ausflügen in den Pool und Spielenachmittagen bei Kollegen von Mark mit Kindern zu versüßen, damit Doha etwas von seinem Schrecken verlor.

Als Tims Lehrerin auch Tage später noch fehlte, hakte ich nach. Im Sekretariat wurde mir nur gesagt, dass Frau Hahn dringend etwas erledigen musste. Was das wohl war, blieb meiner Fantasie überlassen. Dringender, als schulpflichtige Kinder zu unterrichten? Ach, Tim solle sich keine Sorgen machen. »Wenn Frau Hahn wieder da ist, gibt sie dir alle Bücher, die du brauchst.«

Es gab bei mir ein seltsames Gefühl der Dissonanz, wenn ich mit der an sich sehr freundlichen Sekretärin sprach. Wieso konnte sie diese Ausnahmesituation derart mit einem Lächeln und Schulterzucken abtun?

Des Rätsels Lösung: Katar färbt einfach ab. Es gibt zwar den gleichen Lehrplan wie in Deutschland und die gleichen Anforderungen an die Schüler. Aber es passiert so viel Unvorhergesehenes, so viele Situationen, wo Schule, Eltern und Schüler plötzlich in der Luft hängen, dass man sich einfach entspannt.

In unserem Fall stellte sich ein paar Tage später, bei Frau Hahns Rückkehr und einem Willkommensgespräch, heraus: Frau Hahns Vater war plötzlich gestorben, und sie musste Knall auf Fall nach Deutschland reisen. In ihrer Abwesenheit unterrichtete die (sehr nette) Englischlehrerin die Klasse. Sie war britische Muttersprachlerin und sprach nur Englisch. Die Kinder kamen daher in den Genuss von einer Woche Full-Immersion-Englischunterricht. Für die meisten Kinder in der Klasse ein Traum, da die »Arbeitssprache« in vielen Familien Englisch war. Was wir auch nicht gewusst hatten: Tim war zu dem Zeitpunkt das einzige Kind in der Klasse mit zwei deutschsprachigen Eltern. Bei seinen Klassenkameraden waren entweder Mutter oder Vater englische Muttersprachler, oder die Eltern hatten keine gemeinsame Sprache und sprachen deshalb zu Hause Englisch. Viele von Tims Klassenkameraden waren sogar drei- oder viersprachig: Sprache der Mutter, Sprache des Vaters, Englisch hatten sie spätestens ab zwei Jahren im Kindergarten gelernt und dann mit dem Wechsel in den Kindergarten der DISD auch Deutsch.

Dass es mit Schuljahresbeginn manche Schulbücher noch nicht gab, dass mal Lehrer ausfielen, dass von heute auf morgen neue Vorschriften über Pflichtfächer und Schulzeiten eingeführt wurden, war Alltag in Katar. Da die Klassen so klein waren und die Schultage länger als in Deutschland, schafften die Kinder trotz aller Unwägbarkeiten das Pensum des deutschen Lehrplans.

Es dauerte aber eine ganze Weile, bis ich in der Schule loslassen und dieses deutsche »Wieso ist das nicht alles durchorganisiert?« ablegen konnte.

DRESSCODES

Nach unseren Umzugswochen nach Katar, in denen ich die Kinder vierundzwanzig Stunden am Tag um mich gehabt hatte, war es seltsam, jetzt vormittags allein unterwegs zu sein. Um mich abzulenken von Noahs hysterischem Geschrei beim Abliefern im Kindergarten, streifte ich stundenlang durch die Straßen im Abu-Hamour-Viertel. Anders als in der West Bay gab es hier auch kleine Läden: Blumenläden, Brautmodenläden, ein paar indische Minigeschäfte. Dazwischen Wohnhäuser, meist *Stand alone*-Villas, wie man frei stehende Häuser in Katar nannte. Sie grenzten sich mit hohen Mauern und dekorativen Eisentoren von der Straße ab. Bougainvillea und Frangipani-Bäume wucherten üppig über die Mauern und zeigten ihre Blütenpracht. Ab und an gab es hier sogar Bürgersteige. Das Prinzip schien aber nicht so ganz klar zu sein: Gab es einen Bürgersteig, zog spätestens jedes dritte Haus ein Mäuerchen oder eine Blumenrabatte vom Haus bis zur Straße. Ich musste also in einem Slalom immer wieder auf die Straße ausweichen. Ab und an fuhr ein Auto eine Zeitlang im Schritttempo neben mir her. Immer saßen Inder, Pakistanis oder Bangladeschis am Steuer. »Ich kann dich fahren. Nur zwanzig Riyal, überallhin.«

»Nein, danke, ich gehe zu Fuß.«

Die Fahrer reagierten meist sichtlich fassungslos. »Ich kann dich wirklich fahren. No problem!«

Es half nur, stur geradeaus zu schauen und sie beflissen zu ignorieren, um die Männer loszuwerden.

Die einzigen Menschen, die außer mir zu Fuß gingen, waren Hausangestellte in Uniform, die mit viel Wasser Einfahrten und Autos abspülten oder die Rabatten pflegten. Und asiatische Nannys, die in kleinen Gruppen mit klapprigen Buggys Kinder durch die Gegend fuhren, immer haarscharf an den Autos vorbei.

Es gab so vieles, das mir fremd war. Blumenläden verkauften immer auch Schokolade, und viele der Blumenläden boten zusätzlich sogar Motiv-Cupcakes und Torten an. Da man in Katar keinen Alkohol kaufen oder verschenken darf, waren Blumen und Süßkram offensichtlich die typischen Mitbringsel. Blumen wurden eingeflogen und waren deshalb sehr teuer.

Immer wieder kam ich an Damen- und Herrenfriseurläden vorbei. Die Herrensalons sahen aus wie in Deutschland auch, wenn man sich die arabischen und indischen Modelle auf den Bildern wegdachte. Die Damensalons dagegen waren an den verklebten Scheiben zu erkennen, sie sahen deshalb aus wie üble Nachtclubs oder Striptease-Bars. Draußen hingen Schilder, wie man sie in Deutschland an Geschäften findet, deren Besitzer nicht möchten, dass die Kundschaft ihre Hunde mit in den Laden bringt. Nur stand hier nicht »Wir müssen leider draußen bleiben« neben einem traurigen Hundegesicht, sondern in Arabisch und Englisch »Einlass für Männer nicht gestattet«. Der Sichtschutz ermöglichte es, dass konservative muslimische Frauen den Gesichts- und Kopfschleier ablegen und sich die Haare schneiden lassen konnten.

Überhaupt – das Thema Verschleierung. »Musst du dich da auch verschleiern?«, war meist die erste Frage, wenn ich in Deutschland erzählte, dass wir nach Katar ziehen würden. Ganz oft gab es enttäuschte Gesichter, wenn ich verneinte. Frida in Totalverschleierung – das wäre spannender gewesen.

»Aber die katarischen Frauen tragen Gesichtsschleier, oder?«

»Nein«, antwortete ich jedes Mal entschieden. »Katar ist anders als Saudi-Arabien. Es gibt keine Vorschriften für Bekleidung, nur Empfehlungen.«

Diese Empfehlungen besagen, dass Frauen und Mädchen ab ihrer ersten Periode Schultern und Knie bedecken sollen. Oberteile sollten nicht dekolletiert sein und möglichst vom Hals bis zu den Handgelenken reichen.

Manche Expat-Frauen hielten sich an die Empfehlungen, viele nicht. Die unglaubliche Hitze trug dazu bei, dass selbst Frauen, die sehr züchtig gekleidet ihr Leben in Katar begannen, im Laufe der Jahre immer mehr Hüllen ablegen. Ich nannte es scherzhaft die »Hippifizierung« der Expat-Frauen in Katar. Das dauerhaft gute Wetter lud einfach dazu ein. Sandalen das ganze Jahr über, die Stoffe werden leichter, die Röcke kürzer oder dünner, die Ausschnitte größer ... Kein Wunder, dass es jedes Jahr wieder zu Protesten von konservativen Muslimen in katarischen Einkaufszentren kommt, die verlangen, dass es endlich verbindliche Vorgaben für die Bekleidung von Frauen gibt.

Dafür, dass die Bekleidungsvorschriften nur als »Empfehlungen« galten, war ich in Doha auf Schritt und Tritt von erstaunlich vielen tiefschwarz verhüllten und verschleierten Muslimas umgeben. Einer meiner ersten Eindrücke von Doha war: »Alles viel moderner hier, als ich erwartet hätte«, gleich gefolgt von: »Huch, es wimmelt hier nur so von schwarz gewandeten Frauengestalten!«

Es fühlte sich exotisch an (um nicht zu sagen: einschüchternd), sich plötzlich beim Einkaufen sechs oder mehr schwarz gekleideten Frauen gegenüber zu finden, deren Gesichter komplett verdeckt waren, mit Ausnahme der Augen. Einige Frauen trugen auch komplett schwarze Tücher über dem Gesicht. Sie können zwar durch den dünnen Stoff herausschauen, aber wir nicht hinein.

Da die Damen gern in Gruppen von mindestens fünf auftraten, mit vielen Kindern im Schlepptau – wobei die älteren Mädchen ebenfalls alle schwarz angezogen waren –, verstärkte das den Eindruck, dass ich im Einkaufszentrum in eine schwarze Wolke geraten war. Westliche Freundinnen, die vor ihrem Umzug nach Katar in Asien gelebt hatten, berichteten, dass die

Muslimas in diesen Ländern oft bunte Abayas und Kopfschleier trugen, in vielen verschiedenen Farben. Das Fremdheitsgefühl war für die Westlerinnen dort deshalb weniger groß.

Viele der arabischen Damen in Schwarz waren zudem ziemlich füllig. Bei so vielen Schwangerschaften kurz hintereinander und keiner Möglichkeit, sich draußen viel zu bewegen, bleibt das wahrscheinlich kaum aus. Auch viele Expats beschwerten sich über ihren »Doha-Bauch«, die fünf Kilo extra, die sie nach einem Jahr Doha mit sich herumschleppten.

Besonders ist mir eine Szene in Erinnerung geblieben, die sich an der Kasse des großen »Villaggio«-Carrefour abspielte, als ich frisch in Doha war. Fünf voluminöse Damen in Schwarz scharten sich um mich, schweigend, die Gesichter verdeckt. Ich fühlte mich etwas beklommen, lächelte aber wie immer höflich, sagte auch »Danke«, als sie mir etwas Platz auf dem kurzen Band frei machten. Hinter der Gesichtsverschleierung war keine Gemütsregung zu sehen, und keine der Frauen sagte etwas zu mir. Die Frau vor mir zog ihren Einkaufswagen rückwärts hinter sich her, um das Band zu beladen. Im Sitz des Einkaufswagens, direkt vor mir, saß ihre kleine Tochter. Das Mädchen trug ein Sommerkleidchen, war unglaublich süß und summte vergnügt ein Liedchen. Als es meinem Blick begegnete, lächelte ich sie an und sagte: »Hello.«

Das Mädchen stieß einen erschrockenen Schrei aus und verbarg den Kopf an der tief verschleierten Mutter. Die warf mir unter ihrem Schleier einen spürbar prüfenden Blick zu, reagierte jedoch nicht weiter.

Ich war wie vor den Kopf gestoßen. Wieso war *ich* denn die Unheimliche, die der Kleinen Angst machte? Unheimlich mussten doch eigentlich die Frauen wirken, die zu Hause ganz normal gekleidet um das Mädchen herumliefen und sich dann beim Einkaufen in diese schwarzen Gestalten verwandelten!

Am Abend erzählte ich Mark von dem Vorfall.

»Natürlich bist du unheimlich für ein hiesiges Kind«, sagte er. »Im Vergleich zu den konservativen Muslimas bist du ja praktisch unbekleidet – und das beim Einkaufen! Stell dir vor, du würdest mit Noah in Deutschland in den Supermarkt gehen, und plötzlich stellt sich ein nackter Mann hinter euch an der Kasse an, der Noah nicht nur angrinst, sondern ihn auch noch anquatscht.«

Bei der Vorstellung zog sich in mir alles zusammen. So sah ich für dieses Kind aus? Was für eine Welt!

Sich derart züchtig zu kleiden und alles vor männlichen Blicken zu verstecken, kam mir in den ersten Tagen und Wochen in Doha altmodisch, ja geradezu zurückgeblieben vor. Im Lauf der Zeit erkannte ich jedoch, dass das ein Trugschluss war. »Zurückgeblieben« konnte man die muslimischen Frauen in Doha wahrlich nicht nennen. Je häufiger ich bei meinen Shopping-Mall-Streifzügen Dutzende tief verschleierter Frauen mit Tiffany-Tütchen über dem Arm sah, je häufiger ich beobachtete, wie sie mit teuren Spiegelreflex-Kameras ihre Kinder professionell im Park ablichteten, oder mitbekam, wie sie sich am Steuer ihres SUVs oder eines schicken Sportwagens im Kreisverkehr in der Spur nebenan einreihten, desto öfter bekam dieses stereotype Bild der »altmodischen Frau aus einem vergangenen Jahrhundert« in meiner Vorstellung Brüche.

Abaya

Das, was man in Deutschland gern als »Burka« bezeichnet, sind in Wirklichkeit meist verschiedene Formen eines traditionellen Gewands, das »Abaya« heißt. Mit der Burka haben Abayas lediglich gemeinsam, dass beides verhüllende Gewänder für hauptsächlich islamische Frauen sind. Die Abaya bedeckt nur den Körper. Dazu tragen die Frauen einen Schal (Hijab), der die Haare verdeckt, und in konservativen Ländern bzw. in konservativen Familien einen zusätzlichen Gesichtsschleier (Nikab). Die Burka hingegen umhüllt die Trägerin von Kopf bis Fuß und hat vor dem Gesicht ein Textilgeflecht, das einen Blick nach außen gewährt, das Gesicht aber verbirgt.

Die Auswahl der Abaya hängt nicht nur von der Herkunft und kulturellen Prägung der Trägerin ab, sondern auch vom geplanten Einsatz, vom Klima und vom persönlichen Geschmack. Die Abaya ist in den Golfstaaten überwiegend schwarz, besonders tagsüber, während Muslimas aus Asien und Afrika meist farbige Abayas tragen.

Abayas können durchgehend einfarbig, aber auch mit schönen Mustern und Motiven verziert sein. Das geht von feiner schwarzer Stickerei am Saum und an den Ärmeln bis zu großflächigen Drucken, zum Beispiel von Bäumen oder geometrischen Mustern.

Entgegen der weitläufigen Auffassung in Deutschland zwingen »die Kataris« ihre Frauen nicht dazu, sich komplett zu verschleiern. Die meisten katarischen Frauen zeigen ihr Gesicht und ihren Haaransatz, die Abayas sind sehr schick und figurbetont. Dass einem in Doha trotzdem Gruppen von komplett verschleierten Frauen begegnen, liegt nicht an den Kataris, sondern an den kulturellen Gebräuchen der Länder, aus denen diese Frauen beziehungsweise ihre Ehemänner stammen.

KÜSSEN VERBOTEN

»Also, denk dran: nicht anfassen, nicht küssen.«
»Noch nicht einmal auf die Wange?«
»Nirgendwohin«, sagte mein Mann ernst.
Ich stand ein klein wenig unter Schock. Dass unverheiratete Paare in Katar ins Gefängnis wanderten, wenn sie erwischt wurden, wusste ich. Aber Mark und ich waren doch verheiratet! Wir trugen Eheringe und hatten ständig zwei Kinder im Schlepptau – da würde doch niemand auf die Idee kommen, dass wir die öffentliche Ordnung störten, wenn wir ab und zu vor anderen ein Küsschen tauschten oder Händchen hielten?

Anscheinend aber doch. Immer wieder hatte mir Mark in der Vorbereitung auf Katar eingebläut: »Keine zärtlichen Gesten in der Öffentlichkeit, das gilt als unzüchtiges Verhalten.« Dafür gab es sogar einen eigenen Begriff mit gängiger Abkürzung: »no public displays of affection« oder auch »no PDA«. Ich hatte das bis dato immer für einen elektronischen Assistenten oder für eine Rückenmarksanästhesie gehalten.

Kess hatte ich vor unserer Abreise allen versichert, ich würde mich in Katar nicht verschleiern müssen oder unter einer Abaya verschwinden, es gäbe gar keine Bekleidungsvorschriften per Gesetz.

Das stimmt. Aber es gibt, wie ich bald erfuhr, zig Vorschriften aus dem konservativen Islam, die das Zusammenleben von Männern und Frauen regeln. Schließlich gilt in Katar Schariah-Gesetzgebung. Man lernt die Vorschriften als Nicht-Muslimin in den Golfstaaten erst nach und nach kennen, manche auch erst nach einem beherzten Tritt ins Fettnäpfchen.

Alles ist nach Geschlechtern getrennt: Ämter, Schulen, Wartezimmer beim Arzt und im Krankenhaus, Fitness-Clubs, Schwimmkurse, Friseure, Schönheitssalons, Wohnheime für Mitarbeiter und Studenten ...

Schon allein der Anblick »meines« Schildes brachte mich, die ich es beruflich mit Sprache, Ausdruck und Grammatik zu tun habe, von Anfang an jedes Mal in Wallung: *Female Entrance* oder *Female Section*. Auf Deutsch bedeutet das »weiblicher Eingang« beziehungsweise »Weibchen-Bereich«. Bei den Männern dagegen wurde immer »men« verwendet, einen »Männchen-Bereich« fand ich nirgends.

Zunächst dachte ich, dass die segregierten Sitz- oder Aufenthaltsbereiche netterweise für die verschleierten Muslimas angelegt wurden. Als Europäerin hatte ich »so etwas« doch nicht nötig, auch wenn es mich irritierte, dass ich an vielen Orten die einzige Frau zwischen Hunderten von Männern war.

Eines Tages machte ich mich auf, um mit Hilfe von Mohamad, meinem arabisch sprechenden Guide, der sich im Auftrag von Marks Firma um mich kümmern sollte, den katarischen Führerschein zu beantragen. Denn jetzt stand mir ein Programm bevor, vor dem ich etwas Muffensausen hatte: die Behördengänge, damit Mark für mich und die Kinder das *Residents Permit* beantragen konnte. Täglich flatterten neue E-Mails von Marks philippinischer Assistentin bei mir herein: »Liebe Frida, Yusef holt dich morgen um 7:30 Uhr ab fürs Fingerprinting.« Eine Stunde später Korrektur: »Nein, es kommt doch Mohamad, aber erst um zehn Uhr.«

Yusef und Mohamad arbeiten als PROs. Das sind *Public Relations Officers* – Männer, die Arabisch und Englisch sprechen und mit zu Ämtern gehen, damit die Expats nicht an arabischen Dokumenten und an Beamten, die nur Arabisch sprechen, scheitern. Große Firmen haben festangestellte PROs, kleine Firmen heuern von Fall zu Fall externe an.

Die PROs kommen auch zu Hilfe, wenn man beispielsweise in einen Autounfall verwickelt ist. Zusammen mit meinem katarischen Führerschein und dem Schlüssel zum Mietwagen bekam ich eine kleine laminierte Karte mit einem Vornamen und einer Handynummer. »Wenn du einen Unfall hattest, rufst du Yousef an. Er ist dein Zeuge, wenn du mit der Polizei reden musst.«

»Aber er hat den Unfall doch gar nicht gesehen …«

»Deswegen rufst du ihn sofort an und sagst ihm, was er gesehen hat und bezeugen muss.«

Sehr arabisch …

Abwechselnd kutschierte mich der schmale, indisch aussehende Mohamad oder der dunkelhäutige, wie ein Schrank gebaute Yusef durch Doha: zum Fingerprinting, zum Medical Exam, zur Blutabnahme und zur Führerscheinbehörde.

Wie selbstverständlich setzte ich mich dort auf eine der langen Holzbänke vor den Schaltern, hinter die anwesenden Männer. Niemand setzte sich neben mich, außer mir war keine einzige Frau zu sehen. Mohamad nickte hektisch immer wieder in Richtung einer Zeltplane mit hübschen arabischen Mustern, die sich abseits an der Seite des Wartesaals befand. Sie versperrte die Sicht auf eine gepolsterte Bank – die *Female Section*. Da sollte ich mich doch hinsetzen.

»No, thank you.« Auf keinen Fall wollte ich dort warten, aus Angst, zu verpassen, wenn meine Nummer auf dem Display erschien. Das Display konnte man nämlich aus dem Frauenbereich nicht sehen.

Plötzlich keifte eine der Beamtinnen auf Arabisch los und zeigte immer wieder auf mich. Ich verstand nichts außer »Go.«. Mein Guide wurde sehr flott, riss mich am Arm hoch und bugsierte mich auf die Bank hinter die Zeltplane. »Female section! She says you have to sit in female section! Please, Ma'am, please sit here! She is very angry!« Ich saß eine halbe Stunde wie bestellt und nicht abgeholt allein hinter der Plane. Dann gab es einen Sehtest – fertig war der katarische Führerschein.

Die strikte Geschlechtertrennung gilt auch für andere öffentliche Bereiche. Viele Parkanlagen und Einkaufszentren haben sogenannte »family days«. Je nach Ort kann das bedeuten, dass Männer an diesen Tagen gar keinen Zutritt haben oder nur in Begleitung ihrer Familie. Auch Jungen ab fünfzehn gelten schon als Männer. Und wenn ein Junge zehn Jahre oder älter ist, muss eine konservative islamische Frau sich in seiner Gegenwart verschleiern. Tim war ja noch drunter, sodass ich ihn überallhin mitnehmen konnte. Doch was würde geschehen, wenn er zehn wurde?

Es dauerte ein paar Wochen, bis ich die »No PDA«-Regel und die Sache mit der *Female Section* endlich verinnerlicht hatte. Bis dahin kam es versehentlich immer wieder zu dämlichen Szenen zwischen Mark und mir: Ich schob gedankenlos meine Hand in die meines Mannes, und er schüttelte sie hektisch ab, weil gerade ein Katari aus einem Geschäft direkt vor uns trat. Oder ich stellte mich auf die Zehenspitzen, um ihn auf die Wange zu küssen, und Mark drehte mich geschickt ein Stück weg, sodass ich nur die Luft knutschte.

Bis ich eines Tages das erste händchenhaltende Paar in Dischdascha und Abaya in einer Mall erspähte. Es hätte nicht viel gefehlt, und ich hätte mit dem Finger auf die beiden gezeigt, während ich aufgeregt Mark zutuschelte: »Da! Die halten auch Händchen! Ganz offen!« Ich fragte mich, wie das möglich war. Sie trugen allerdings die Golftracht und könnten Kataris gewesen sein. Und welcher Security-Mann aus Indien oder Bangladesch würde es wagen, einen Katari anzuzeigen?

Es fühlte sich anfangs abgrundtief seltsam an, mit Mark freundlich, aber distanziert umzugehen wie mit einem Fremden, sobald wir über die Schwelle unseres Hotelzimmers nach draußen traten. Doch erstaunt und erschrocken erkannte ich, wie schnell ich diese Vorgaben verinnerlichte. Auch Monate nachdem wir wieder nach Deutschland gezogen waren, zuckte ich zurück, wenn Mark mich in der Öffentlichkeit an sich zog und den Arm um mich legte. Wenn er meine Hand nahm, sah ich mich verstohlen um, ob uns jemand sehen könnte, bis mir einfiel: »Wir kommen nicht für unzüchtiges Verhalten ins Gefängnis. Alles gut.«

Ein strenggläubiger muslimischer Mann darf in der Öffentlichkeit keinen Körperkontakt zu einer Frau haben, vor allem nicht zu einer verheirateten Frau. Dass Körperkontakt verboten ist, kann aber im Extremfall dazu führen, dass ein Mann einer Frau nicht aufhilft, wenn sie stolpert. Angeblich weigerten sich sogar Sanitäter, einer verschleierten Frau zu helfen, die einen Unfall hatte oder verletzt war, wenn sie ohne ihren Mann unterwegs war – aus Angst vor einer Anklage wegen unzüchtigen Verhaltens.

Ein seltsamer Widerspruch für viele Frauen, mich eingeschlossen, war in Katar, dass man uns zwar nach arabischer Sitte in *Female Sections* packte, angeblich zu unserem Schutz. Aber ausgerechnet die arabischen Männer zeigten sich häufig im Umgang sehr unhöflich. Mir passierte es mehrfach, dass ich abgedrängt wurde, wenn ich mich gleichzeitig mit einem arabischen Mann einer Tür oder einer Theke näherte. Einige Male ließ mir ein drängelnder Mann sogar die schwere Glastür ins Gesicht fallen, nur um als Erster das Gebäude zu verlassen. Mir flog auch schon mal eine leere Wasserflasche an den Kopf, weil der vor mir schreitende Mann sie einfach hinter sich warf, als er den Eingang der Mall erreichte. Fairerweise muss man sagen, dass das unhöfliche Verhalten aber nicht nur Frauen gegenüber auftrat.

»PULL, MA'AM, PULL!«

»Was soll ich machen? Was denn?« Ich biss vor Frust fast ins Lenkrad. Hinter mir hupte es unentwegt.
Der philippinische Tankwart wand sich verlegen. »Pull?«
Das hatte er schon zweimal gesagt. Aber was sollte ich denn ziehen? Wollte er unter die Motorhaube schauen? Oder meinte er, ich solle weiter vorfahren?
»Nur tanken! Benzin!!«, versuchte ich es noch mal auf Simpel-Englisch.
Inzwischen hatte ich meinen katarischen Führerschein erhalten und konnte mich nicht mehr davor drücken, in Doha Auto zu fahren. Selbst zu fahren war schlicht einfacher und billiger als die Chauffeurslösung: Es war nervig, sich für jede Fahrt schreiend mit dem schwerhörigen Hassan zu verabreden, und es ging ins Geld. Mark hatte deshalb eines Tages entschieden, dass ich Doha jetzt gut genug kannte, damit ich allein loslegen konnte – und hatte für mich ein kleines SUV gemietet (»nur« 300 PS).
Man kann sich in Doha auf eingebaute Navis nicht verlassen, denn in der Stadt wird so viel gebaut, dass die Systeme veraltet sind, bevor das Auto überhaupt die Reifen auf die Straße bringt. Deshalb hatte ich mir ein Tablet gekauft, die App *Waze* installiert und folgte den Anweisungen.
Die ersten zwei Tage war alles überraschend gut gegangen. Wobei *Waze* von den Nutzern gefüttert wird. Die »Crowd« vermerkt blitzschnell, wenn Straßen gesperrt sind oder neue eröffnet wurden. Aber die Meute der Fahrer in Doha trainierte

Waze auch atemberaubende Abkürzungen an, die mich durch die seltsamsten Gegenden brachte. Gefühlt über zwei Hinterhöfe, hinterm Wohncontainer links, um einen Kreisverkehr, den nichts als eine rostige Tonne in der Mitte des leeren Platzes markierte.

Schwitzend überstand ich meine Feuertaufen im Verkehr und holte pünktlich meine beiden Jungen vom Kindergarten beziehungsweise von der Schule ab. Und ausgerechnet das Tanken klappte jetzt nicht?

Ich hatte mich in die ellenlange Schlange vor den Tanksäulen eingereiht, war angehupt und aus geöffneten Fenstern angeschrien worden, als ich nicht blitzschnell die Spur wechselte, sobald sich irgendwo eine Lücke auftat. Endlich hatte ich den Tankwart an der Zapfsäule erreicht. In Katar tankt man natürlich nicht selbst.

Der Mann legte aber nicht los, sondern bat mich immer wieder darum, etwas zu ziehen. Ich hatte schon kontrolliert, ob der Tankdeckel klemmte. Alles in Ordnung.

»Pull?«

Das Hupen und Geschrei hinter mir war ohrenbetäubend.

»Machen Sie doch einfach das Ding voll!«, schrie ich verzweifelt.

Er lächelte. »Okay«, füllte den Tank, trat wieder an mein Fenster und meinte: »61 Riyals.«

12 Euro? Um einen SUV vollzutanken?

Ich gab ihm das Geld und umgerechnet noch einen Euro Trinkgeld.

»Bless you!« Er war sichtlich verdattert über einen solchen Reichtum. Als ich wegfuhr, sah ich im Rückspiegel, wie er den anderen Tankwarten glücklich den Fünf-Riyal-Schein zeigte.

»Der meinte mit pull ›full‹, oder?«, meldete sich Tim vom Rücksitz.

Natürlich! Ich hätte fast meine Stirn auf das Lenkrad geschlagen. Mir fiel ein Verkäufer in einem Geschäft vor ein paar Tagen ein, der von mir »piptipeif« Riyal hatte haben wollen: *fifty-five*.

VERDECKT BEIM ARZT

Auch in Doha kann man Rücken haben. Ein paar Wochen nach unserer Ankunft konnte ich mich plötzlich vor Schmerzen kaum mehr rühren. Vielleicht war die Klimaanlage schuld, vielleicht hatte ich den schlafenden Noah zu häufig und zu lange mit mir herumgeschleppt.

Trotz Ibuprofen wurden die Schmerzen so schlimm, dass ich mich nach ein paar Tagen morgens um fünf per Taxi in die Notaufnahme des Al-Ahli-Krankenhauses fahren ließ. Das Al-Ahli ist inoffiziell das Expat-Krankenhaus. Hier geht man hin, um eine Behandlung zu erhalten, die in etwa mit europäischen Standards vergleichbar ist.

Da Noah und Tim in den ersten Monaten im Land häufiger zum Kinderarzt im Al-Ahli mussten, kannte ich bereits die dortigen Gepflogenheiten: Hat man keine im Krankenhaus bekannte Plastik-Versicherungskarte, darf man erst einmal einen Fünfhundert-Riyal-Schein (etwa hundert Euro) in den Anmeldeschalter reichen, sonst kann man gleich wieder gehen. Also schleppte ich immer ein paar Fünfhundert-Riyal-Scheine mit mir herum. Aber auch wenn nicht, wäre das kein Beinbruch gewesen: Die Mitte des großen Krankenhaus-Foyers bildete ein hübsch dekorierter Bereich mit mehreren Geldautomaten.

Nach kurzer Wartezeit führte mich eine philippinische Krankenschwester in ein Behandlungszimmer, wies mich an, mich auf eine Liege zu legen, und deckte mich fürsorglich mit einer Wolldecke bis zum Kinn zu. Ich war mehr als dankbar, da im

Krankenhaus dank Klimaanlage genauso frostige Temperaturen wie in allen Einkaufszentren herrschte. In Deutschland hatte ich mir schon einmal den Rücken verrenkt und wusste, was jetzt kommen würde: Der Arzt würde den Bereich untersuchen und mir dann eine Spritze geben. Endlich würden diese Schmerzen ein Ende haben!

Irgendwann, ich war schon halb weggedöst, ging die Tür auf, und ein arabischer Arzt trat ein. Ich nahm nur den weißen Kittel wahr, sprang von der Liege und fing an, meine Strickjacke auszuziehen. Ärzte haben ja nie viel Zeit, vor allem in der Notaufnahme.

Der Mann schlug die Hände vors Gesicht, wich hektisch zurück und drehte sich zur Tür. Eine Schrecksekunde dachte ich: »Meine Güte, so hässlich sehe ich nun auch nicht aus!«

Da zerrte mich die Filipina zurück zur Liege und rief entsetzt: »Ma'am! Lie down! Lie down! Ma'am, please! Ma'am, you have to cover yourself!« Wohlgemerkt: Ich war voll bekleidet, steckte noch halb in der Strickjacke und hatte darunter ein langärmeliges T-Shirt an.

Der Arzt flüchtete aus dem Raum. In gebrochenem Englisch und mit viel Pantomime verklickerte mir die Krankenschwester, dass ich vollständig unter der Decke zu liegen habe, während der Arzt mich untersucht.

Als ich wieder bis zum Kinn verpackt war, verkündete die Filipina laut in den Flur, ich sei jetzt »modest« (also züchtig). Der Arzt kam zurück, blieb aber an der Tür stehen und sah die Wand an, während er mich zu den Symptomen befragte. Anschließend schrieb er mir starke Schmerzmittel und Voltaren zum Eincremen auf, legte das Rezept mit spitzen Fingern auf einem Tisch neben der Tür ab und verschwand.

Die Tabletten halfen letztlich nicht, mir wurde nur übel davon. Meine Rettung wurde stattdessen Olga, eine ausgebildete Physiotherapeutin aus Osteuropa, die im Hotel arbeitete. Heiße Paraffinwachsbehandlungen und Massagen bewirkten endlich das, was dem Arzt im Krankenhaus nicht gelungen war.

Wahrscheinlich hatte ich noch Glück, dass der Arzt sich überhaupt direkt mit mir unterhalten hatte. Wie ich viel später erfuhr, gibt es das Gebot, dass ein strenggläubiger Muslim eine verheiratete Frau nicht nur nicht berühren, sondern auch nicht mit ihr anbandeln darf. Was das für den Kontakt zwischen Männern und Frauen bedeutete, wurde von verschiedenen Kulturen in Katar unterschiedlich gelebt. Ich traf in Katar viele konservative Muslime, die einen Dritten benutzen, um das Gespräch zu führen, entweder ihre Ehefrau oder einen nicht muslimischen Mann.

Die katarischen Männer, auf die ich traf, hatten das Problem übrigens nicht. Sie sehen Frauen beim Gespräch ins Gesicht und machen sogar entspannt Scherze. Mit ihren konservativen »Brüdern« aus Pakistan, Ägypten und Saudi-Arabien eint sie, dass auch Kataris einer Frau nicht die Hand schütteln. Da ich selbst nicht gern Hände schüttele, störte mich das aber nicht. Im Gegenteil: Ich mag die arabische Variante sehr. Der Mann, dem Sie vorgestellt werden, deutet eine Verneigung an und führt dabei die rechte Hand zum Herzen. Das finde ich viel stilvoller als das westliche Händeschütteln, das je nach Gegenüber auch gern mal schwitzig-schlaff ausfallen kann. Deshalb stört es mich, dass viele deutsche Frauen das Nicht-Händeschütteln als Geste des fehlenden Respekts auslegen. Die arabische Form der Begrüßung einer Frau (mit Hand aufs Herz) *zeigt* Respekt.

Im Laufe der nächsten Monate begegnete ich immer wieder diesen beiden Extremen im Verhalten von muslimischen Männern gegenüber mir als westlicher Frau: die, die mich wahlweise wie Luft oder Dreck behandelten, und die, die mich respektvoll, wenn auch ohne Händeschütteln, begrüßten und kein Problem damit hatten, sich mit mir zu unterhalten und mir dabei ins Gesicht zu sehen. Es sollte lange dauern, bis ich mich zumindest ansatzweise an diese permanente Wechseldusche gewöhnt hatte.

DAS SELTSAME VERHALTEN DER MÜTTER AM NACHMITTAG

Das Essen auf dem Büfett sah verlockend aus. Salate, gebratenes Lamm und Hühnchen, hausgemachter Hummus, duftendes Fladenbrot. Leider durften wir, wie sich rasch herausstellte, die Pracht nur anschauen. Die älteste Tochter der Familie, bei der wir eingeladen waren, bewachte die Köstlichkeiten wie ein Drache seinen Schatz.

»Sechzehn Uhr bei uns zu Hause« hatte auf der Einladung von Nour und Ali gestanden. Nour kam aus Ägypten und arbeitete als Projektmanagerin in Marks Firma. Als Mark, die Kinder und ich um Punkt sechzehn Uhr klingelten, waren die Gastgeber noch mitten in den Vorbereitungen.

Sichtlich verlegen drückten Nour und ihr Mann Ali Mark und mir Teegläser in die Hand und deponierten uns mit den Kindern auf dem Sofa. Helfen durften wir nicht, während sie in der nächsten Stunde alles für die Party aufbauten. Erst nach über einer Stunde trudelten die nächsten Gäste ein.

Noah hielt es irgendwann nicht mehr auf dem Sofa. Er lief zum Büfett, um sich mit Chicken Nuggets einzudecken.

Lächelnd fing Nour ihn ab, drückte ihm eine Süßigkeit in die Hand und schickte ihn zurück zur Couch. »Jetzt wird noch nicht gegessen, *habibi*.«

Auch als alle Gäste da waren, gab es zu unserer Verwunderung noch nichts zu essen. Wir hatten von der sagenhaften arabischen Gastfreundschaft gehört – warum saßen wir hier mit knurrendem Magen vor wunderbarem Essen, das wir nicht berühren durften?

Nach einigen ähnlichen Erlebnissen lernten wir aus Versuch und Irrtum, dass Essen nicht der Dreh- und Angelpunkt von arabischen Feiern ist. Es stand meist schon auf einem Tisch bereit, gegessen wurde aber erst zum Abschluss der Feier.

Jetzt verstand ich auch, warum ich auf dem Weg zu Nachmittagseinladungen so manche der anderen eingeladenen Frauen im Auto mit Zimtschnecke in der Hand gesehen hatte. Standen wir dann gemeinsam mit der Gastgeberin zum Bewundern vor den aufgebahrten Köstlichkeiten, hieß es immer: »Oh, Alia, ich freue mich schon seit Tagen auf dein Essen und habe extra seit heute früh nichts gegessen!«

Mütter unter sich, Mütter mit Kindern, Expat-Frauen-Kreise… Die Einladungen für ein Treffen am Nachmittag oder Abend flatterten teilweise mehrmals wöchentlich herein. Bei Nachmittagseinladungen gab es Kaffee und Wasser, für die Kinder Saft. Das Essen war herzhaft und wurde frühestens um halb sieben abends serviert. Die Feste fanden praktisch nie in Privathäusern, sondern meist in hübschen Clubhäusern der Compounds statt. Diese Clubhäuser verfügten in der Regel über ein eigenes Restaurant, das auch für das Catering der Veranstaltung zuständig war. Am Nachmittag in dem Restaurant schon einen Snack zu bestellen, wäre jedoch gar nicht gut angekommen. Es wäre ein Schlag ins Gesicht der Gastgeberin gewesen, denn es hätte signalisiert, dass einem offensichtlich ihre Essensauswahl nicht passte.

Wenn es endlich Essen gab, dann aber auch so richtig. Selbst wenn ich allein mit Noah und Tim zu einer anderen Mutter zum Spielenachmittag ging, servierte sie am späten Nachmittag mindestens Muffins, Chicken Nuggets und Pommes. Wohlgemerkt nicht als Abendessen, sondern als kleinen Nachmittagssnack – um kurz nach sechs. Kein Wunder, dass Tims arabische Kumpel so speziell schauten, wenn es bei uns nachmittags Paprika-, Gurken- und Apfelschnitze gab.

Marks und meine Verwirrung darüber, dass wir immer viel zu früh da waren, blieb. Und warum wir an Tims Geburtstag, ein paar Wochen nach der Ankunft in Katar, bis sechzehn Uhr allein mit zwei anderen deutschen Elternpaaren und ihren Kindern verbrachten, war uns rätselhaft. Wir hatten, mangels eines eigenen Hauses, ein Event im Lego-Programmier-Center gebucht. Um vierzehn Uhr sollte die Party losgehen und bis achtzehn Uhr dauern. So stand es auf der Einladung. Um sechzehn Uhr trudelten dann, ganz relaxed, nach und nach die anderen Kinder aus Tims Klasse ein. Wir setzten uns auch gleich noch ins Fettnäpfchen, denn wir hatten nur an Verpflegung für die Kinder gedacht. Am Golf ist es aber üblich, dass die Eltern ebenfalls an der Geburtstagsfeier teilnehmen, mit entsprechenden Softdrinks, Kaffee, Kuchen ... Und das gilt auch für die Expats.

»Wenn du am Golf möchtest, dass die Leute spätestens um sechzehn Uhr da sind, musst du sie für vierzehn Uhr einladen. Und selbst dann wird es noch welche geben, die erst um achtzehn Uhr kommen. Das ist hier einfach so.« So klärte mich Alia, eine ägyptische Mutter aus Tims Klasse, auf.

Die Lösung ist in Arabien letztendlich einfach und besteht wie immer darin, einen Gang runterzuschalten und mit dem Flow zu gehen. Man isst vor Feiern etwas, um für alle Eventualitäten gerüstet zu sein, packt für die Kinder etwas zur Beschäftigung ein und peilt etwa vierzig Minuten Verspätung an. Beim Eintreffen entschuldigt man sich wortreich dafür, dass man so unpünktlich ist. »Ach, dieser furchtbare Stau in Doha!« Das ist immer glaubwürdig und lässt sich prima einsetzen, um das Gesicht von Gast und Gastgeber zu wahren. Ist sonst noch keiner da, ist es kein Fauxpas, die Kids vor Tablets zu setzen und selbst am Handy zu kleben. Und, ganz wichtig: Man plant nie, wirklich *nie* Anschlusstermine ein! Kinder um neunzehn Uhr ins Bett zu schicken, gewöhnt man sich in den Golfstaaten bald ab. Denn da geht der Abend erst so richtig los.

Für uns war das anfangs mehr als gewöhnungsbedürftig. Nicht umsonst machte ein Witz über uns Deutsche in Doha die Runde: »Das Meeting ist für elf Uhr angesetzt. Zwischen Viertel nach elf und halb zwölf treffen nach und nach die Besprechungsteilnehmer aus Irland, Italien, Portugal und den USA ein. Um zwölf schlendert dann der erste Gesprächspartner von der arabischen Seite in den Raum. Wann kommen die Deutschen? Die sitzen schon seit Viertel vor elf am Konferenztisch und müssen um zwölf wieder weg.«

WOHNUNGSSUCHE

Seit Wochen hockten wir jeden Morgen wie die Affen auf dem Schleifstein frierend an den kleinen Tischchen in der Hotel-Lounge und frühstückten. Essen kochte ich in der kleinen Küche unserer Suite, doch wir mussten nach jedem Essen spülen oder die Spülmaschine laufen lassen, da das Hotel nur vier Teller, Gläser und Messer für vier Personen als Kücheneinrichtung vorgesehen hatte. Nachmittags und abends mussten wir, wenn wir schwimmen gehen wollten, mit unseren Bademänteln und Schwimm-Outfits einen Spießrutenlauf absolvieren, denn der Eingang zu einem angesagten Club lag ausgerechnet gegenüber dem Eingang zur Wellnessanlage. Jeden Donnerstag und Freitag wurde das Hotel zudem zur lautstarken Partyzone. Wenn uns die wummernden Bässe nicht um den Schlaf brachten, dann die Presslufthämmer der Baustelle direkt gegenüber.

Kurz: So komfortabel das Leben im Hotel auch war, wir sehnten uns danach, ein eigenes Zuhause zu finden. Da Wohnungen enorm teuer waren, wollten wir uns wenigstens die Maklergebühr sparen und auf eigene Faust suchen. Das konnte doch nicht so schwer sein! Es gab zwar kein Immobilienportal, aber immerhin »Qatar Living«, ein Internet-Forum mit Kleinanzeigen.

Frohgemut machte ich mich auf die Wohnungssuche. Was ich im Internet fand, sah allerdings furchtbar aus: dunkle Zimmerfluchten mit winzigen Fenstern, schweren Möbeln und arabischem Golddekor. »4 BR SF« stand bei einer Annonce kryptisch dabei, aber keine Quadratmeter. Ich rief Saskia an, was mir das denn wohl sagen wollte.

4 BR sei ein *Four bedroom*-Haus oder -wohnung. »SF« stand für *semi-furnished*, also teilmöbliert. »Das kann aber alles und nichts heißen«, fügte Saskia hinzu. »Vielleicht ist eine Küche mitsamt allen Geräten mit drin, vielleicht aber auch nur die Klimaanlage. Du musst deshalb immer nachfragen! Quadratmeter geben die hier übrigens so gut wie nie an, auch nicht am Telefon. Eine Wohnung mit vier Schlafzimmern kann achtzig oder dreihundert Quadratmeter groß sein.«

Beim Preis wurden mir jedes Mal die Knie weich. Ein Apartment für eine Familie in der West Bay für sage und schreibe fünftausend Euro im Monat? Für eine Wohnung ohne Garten und Balkon? Wegen der Kinder wollte ich außerdem nicht anonym in einem Hochhaus leben, sondern gerne eine Nachbarschaft haben, die auch ein wenig als Ersatzfamilie dienen könnte. Wir brauchten also einen Compound.

Ein Compound ist in etwa vergleichbar mit einer deutschen Wohnsiedlung, nur dass es rundherum eine Mauer gibt und ein Tor mit einem Aufpasser. Es gibt winzige Compounds mit zehn Häusern und große mit über hundert Häusern und Apartmentblocks. Die Preise rangieren von etwa zweitausend Euro im Monat für drei Zimmer mit Balkon oder »Garten« (eine Beton-Austrete) bis zu neuntausend Euro für eine Vierhundert-Quadratmeter-Villa mit echtem Garten und sieben Badezimmern. »Eins für jeden Tag in der Woche«, wie eine Freundin sagte. Dann wohnt man aber auch in einer Art Fünf-Sterne-Ferienanlage am Meer, in der es alle Annehmlichkeiten gibt, die man sich vorstellen kann.

Standard in praktisch allen Compounds sind ein Pool, ein Fitnessraum und ein sogenanntes Clubhaus, das man für eigene Feiern mieten kann. Dort gibt es meist einen Kicker, Tischtennisplatten und einen Indoor-Spielbereich für Kinder. Wobei Pool und Fitnessraum wie in einem Luxushotel ausgestattet sein können oder auch so, dass man sich fragt, ob das Equipment eigentlich schon aus diesem Jahrtausend stammt. Ganz wichtig, lernte ich von Saskia, war auch die Frage, mit wie vielen Mietern man sich den Pool teilt. Bei zweihundert Bewohnern und einem Vier-Meter-Becken war das Theater vorprogrammiert.

Wir wollten gern mit der Miete unter dreitausend Euro im Monat bleiben, so absurd es klingt. Für eine Wohnung mit zwei Kinderzimmern und idealerweise einem Gästezimmer schien selbst das in Doha eine irreale Wunschvorstellung. Allein in den zwei Jahren vor unserer Ankunft waren die Mieten um dreißig Prozent gestiegen. Sah ein Haus in einer Anzeige endlich mal brauchbar aus und war bezahlbar, liefen die Telefongespräche mit den Anbietern bizarr ab.

Ich: »Sie bieten eine Villa in Ain Khaled an, für fünfzehntausend Riyal im Monat. Ist die noch frei?«

Mann mit nuschelnder Stimme und starkem Akzent: »Ja, Ma'am.«

»Ist das eine *Stand alone*-Villa, oder ist sie in einem Compound?«

»Ja, Ma'am.«

Ich (schon leicht verwirrt): »Also ein Compound?«

»Ja, Ma'am.«

»Ab wann könnte man dort einziehen?«

»Ja, Ma'am.«

»Äh, verstehen Sie mich? Sprechen Sie Englisch?«

Er (beleidigt): »Natürlich, Ma'am.«

»Das Haus gibt es also noch. Wann könnten wir es uns ansehen?«

Er (genervt): »Ja, Ma'am.«

»Können wir einen Termin ausmachen?«

»Kommen Sie vorbei, dann sehen Sie schon.«

»Wo muss ich denn hinkommen und wann?«

»Kommen Sie vorbei, Ma'am. Guten Tag! Danke! Bye-bye.«

Klack, aufgelegt.

Beim dritten Gespräch dieser Art wurde mir mulmig zumute. War mein Englisch made in Germany wirklich derart inkompatibel mit indischem und arabischem Englisch? Mark erging es aber nicht besser, obwohl er sich schon gut in das lokal übliche Englisch eingehört hatte.

Nur langsam kamen wir dahinter, wieso die Gespräche so verliefen: Viele Vermieter und Compound-Manager ließen die Anzeigen der Einfachheit halber seit Jahren online stehen – auch wenn sie gar nichts zu vermieten hatten oder die Wohnung, die frei war, nichts mit der Anzeige zu tun hatte. Hatten sie nichts zu vermieten, ignorierten ihre Mitarbeiter einfach höflich die Fragen am Telefon und legten auf. Wollten sie etwas anderes als in der Anzeige vermieten, ließen sie uns antraben – um dann statt einem Haus für vier Personen eine winzige Bruchbude für zwei zu präsentieren.

»Ihr packt das falsch an«, erklärte uns Oliver, als wir uns nach Wochen der vergeblichen Suche bei ihm ausweinten. »Es gibt in den Compounds Wartelisten. Wenn eine Familie auszieht, werden die Nächsten auf der Warteliste angerufen. So kommen die richtig schönen Häuser gar nicht ins Internet, sondern sind immer gleich weg. Fahrt am besten von Compound zu Compound und lasst euch bei jedem, der euch gefällt, auf die Warteliste setzen.«

Gesagt, getan. In meinem Mietwagen brachen wir auf, um in einem großen Radius um die deutsche Schule alle Compounds abzuklappern.

Meine erste Begeisterung war groß. Wir thronten hoch über dem wuseligen Straßenverkehr und fuhren am Vormittag bei strahlendem Sonnenschein durch die Stadt. Links ein California Tortilla-Restaurant, rechts ein Einkaufszentrum mit Banana Republic, GAP, Bath&Body Works und weiteren amerikanischen Geschäften. Auf beiden Seiten der Hauptstraßen ragten immer wieder die langen Außenmauern der Compounds auf, gern im modern-arabischen Stil, also mit Zinnen wie eine Trutzburg. Hoch über den Mauern wiegten sich Dattelpalmen in der Meeresbrise, und die leuchtend pinken Blüten der Bougainvillea wucherten üppig an der Straße entlang. Bei einem Zwischenstopp flanierten wir mit einem Eis in der Hand an der Corniche entlang … Es fühlte sich an wie Urlaub in Florida.

Die Urlaubsstimmung wich jedoch bald der Ernüchterung: Hatten wir einen Compound gefunden, der interessant erschien, standen wir wie Bittsteller davor. Denn sobald sich unser Mietwagen einem imposanten verschnörkelten Eisentor näherte, sprang aus dem kleinen Hüttchen neben dem Tor ein uniformierter Wachmann und fragte etwas. Für mich klang es immer, als ob er mit Kartoffel im Mund sprach. Ich hatte keine Ahnung, was er von uns wollte.

Ein paar Monate später wäre mir auch ohne ein Wort zu verstehen klar gewesen, was er fragte, denn das Vorgehen ist immer gleich: »Wo willst du hin, welcher Name, welche Villa-Nummer?« Wenn man die Daten genannt hat, prüfen sie, ob man auf der Besucherliste steht. Wenn nicht, rufen sie in der Villa an, die man angegeben hat. Dann muss man seine katarische ID als Pfand am Tor hinterlegen und wird eingelassen.

In Katar kommt es immer dann zu skurrilen Szenen, wenn man von solchen unsichtbaren Skripts abweicht. Wir wollten nicht zu einem Kumpel in einer Villa, und wir hatten auch keinen Termin mit dem Compound-Manager – also standen wir mit laufendem Motor zwischen Absperrgittern und diskutierten mit den Wachleuten.

In manche Compounds kamen wir ohne Termin gar nicht hinein. Andere Wachen verwehrten uns die Zufahrt, weil wir bisher keine katarische ID hatten, die wir am Tor hätten hinterlegen können. Wir schafften es aber doch, uns in einige Wohnsiedlungen einzuschleusen. Es half ganz eindeutig, dass wir optisch gut zu den Mietern passten. Viele Guards der preiswerteren Compounds winkten uns durch, um sich Scherereien zu ersparen. Es hätte auch geholfen, dunkle Haut mit einem schicken Büro-Outfit zu kombinieren oder arabischer Herkunft zu sein. Nur wie ein Filipino oder Inder, also wie Angehörige der Arbeiterschicht, durfte man nicht aussehen, wenn man in Katar in eine Wohnsiedlung wollte – das ist die traurige Wahrheit, wie wir durch bloße Anschauung erfuhren.

Der Ablauf war, wenn es uns gelang, reinzukommen, immer

der gleiche: Die Guards kassierten Marks Pass ein und schickten uns Richtung Clubhaus. Dort sollten wir nach jemandem fragen, der mit uns über die Warteliste sprechen würde.

Auf der Suche nach dem Clubhaus zuckelten wir im Schritttempo durch die Sträßchen. Die Häuser sahen alle gleich aus, immer Doppelhäuser, eine Seite die Spiegelung der anderen. Ein paar Pflanzen im Vorgarten, pro Haus ein dickes Auto in der offenen Garage (der Mann ist ja unterwegs zur Arbeit), jede Menge Kinderfahrräder, Bobby Cars und Roller, die vor fast jedem Haus von der Eingangstür bis auf den Bürgersteig verstreut lagen.

Bewohner sah man am Vormittag aber kaum. An fast jeder Straßenecke waren dafür Trupps von dunkelhäutigen Männern, meist aus Indien oder Bangladesch, in gleichfarbigen Overalls unterwegs. Sie wässerten die Pflanzen, kehrten die Wege und Straßen, schrubbten die Terrasse um den kleinen Gemeinschaftspool. Hier und da begegneten uns philippinische Kindermädchen, auch sie in farbiger Uniform, immer eins pro Kind. Die Nannys sprachen angeregt miteinander, während sie die Kinder im Buggy und auf Spielkarren geduldig vor sich her durch den Sonnenschein schoben. Hier und da waren die Straßen von Bäumen mit dicken Blättern und Dattelpalmen gesäumt. Wir fuhren an einem kleinen Kinderspielplatz vorbei, an einem eingezäunten Basketballplatz. So sahen also die berühmten Compounds aus. Irgendwie süß, auf eine von der Hitze ausgeblichene, staubige Art.

Pro Compound brauchten wir eine gefühlte Stunde, um uns durchzufragen, wer für die Vermietung zuständig sei. Die eindeutig größte Hürde bestand darin, überhaupt eine Sprache zu finden, in der man kommunizieren konnte. Da ich leider keine Sprache des südostasiatischen Raumes beherrsche, entspann sich meist eine Unterhaltung mit Händen und Füßen, viel Kopfschütteln, Nicken und Wortfetzen, die an Englisch erinnerten. Am Ende war man meist genauso schlau wie vorher. Fanden wir jemanden, der für die Warteliste zuständig war, war er meist

Filipino, hieß Tom, Anthony oder Marc und sagte, Wartelisten gäbe es gar nicht. Oder er zog achselzuckend einen kreuz und quer mit Handynummern vollgekritzelten Zettel aus einer Schublade. Erst nach ein paar Tagen gab uns ein Anthony den Tipp, dass man das mit den Wartelisten »damals« gemacht hätte.

»Heutzutage kommen die Bewerbungen über die Immobilienmakler.« Er druckste herum und meinte dann: »Das ist in vielen Compounds so. Die Makler wollen nicht, dass wir Auskunft über leer stehende Häuser geben. Die Guards sollen die Telefonnummer der Maklergesellschaft, die mit dem jeweiligen Compound zusammenarbeitet, weitergeben.«

Das System funktionierte anscheinend nicht so gut. »Es hat uns noch niemand eine Telefonnummer gegeben«, wandte ich ein.

Verlegenes Lächeln von Anthony. »Ja, Ma'am.«

So langsam lernte ich, dass »Ja, Ma'am« in diesem Fall hieß: »Lass mich endlich in Ruhe, weiß ich doch nicht, wieso das so ist.«

»Wie meinen Sie, damals?«, fragte ich trotzdem nach. Oliver war doch auch erst vor sieben Jahren hierhergezogen!

Anthony wand sich immer mehr. Man spürte deutlich, dass die direkte deutsche Frage-Antwort-Session nicht nach seinem Geschmack war.

»Bis vor zwei Jahren oder so haben wir das gemacht.« Er zuckte die Achseln, lächelte.

Damals, vor zwei Jahren? Mein erster Hinweis darauf, dass die Zeit in Doha schneller lief als bei uns in Deutschland. Es erklärte auch, warum Compounds, die älter als acht Jahre waren, uns als »die alten Siedlungen von Doha« vorgestellt wurden. Aufgrund der maroden Bausubstanz vieler dieser Compounds hatte ich das Alter auf dreißig Jahre geschätzt!

Im Laufe der Woche verschwammen die Compounds miteinander. Immer die gleichen sandfarbenen Mauern, die gleiche Bauweise für Häuser – und nirgendwo rückte eine Wohnung in greifbare Nähe. Ich versuchte es parallel weiter über das

Internet. Die Betreibergesellschaften, die mehrere Compounds verwalteten, hatten Facebook-Seiten und luden dazu ein, ihnen Nachrichten über dieses Medium zu schicken. Aber es kam keine Antwort.

Schließlich gaben wir klein bei und ließen uns Empfehlungen für Immobilienagenturen geben. Die einzige, die trotz unseres »kleinen« Budgets sofort reagierte, war Ida, eine nette Maklerin aus Dänemark. Wir fühlten uns als Europäer gleich mit ihr verbunden und hofften, mit ihrer Hilfe endlich unsere Traumwohnung zu finden.

Stolz wie eine Burg erhoben sich die sandfarbenen Mauern der Wohnsiedlung vor uns. Das doppelflügelige Eisentor, verziert mit schwarzen Ranken mit goldenen Akzenten, war zwei Meter hoch. Direkt vor dem Tor befand sich ein Wachhäuschen mit verspiegelten Fensterscheiben, Nagelsperren warteten eingelassen im Zement der Ein- und Ausfahrt.

Das Tor rollte in Zeitlupe zur Seite, während uns zwei Wachleute in militärisch anmutender Uniform keine Sekunde aus den Augen ließen. Die Sonne ließ ihre schwarze Haut glänzen und spiegelte sich in den Sonnenbrillen. Gerne werden in Katar für Security-Aufgaben Männer aus Afrika mit Militär-Hintergrund eingestellt. In den Stellenanzeigen steht ganz offen: Bewerber sollten »Ex-Militär« und »physisch fit« sein, sodass schon ihr Auftreten einschüchtert.

Bei mir funktionierte das ausgezeichnet: Ich rutschte immer tiefer in die Polster des Beifahrersitzes. Auch auf die Kinder, die bei unserer heutigen Wochenend-Besichtigungstour dabei waren, machte das martialische Auftreten der Security-Leute großen Eindruck. Auf der Fahrt hierher waren wir an Polizisten vorbeigefahren, die mit umgehängtem Sturmgewehr den Verkehr in einem großen Kreisverkehr geregelt hatten. Jetzt auch noch diese beiden hier, die aussahen, als erwarteten sie jeden Moment einen Putschversuch, den es niederzuschlagen galt. Ich fühlte mich wie in einem Jason-Bourne-Film, dabei waren wir doch nur auf Wohnungssuche und wollten keine Staatsgeheimnisse außer Landes schaffen.

Unsere Maklerin Ida wartete in ihrem großen Geländewagen vor der Auffahrt, die Sonnenbrille ins blonde Haar geschoben, um sich mit uns ein Haus anzusehen. Freundlich winkend reichte sie einem der Wachleute ihren katarischen Ausweis und zeigte auf uns. Ein kurzes Kopfnicken der Wachen, der grimmige Gesichtsausdruck änderte sich nicht. Ida brauste los, bevor das Tor komplett beiseite gerollt war, und tauchte ein in ein Gewirr aus etwa zwanzig kleinen Straßen.

Nach der üblichen Besichtigung von Clubhaus, Pool und Kinderspielplatz ging es zu »unserer« Villa. Der Chef der »Maintenance«, der Hausmeisterabteilung, ein breitschultriger Mann mit dunkler Haut, wartete dort schon auf uns und sperrte die Tür auf.

Gleich beim Reinkommen stolperte Tim über einen zerbrochenen Plastikstuhl. Der Blick aus dem Wohnzimmerfenster fiel auf einen großen Wassertank, von dem der weiße Anstrich abblätterte und der ein Drittel der winzigen Zehn-Quadratmeter-Terrasse einnahm. In jedem Zimmer lag Müll: Barbie-Puppen ohne Kopf, Zahnbürsten, Haufen von Plastiktüten, benutzte Putzschwämme, halb leere Reinigungsmittelflaschen. Die Wände waren übersät mit Löchern, einige Vorhangstangen hingen nur noch am seidenen Faden.

Ida ignorierte das alles und lobte die gute Aufteilung mit zwei gleich großen Kinderzimmern sowie die vielen Badezimmer.

»Wieso sieht es denn hier so aus?«, stammelte ich.

Sie machte eine wegwerfende Handbewegung. »So ist das hier leider häufig, wenn man Häuser zeigt. Erst wenn ihr sagt, ihr nehmt die Villa, machen die den ganzen Müll weg. Dann wird das Haus auch neu gestrichen, die Fliesen neu verfugt.«

Die Aufteilung verwirrte uns. Das Erdgeschoss war eng. Man öffnete die Eingangstür und stand direkt im Wohnzimmer. Hier hätte man einen Esstisch und maximal eine Zweisitzercouch hineinquetschen können, aber nicht mehr. Im Obergeschoss öffnete sich dafür ein riesiger leerer Bereich ohne Fenster vor den davon abgehenden Schlafzimmern. Bei arabischen Familien sei es beliebt, ein zweites Wohnzimmer im ersten Stock unterzubringen, erfuhren wir vom Chef der Maintenance in gebrochenem Englisch. So könnten die Damen des Hauses oben unverschleiert den Loungebereich nutzen, ohne Gefahr zu laufen, von Fremden gesehen zu werden. Außerdem konnten die Kinder oben spielen und fernsehen, während die Eltern unten mit Freunden und Verwandten aßen und feierten. Die Schlafzimmer im Obergeschoss waren ganz seltsam geschnitten, damit in jedes Zimmer noch ein Bad gequetscht werden konnte. Die Bäder waren dunkel und hatten winzige Fenster.

Wir bemühten uns, uns die Bruchbude in renoviert vorzustellen, und lehnten schließlich dankend ab. Nach ein paar weiteren Besichtigungen, die jedes Mal in einer Absage unsererseits endeten, stemmte Ida mit einem Lachen die Hände in die Hüften. »Ihr seid einfach noch nicht lang genug in Doha. Ihr wisst gar nicht zu würdigen, was für einen tollen Garten dieses Haus hat! Und wie schön hell die Zimmer sind!«

»Der Garten ist doch nur zwei Meter breit, und es gibt gerade mal einen kleinen Baum!«, murmelte ich verunsichert.

»Die Zimmer mögen ja hell sein, aber ich kann meinen Finger zwischen den geschlossenen Balkontüren bis nach draußen schieben!«, protestierte Mark.

Ida winkte ab. »Ach, das reparieren die doch alles.«

Wir waren uns da nicht so sicher. Die Antwort der Facility Manager war jedes Mal: »Was für ein Spalt? Was für ein Riss? Welche Fuge?«, wenn Mark auf einen Mangel hinwies. Selbst wenn mein Mann die Finger zwischen Fensterrahmen und Wand ins Freie schob, verstanden sie immer noch nicht, was es da wohl zu reparieren gäbe.

»Beim nächsten Sturm ist das ganze Haus garantiert voller Staub«, meinte Mark.

Achselzucken vom Facility Manager. »Then you clean. Always dusty in Doha.«

»Du kannst dir nicht vorstellen, was wir für scheußliche Sachen gesehen haben«, erzählte mir auch Thierry, ein Franzose, den wir auf einer Abendveranstaltung im Hotel kennengelernt hatten. Thierrys deutscher Arbeitgeber stellte ihm bis zu achttausend Euro pro Monat für die Miete zur Verfügung. Er hatte sich deshalb mit seiner Frau und den beiden Kindern ein paar der Luxusvillen am Meer angesehen, von denen ich nur träumte.

»Der Vermieter weiß, dass jemand zur Besichtigung kommt, die Maklerin weiß, dass sie das Haus vorführen wird. Trotzdem ist alles komplett vermüllt und fingerdick mit Staub bedeckt! Der Pool eines Hauses war voll mit schwarzem Brackwasser. Es trieben sogar kaputte Gartenstühle drin herum! Da ist uns echt die Lust vergangen.« Das sei ihm nicht nur einmal passiert, sondern in jeder teuren Immobilie. »Ich denke jetzt doch über einen Compound nach. Kann man das denn empfehlen?«

»In deiner Preisklasse sicher«, rutschte es mir raus. Und war nicht sonderlich überrascht, als Thierry beim nächsten Treffen erzählte, sie hätten jetzt doch ein Apartment in einem Wohnturm auf der Pearl gemietet. Hier wohnten auch ein paar kinderlose Kollegen von Mark mit ihren Partnerinnen und schwärmten von der Aussicht aufs Meer und dem gepflegten Luxus der meist neu erbauten Apartmenthäuser mit Schwimmbad, Hausmeister-Service und vielem Schnickschnack mehr.

Während wir mit Ida weiter herumfuhren und immer teurere Compounds anschauten, die wir nicht bezahlen konnten, schrieb ich noch einmal an die Facebook-Seite von Danat Qatar. Die Firma betreibt die Alfardan Garden Compounds, die ich bei den Spielenachmittagen mit Müttern aus Schule und Kindergarten schon live und in Farbe gesehen hatte und sehr schön fand: sinnvoll geschnittene Häuser, viel Grün, immer ein Spielplatz und ein Basketball- oder Fußballplatz, Poollandschaften wie in einer Hotelanlage. Bei neun Compounds musste doch irgendwann mal etwas frei werden! Ich war mittlerweile ziemlich verzweifelt und fürchtete, dass wir womöglich nie eine bezahlbare Wohnung finden würden. Genau das schrieb ich auch.

»Bald trifft unsere Seefracht aus Deutschland ein, und ich weiß nicht, wo ich die lassen soll! Die Kinder brauchen auch ganz dringend endlich ein Zuhause, um in Doha anzukommen.«

Mein verzweifelter Ton war mir nach dem Abschicken der Nachricht schon richtig peinlich. Aber eine halbe Stunde später erhielt ich doch tatsächlich eine Antwort! Er sei Makler bei Danat Qatar, schrieb mir ein gewisser Bassem. Er wolle uns gerne helfen. Ich solle ihn doch bitte auf seinem Handy anrufen, wenn ich Zeit hätte.

Innerlich wappnete ich mich für das nächste absurde Telefonat. Aber mein Gesprächspartner sprach ein lupenreines Englisch und schien tatsächlich meine Nachricht gelesen zu haben. Er wusste, welche Art Wohnung wir suchten und wie viel wir bezahlen konnten.

»Muss bei euch jedes Schlafzimmer ein eigenes Badezimmer haben?«, fragte er.

»Äh, nein.«

»Braucht ihr ein zweites Wohnzimmer oben?«

»Nein, brauchen wir nicht.«

»Dann habe ich etwas für euch.«

Wir erwarteten aufgrund seiner perfekten Englischkenntnisse beim Treffen einen Western Expat. Aus einem schnittigen Auto stieg jedoch ein attraktiver Araber um die dreißig mit cooler Sonnenbrille. Bassem, Mark und ich stellten uns brav einander vor, dieses erste Taxieren, das in Doha üblich ist: Wie lange bist du schon in Doha? Hast du hier Familie? Wo kommst du her?

Bassem stammte aus Syrien und war erst vor einem Jahr nach Doha gezogen.

»Wo habt ihr denn eure übrigen Kinder gelassen?«, fragte er freundlich.

»Äh, wir haben nur die zwei.«

Er schaute betreten. »Oh, das tut mir leid. Na, bestimmt klappt es in Katar mit mehr Kindern.«

Die Reaktion war ich von Arabern inzwischen gewohnt und nickte. Nach ein paar Versuchen, die meine arabischen Gesprächspartner nur in Verlegenheit brachten, diskutierte ich inzwischen nicht mehr darüber, dass wir bewusst keine weiteren Kinder wollten.

Während Bassem uns den ersten Compound zeigte, erzählte er uns, dass er uns aufgrund meiner Facebook-Nachricht helfen wollte. Es täte ihm leid, dass wir schon so lange auf der Suche waren. Eigentlich gäbe es zurzeit nichts, das unseren Vorstellungen entspräche, aber er hätte vor Kurzem zwei Villen reinbekommen, die wegen der »Badezimmer- und Wohnzimmersituation« noch nicht an andere Familien vermietet worden seien.

Das Haus, das Bassem uns zeigte, war das erste, das unseren Vorstellungen entsprach und das wir sogar hätten bezahlen können, aber der Compound lag noch hinter der Industrial Area. Die Stadtautobahn befand sich an der Stelle in der Ausbauphase, und wir hätten uns morgens in endlose Kolonnen von mit Baumaterial beladenen LKWs einordnen müssen, um auf der einspurigen Straße gen Doha zu schleichen.

»Wie lange wird der Ausbau denn noch dauern?«, fragte Mark.

»Inschallah ein Jahr« – so Gott will, ein Jahr. Es konnten also auch drei oder vier Jahre sein.

Also wieder nichts. Wir verliebten uns jedoch stehenden Fußes in den kleinen Compound, den er uns als Nächstes zeigte. Die Wohnsiedlung mit achtzig Häusern lag ideal: mitten in Abu Hamour, unserem Wunschviertel in Doha. Nur eine Hauptstraße trennte uns von dem Stadtviertel, in dem die Deutsche Schule und Noahs Kindergarten lagen. Ganz in der Nähe hatte im Jahr zuvor die Dar al Salam Mall eröffnet, die ich ja schon von meinen Ausflügen in Abu Hamour kannte.

Auch die Aufteilung der Villa war in Ordnung. Man fiel zwar auch hier mit der Tür gleich ins Wohnzimmer, aber das Erdgeschoss war so großzügig bemessen, dass man einen getrennten Ess- und Wohnbereich einrichten konnte. Die Küche war mit mehr als zwanzig Quadratmetern riesig und komplett eingerichtet.

Im ersten Stock befanden sich vier Schlafzimmer, zwei davon mit eigenem Bad. Im Dachgeschoss war der Maid's Room untergebracht. Wir hatten inzwischen schon etliche winzige Hausmädchenzimmer gesehen mit uralten Klimaanlagen, deren Badezimmer bessere WCs mit Duschkopf waren. Dieses Zimmer war groß genug für ein schönes Gästezimmer, hatte einen Einbauschrank und ein Bad mit großer Dusche und Fenster.

Der »Garten« war wieder mal nur eine schmale Terrasse zwischen Haus und Compound-Mauer, aber Clematis wucherte üppig blühend an der Mauer entlang. Wobei der Blick aus dem Wohnzimmer natürlich nicht auf die Blumen, sondern auf was genau fiel? Richtig: den hässlichen Wassertank. Inzwischen hatten wir uns an den Anblick aber schon gewöhnt. Dass der Compound über eine großzügige Poolanlage verfügte, die so hübsch wie in einem Hotel angelegt war, ließ uns den Tank auch gern »übersehen«.

Die Miete entsprach genau unserem Budget. Wir waren überglücklich, als wir den Zuschlag für die Villa erhielten, und wären am liebsten gleich eingezogen, aber noch war das Haus bewohnt. Den Mietvertrag füllten wir an Ort und Stelle im Clubhaus aus – allerdings mit einem lachenden und einem weinenden Auge. Wir waren erleichtert, dass wir ein schönes Haus in toller Lage gefunden hatten, aber die Konditionen im Vertrag waren für uns als Deutsche schwer zu ertragen.

Mietverträge laufen in Katar über mindestens ein Jahr, und man kommt nur durch nachgewiesenen Rückzug ins Ausland wieder raus. Kündigung von Mieterseite? Fehlanzeige. Kündigung durch den Vermieter? Jederzeit möglich. Und wie kommt der Vermieter an sein Geld, wenn der Mieter trotzdem einfach auszieht? Indem der Mieter mit Beginn des Mietverhältnisses zwölf unterzeichnete und vordatierte Schecks übergibt, die der Vermieter Monat für Monat einlöst. Wenn man nach einem halben Jahr unbedingt ausziehen möchte, kann man das natürlich machen – und dann doppelt Miete bezahlen.

Eine Kaution in Höhe einer Monatsmiete muss man in Katar

obendrein hinterlegen – in bar. Um das Haus für uns zu sichern, sollte das in den nächsten Tagen passieren. Da Mark zur Arbeit musste, wollte Bassem sich mit mir zur Übergabe des Geldes treffen. Er schlug statt des Danat-Qatar-Büros die Mall in der Nähe der Schule vor. »Das Büro ist so weit draußen. Die Fahrt musst du dir nicht antun.«

Ich war heilfroh, wenn ich nicht allzu häufig durch den chaotischen Verkehr kutschieren musste, aber mir war es unheimlich, dass wir Bassem nie in seiner Firma trafen. Ich hatte schließlich einfach nur an eine Facebook-Seite gemailt, und jetzt saß ich hier in der Mall mit 15 000 Riyal in bar und 180 000 Riyal in unterzeichneten Schecks in der Tasche (also knapp 40 000 Euro), um sie jemandem zu geben, der keine Visitenkarte dabeigehabt hatte und der mich nicht im Firmenbüro treffen wollte. Der Wachmann des Compounds hatte Bassem hereingelassen, aber das bewies ja nichts. Meine einzige Beruhigung war, dass wir den Vertrag im Clubhaus unterschrieben und auch dort kopiert hatten. Der Filipino mit Thekendienst hätte doch vermutlich etwas gesagt, wenn ein völlig Fremder mit uns dort einen Vertrag unterschrieben hätte, oder? Vielleicht war er aber auch nur zu höflich gewesen, um etwas zu sagen? Womöglich steckten der Guard und der Mann vom Clubhaus-Team mit dem angeblichen Makler unter einer Decke?

Meine Stimmung wechselte zwischen »Du hast zu viele Ganovenserien geguckt« und »Wie naiv kann man eigentlich sein?«.

Bassem nahm den Haufen Geld mit freundlichen Worten entgegen. »Eine Quittung kann ich dir noch nicht geben, die muss ich erst im Büro ausstellen. Aber ich bringe sie euch zur Schlüsselübergabe mit, zusammen mit dem Mietvertrag.«

Bei mir schrillten noch mehr Alarmglocken. Ich wollte endlich die Schlüssel als Faustpfand in der Hand halten! Aber offenbar war da nichts zu machen, und ich wollte nicht riskieren, dass unser Traum vom eigenen Zuhause im letzten Moment platzte.

Zu unserer unendlichen Erleichterung kam in der Woche drauf tatsächlich der Anruf von Bassem: Die Vormieter seien ausgezogen, ob wir ihn an der Villa zur Übergabe treffen wollten. Mark war im Büro, also sprang ich sofort ins Auto und fuhr los. Und es geschah ein Wunder: Bassem händigte mir alle Schlüssel aus, den Mietvertrag und einen Brief von der Vermieterin. Sogar die Anmeldung bei der Strom- und Wassergesellschaft Kahramaa hatte er erledigt. Auf jedem Dokument standen unser Name und unsere neue Adresse.

Peinlich berührt gestand ich ihm, dass wir uns Sorgen gemacht hatten und dass wir uns noch daran gewöhnen mussten, wie man in Arabien Geschäfte auf Vertrauensbasis machte.

Er lachte herzlich und erwiderte: »Und ich hatte mich gewundert, dass ihr das alles so spontan und mit Handschlag abgewickelt habt. Aber ich dachte mir, so macht man das in Deutschland, deswegen habe ich nicht darauf bestanden, dass wir ins Büro fahren.«

»Ist das denn in Arabien nicht üblich?«

»Nein, um Himmels willen! Ich hätte ja jemand sein können, der nur euer Geld nimmt und gar nichts mit dem Compound zu tun hat!« Er lächelte. »Aber ich fühle mich sehr geehrt, dass ihr mir vertraut habt.«

MACHT UHREN ÜBERFLÜSSIG: DER RUF DES MUEZZIN

Wir schwebten förmlich vor Glück. Ein eigenes Haus! Am liebsten wären wir sofort eingezogen, doch wir mussten uns noch ein wenig in Geduld üben. In Katar war es üblich, dass das Maintenance Team erst einmal das ganze Gebäude innen neu strich.

Als Mark und ich am Umzugstag mit bis unter das Dach vollgeladenen Autos vorfuhren, um mit unseren Habseligkeiten in unsere eigenen vier Wände einzuziehen, gab es jedoch ein großes Hallo. Ein paar Filipinos in Overall trugen gerade eine Waschmaschine herein, andere waren dabei, Wände und Decken zu streichen. Zwischen ihnen hockte ein Mann auf dem Boden des Wohnzimmers und verfugte den Fliesenboden neu.

»Huch, Sir, Mamsir, Sie sind ja schon da!«, rief Mike, der Supervisor der Maintenance, uns entgegen. Er kam von den Philippinen und sah ein bisschen aus wie eine junge Version von Mr. Miyagi aus *Karate Kid*.

»Wir hatten doch heute als Einzugstermin vereinbart!«, meinte Mark sichtlich ungehalten.

»Ja, ja, deswegen streichen wir ja auch. Wir machen alles schön für Sie!«

»Aber warum erst heute?«

Die Frage verstand Mike nicht.

Wir machten einfach das Beste draus und zogen in die Zimmer, die schon fertig waren. Am Morgen hatten wir bei IKEA Matratzen gekauft und Möbel bestellt. Auch Bettzeug, Geschirr und vieles Weitere hatten wir im schwedischen Möbelhaus unseres Vertrauens gleich mitgenommen. Unsere beiden Autos platzten fast aus allen Nähten – aber in der großen Villa verlor sich unsere Haushalts-Grundausstattung geradezu kläglich. Das Haus hatte schätzungsweise dreihundert Quadratmeter Wohnfläche, verteilt auf zwei Stockwerke, mit Deckenhöhen an die vier Meter. Diese Größe war uns, die wir uns in den vergangenen Wochen an unsere kompakte Hotelsuite gewöhnt hatten, fast unheimlich. Wenn ich aus der Küche nach den Kindern rief, die ihre Zimmer im ersten Stock in Beschlag nahmen, hörten sie mich nicht. Mein Ruf hätte ein großes gefliestes Treppenhaus hinauf und einen Flur entlangschallen müssen, um in den Kinderzimmern anzukommen.

Die Kinder brauchten lange, um in ihren noch leeren, ungewohnt großen Kinderzimmern einzuschlafen. Vor allem Noah kam andauernd zu uns herüber. Er hatte sich in den Monaten im Hotel daran gewöhnt, sich mit Tim ein Zimmer zu teilen und dass wir alle nah aufeinanderhockten.

Mark und ich wechselten uns ab, Noah zu betreuen, IKEA-Einkäufe auszupacken, Lampen zusammenzuschrauben, Abendessen zu kochen und die Spülmaschine zu beladen. Erst gegen Mitternacht fielen wir beide erschöpft auf die Matratze im Elternschlafzimmer.

Trotz meiner Müdigkeit konnte ich nicht sofort einschlafen und horchte auf die ungewohnten Geräusche im Compound. Es tat gut, aus der sterilen Hotelatmosphäre herauszukommen, und auch den nächtlichen Lärm der Hochhausbaustelle gegenüber vermisste ich keine Sekunde. Hier bellte nur ein Hund, dann stritten sich mehrere Katzen lautstark auf der Terrasse unter unserem Fenster. In der Ferne rauschte der Verkehr unermüdlich über den Haloul-Kreisverkehr. Mit einem Lächeln auf den Lippen schlief ich endlich ein: Jetzt würde es losgehen, unser echtes Leben in Katar.

Um kurz vor fünf riss mich lauter Gesang aus dem Tiefschlaf – eine körperlose, sonore Männerstimme. Kurz darauf legte eine zweite los, kurz danach eine dritte.

Nach einer Schrecksekunde kapierte selbst mein schlaftrunkenes Hirn, dass die Muezzine gerade von den Türmen der Moscheen zum Morgengebet riefen. Mark schien es nicht zu stören, er schlief neben mir einfach weiter.

Für mich war diese Klangkulisse neu, im Hotel in der West Bay hatten wir vom Gebetsruf nichts mitbekommen. Laut Makler Bassem war das aber auch der einzige Stadtteil Dohas, wo man keinen Muezzin rufen hörte. Auf meinen sorgenvollen Einwand bei der Besichtigung, ob der Ruf des Muezzins uns womöglich jede Nacht wecken würde, da die Moschee so nah sei, antwortete er nur mit einem nachsichtigen Lachen: »Jeder Compound hat mindestens eine Moschee in der Nähe, die meisten sind gleich von mehreren Moscheen umgeben. Man kann in Doha nirgendwohin ziehen, wo man keinen Gebetsruf hört.«

Schlaftrunken tapste ich jetzt im Schlafanzug nach unten ins Erdgeschoss und nach draußen auf die winzige Terrasse hinter dem Haus, um den Ruf besser zu hören. Es war noch dunkel. Und die Dunkelheit war erfüllt von diesen Männerstimmen. Von den dreien sang einer wirklich wunderschön den *Call to Prayer*, die anderen beiden waren eher von der »Hauptsache-laut«-Fraktion.

Ich stand ganz still und wie verzaubert da. Die Dunkelheit war erfüllt von den Rufen, eine Compound-Katze huschte aus dem Gebüsch und strich mir um die Beine, und es roch nach Bougainvilleablüten, die in schweren Trauben aus dem Nachbargarten über die Mauer hingen.

Ganz allmählich stieg die Erkenntnis in mir auf: Wir hatten tatsächlich unser eigenes Haus in Katar! Bis heute hatte ich mir noch einbilden können, wir seien nur im Urlaub hier. Aber jetzt war er real geworden, der Umzug nach Katar. Zum ersten Mal fühlte ich mich ein kleines bisschen angekommen. Dem *Call to Prayer* sei Dank.

Nach zwei Wochen im Haus hörte ich den Gebetsruf frühmorgens nicht mehr, sondern schlief einfach weiter, genau wie Mark. Es gefiel mir, dass sich der Ruf unterschied, je nachdem, wer ihn sang und zu welcher Tageszeit zum Gebet gerufen wurde. Da ich kein Arabisch spreche, klang es für mich wie Mantra-Singen.

Es war faszinierend für mich zu erfahren, wie die Gebetsrufe den Tag in der Stadt strukturierten. Der Blick auf die Uhr wurde (fast) überflüssig, der Ruf des Muezzin war mindestens so zuverlässig. »Ach, schon halb zwölf? Jetzt muss ich aber gleich die Kinder abholen.«

Kinder in Katar, egal ob einheimische oder Expat-Kinder, brauchen keine Uhr, denn sie wissen: Nach dem Ruf zum Nachmittagsgebet werde ich von der Schule abgeholt. Die genaue Uhrzeit des Rufs ändert sich natürlich im Lauf des Jahres, wenn sich die Sonnenaufgangszeiten und damit die Gebetszeiten verschieben. Am Abend sieht man dann die Kinder aus den Niederlanden, den USA, Kanada, Schweden oder Venezuela aus dem Pool und vom Spielplatz rennen, wenn der Muezzin zum Abendgebet ruft, denn sie wissen: Wenn der letzte Ton verklungen ist, müssen sie zu Hause sein.

ARABENGLISCH ODER:
BESSER KEIN WORT ZU VIEL

»Ma'am?« Die beiden Männer von der Maintenance-Truppe standen barfuß vor mir, die Gesichter einzige große Fragezeichen.

An unserem ersten Wochenende im neuen Haus pustete die Klimaanlage in der Küche nur noch lauwarme Luft. Ich hatte deshalb beim Clubhaus angerufen und um Reparatur gebeten.

Das Serviceteam schickte umgehend zwei Handwerker vorbei, zu erkennen an ihren knallroten Polohemden mit Firmenlogo. Die Filipinos trugen ausgetretene Sandalen, die sie vor dem Betreten des Hauses von den Füßen kickten. Daran hatte ich mich inzwischen gewöhnt.

»Was kaputt?«, fragte der eine auf Englisch.

Ich beschrieb den Defekt der Klimaanlage und eilte in die Küche voraus, aber die beiden blieben im Eingang stehen. Häh?

Ich ging wieder zurück. Erklärte noch mal, was das Problem war.

»We come with you?«, riet einer.

»Na klar, sonst kann ich Ihnen ja nicht zeigen, was kaputt ist.«

Fragende Blicke.

»Yes, you come with me.«

Sie tapsten hinter mir her in die Küche, und ich schaltete die Klimaanlage an, die direkt lossurrte.

»It's working«, entschieden sie mit einem Schulterzucken.

»Geht doch.«

»Nein, nur fünf Minuten, und dann ändert sich das Geräusch und die Luft wird warm …«

Mark nahm mich beiseite. »Frida, so läuft das hier nicht. Das ist viel zu kompliziert. Wenn du anfängst mit: ›Could you help me, please, my airconditioning isn't working properly …‹, sind sie schon verloren. Konzentrier dich auf das, was der andere machen soll: *Du AC reparieren, jetzt.* Lass alle Höflichkeit außer *thank you* weg. Wenn es Rückfragen gibt, beantworte jede Frage mit maximal zwei Worten. Mehr Konversation ist hier nicht möglich.«

Eine Wort-Diät? Und das mir als Texterin!

Widerwillig versuchte ich es und stellte zu meinem Erstaunen fest: Es klappte! Anfangs kam ich mir echt mies vor: Ich hatte mich doch extra so bemüht, nicht derart unhöflich wie viele andere Mieter mit den Angestellten im Compound zu reden. Ansagen wie: »Hey, du da! Du machen Tor heile, flott!«, fand ich furchtbar. Das war nicht unser Stil und auch nicht das, was wir unseren Kindern über zwischenmenschlichen Umgang vermitteln wollten. Aber die knappen Anweisungen funktionierten, die Klimaanlage lief anschließend wieder tadellos.

Nach und nach erschuf ich mir deshalb für die Kommunikation mit Angestellten und Servicekräften eine eigene sprachliche Kunstform, in der viel Lächeln und viel »thank you« höfliche längere englische Sätze ersetzte. Und auf einmal wurden die Angestellten im Compound geradezu zutraulich. Sie halfen mir, Sachen aus dem Auto zu laden, der Schreiner klingelte abends und bot an, für etwas Extrageld die Autos zu waschen. Am nächsten Tag brachte er eine Bekannte mit, die unsere Putzfrau wurde. Im Clubhaus erzählten uns die Angestellten von sich aus, was an Aktivitäten geplant war, und berichteten uns, wenn eine neue Familie eingezogen war, die Kinder in Tims und Noahs Alter hatten.

Lange englische Sätze sind den durchschnittlichen ostasiatischen Expats in Katar einfach suspekt. Dafür verstehen sie in der Regel nicht genug Englisch.

Mich störte, wie herablassend viele Western Expats die Filipinos behandelten, besonders, wenn diese nur sehr gebrochen Englisch sprachen. Ganz oft sprachen die Maids und die Handwerker im Compound auf demselben Niveau nämlich auch Arabisch – was die meisten Western Expats noch nicht einmal im Ansatz beherrschten. Sie wurden in ihren Jobs nicht ausgebildet, bekamen keine Sprachkurse – und konnten trotzdem in zwei Sprachen verstehen, ob die Klimaanlage oder der Trockner kaputt war und wie die Maid die Wäsche zu sortieren hatte.

Vom ersten Tag in Katar bis zum Exportieren unserer Möbel zurück nach Deutschland blieb also ausgerechnet nicht Arabisch, sondern das eigentümliche Englisch, auf das sich alle in Katar als Arbeitssprache einigen können, das Hindernis, das zwischen uns und allem Möglichen stand.

Wenn Arabenglish auf Filipino Pidgin, wenn das Denglisch von Deutschen und Niederländern auf indisches Englisch trifft, versteht man oft erst mal nur Bahnhof – während die jeweiligen Sprecher denken, es sei doch alles gesagt.

Das beginnt schon beim Kopfschütteln der Inder, das nicht »Nein«, sondern »Ja« bedeutet. Dass das wiegende Kopfschütteln eine Bejahung ist, weiß man als Expat in Katar zwar. Aber die Irritation bleibt.

Araber wiederum tendieren zu einem blumigen Englisch mit vielen Schnörkeln. Indisches Englisch dagegen ist eine eigenständige Form des Englischen, das anderen Regeln folgt als das britische oder amerikanische Englisch. Für meine eher amerikanisch geprägten Ohren klang es überbordend formell und etwas altertümlich. Zudem gibt es dieselbe Tendenz wie bei den Arabern, im Englischen vage zu formulieren. Das klingt für unsere Ohren etwas verdächtig, weil man nicht genau ablesen kann: Wer soll denn jetzt genau was machen?

Im persönlichen Gespräch kann sowohl indisches als auch arabisches Englisch zudem unfreundlich wirken. Wenn der Sprecher von sich selbst, seiner Familie, seiner Firma oder Behörde spricht, drückt er sich verschnörkelt und gewählt aus, denn es handelt sich um die Standardsätze, die er täglich ein Dutzend Mal wiederholt. Wenn er jedoch ausdrücken will, was ein anderer zu tun hat, verwandelt sich das Sprachniveau unvermittelt – und vermutlich ungewollt – in einen harschen Befehlston. Die Versuche, das mit einem »Sir« oder »Ma'am« am Ende abzumildern, funktionieren nicht so richtig.

Das philippinische Englisch wimmelt überdies von simplen Konstruktionen, die eine unterschiedliche Bedeutung haben, je nachdem, wie oft sie wiederholt werden. Im Starbucks hatte ich in dieser Hinsicht eines meiner drolligsten Erlebnisse: Es gab dort eine hübsche Milchkaffeetasse ohne Henkel käuflich zu erwerben. Sie steckte in einer großen Packung und sollte über 20 Euro kosten. Ganz schön viel für eine einzelne Tasse. »Was ist denn noch in der Packung?«, fragte ich die Barista. Die Filipina erklärte freundlich: »Same same small small« und hielt drei Finger hoch. Klar, oder? Nach etwas Betteln durfte ich das Klebeband entfernen und in die Verpackung spähen. »Same same small small« mit drei Fingern hieß offenbar: »Da drin sind drei Becher. Es ist dasselbe Motiv, derselbe Becher, aber jeweils eine Nummer kleiner, sodass die Becher ineinander gestapelt werden können.«

Ein positiver Nebeneffekt des Lebens in Katar: In einem Land mit 95 Prozent Zugewanderten, von denen nur ein winziger Bruchteil Englisch als Muttersprache spricht, lernt man, sich sprachlich zu entspannen. Nach ein paar Monaten mit Arabenglisch, Philipinenglisch oder Germenglisch im Ohr erkennt man, wie wertvoll der Austausch mit dem Gegenüber ist. Man ist heilfroh, dass man sich überhaupt verständlich machen kann. Irgendwelche Ansprüche an Perfektionismus fliegen rasch aus dem Fenster. Und das ist gut so.

Ein typisches Gespräch beim Expat-Friseur.
Der Friseur spricht gebrochen Englisch.
»Während du wartest, mach ich dir eine Haarkur rein. Gratis.«
Er fasst in meine Haare. »Boah, sind die dick! Toll!«
Ich: »Thank you, but when I put in hair clips, they just slide out because the hair is so thick. That's not so nice.«
Er: »Oh, hair clips? Yes.«
Ich: »Yes, I need really strong special hair clips, otherwise they just fall out when I move.«
Er macht mit viel Tamtam eine dicke Klammer in meine Haare.
»Okay. It's working.«
Ich, etwas verwirrt: »Wow, that's a strong hair clip. It's really not falling out.« Ich frage mich, ob er mir die Klammer verkaufen will. Hübsch ist sie nicht.
Er nickt, geht weg.
Kommt nicht mehr wieder.
Mir dämmert, dass er von dem Gespräch außer »yes, hair clip« kein Wort verstanden hat. Meine pflegende Haarpackung habe ich nicht erhalten.

KLASSENGESELLSCHAFT

»Segregation« – diesen Begriff kannte ich bisher nur aus Geschichtskursen oder Soziologiestunden in der Schule. In Katar lernte unsere Familie jedoch eine Mehrklassengesellschaft live und in Farbe kennen. Unsere Privilegien, die wir schlicht deshalb genossen, weil wir Western Expats waren, wurden für uns tagtäglich am eigenen Leib spürbar. Wieder und wieder erlebten wir, dass wir im Vergleich zu den Filipinos und vor allem den indischen Arbeitern wie Könige behandelt wurden. Die Hautfarbe spielte sicher auch hinein, aber ein Kollege von Mark und Freunde von mir mit dunkler Haut, die aus den USA stammten, wurden genauso selbstverständlich vorgezogen.

Beim Einkaufen und im Compound musste ich mir jeden Tag erneut vorsagen: »Nein, ich nutze es nicht aus, dass man mich in dieser langen Schlange vorziehen will. Nein, ich bin anständig und warte, bis ich an der Reihe bin.«

Sehr heilsam fand ich, dass unsere Privilegien als Western Expats von einer Sekunde auf die andere zu Staub zerfielen, sobald wir mit Kataris zusammentrafen.

Immer wieder kam es vor, dass ich geduldig in der Schlange vor der Kasse eines Bekleidungs- oder Spielzeuggeschäftes wartete – falls sich überhaupt eine Schlange bildete und nicht alle gleichzeitig auf den Kassierer oder die Kassiererin einstürmten. Da brauste eine Golf-Araberin (umgangssprachlich eine *Local*, im Gegensatz zu den Expats) in Abaya an den Wartenden vorbei. Die Person an der Kasse bediente sie mit größter Selbstverständlichkeit vor allen anderen. Wir anderen blieben stumm und warteten schicksalsergeben, bis die Dame abgefertigt war.

Kataris (oder wer für sie gehalten wird) haben in Katar Vortritt, überall und unter allen Umständen. So lautet das ungeschriebene Gesetz, das alle automatisch befolgten. Auch wir. Denn ob die Dame in Abaya eine Katari war oder nicht, konnte niemand überprüfen. Also ging man besser auf Nummer sicher, um keine Unannehmlichkeiten zu bekommen.

Die Vorzugsbehandlung von Golf-Arabern beim Einkaufen funktionierte sogar aus der Ferne, ohne dass sie den Laden betreten mussten. Unzählige Male erlebte ich Szenen wie diese: Gemeinsam mit anderen Expats stand ich drinnen geduldig in langer Schlange an. Da fuhr draußen ein fetter Land Cruiser mit in Golftracht gekleideten Insassen vor, und der Fahrer hupte. Sofort ließ der Ladenbetreiber alles stehen und liegen, lief zum Auto, fragte, was die Herrschaften wünschten, rannte in den Laden, suchte die Sachen zusammen, kochte das Essen für die Leute im Land Cruiser, rannte damit wieder raus, kassierte, rannte in den Laden, holte Wechselgeld, rannte wieder raus. Das Auto fuhr weg, der Ladenbetreiber rannte wieder zurück, und dann ging es erst weiter mit den Bestellungen der Leute, die schon die ganze Zeit warteten.

Auch auf Behörden gibt es eine klare Rangordnung. Automaten vergeben gesonderte Wartenummern für Kataris, am Flughafen gibt es gesonderte Tore und Schalter für *Nationals* (also Kataris) »und andere Golfstaaten-Einwohner«. Für alle anderen ist an diesen Stellen Schluss, egal, ob man Brite, Inder oder Amerikaner ist.

Die Hackordnung im Alltag ist:
- Katari-Mann
- Katari-Frau
- andere männliche, traditionell gekleidete (Golf-)Araber
- andere weibliche, in schwarze Abaya und Tuch gekleidete (Golf-)Araberinnen

- Western Expat-Männer
- Western Expat-Frauen (wo unsereins in der Hierarchie stand, schien sich je nach Gesprächspartner zu ändern)
- Osteuropäer
- ehemaliger Ostblock
- Südamerikaner und Männer aus Fernost, die nicht wie Arbeiter gekleidet sind
- Filipinos (Männer und Frauen)
- Männer und Frauen aus Indien, Nepal und Bangladesch.

Im Alltag in Katar waren diese Gruppierungen mehr als nur Ausländerstatistik. Als westliche Expat-Frau hatte ich spürbar mehr Rechte und mehr Möglichkeiten als eine Haushaltskraft aus Indien.

Man muss aber zu den Nationalitäten oben immer dazusagen: »… und wer für sie gehalten wird«. Eine arabische oder indische Frau kann sich eine Abaya anziehen sowie Nikab und Kopfschleier anlegen, und sie wird sich mehr herausnehmen können, da Servicekräfte und Polizisten sie nicht auf den ersten Blick von einer Katari unterscheiden können.

Umgekehrt wird aber auch ein Schuh draus: Marks Firma heuerte eines Tages einen Praktikanten aus Deutschland an, dessen Eltern aus Indien stammten. Er war in Deutschland aufgewachsen und studierte dort Elektrotechnik. Doch in Doha interessierte sich niemand außerhalb der Firma für seinen Hintergrund, hier war er einfach nur »Inder«: Wenn er als Trainee an einem Meeting in Doha teilnahm, bestellten die Besucher (Araber genauso wie Western Expats) Kaffee bei ihm oder befahlen ihm, ihren Wagen einzuparken. Schon nach ein paar Tagen bereute der junge Mann, dass er sich ausgerechnet bei einer Firma in Katar beworben hatte.

Auch mir passierte eines Tages ein Fauxpas mit einem vermeintlichen indischen Angestellten. Ich war einkaufen im Supermarkt und konnte partout den Senf nicht finden. Ich fragte einen indisch aussehenden Mann, der auch gerade durch den

Gewürze-und-Soßen-Gang ging: »Entschuldigung, wissen Sie, wo es hier Senf gibt?«

»Lady, ich ARBEITE nicht hier!« Wenn Blicke töten könnten, wäre ich auf der Stelle umgefallen. »Ich kaufe hier auch nur ein!«

Eilig versuchte ich zu erklären, dass ich auch einen Amerikaner oder Portugiesen gefragt hätte, aber er war zu beleidigt, um darauf einzugehen. Und ich fragte mich betreten: Hätte ich wirklich einen wildfremden Mann in Doha angesprochen, wenn er nicht indisch ausgesehen hätte? Oder hatte ich nach ein paar Monaten Katar schon verinnerlicht, dass indische Männer in einen Western-Expat-Supermarkt nur zum Arbeiten gingen? Die wenigsten Inder hatten in Katar gut bezahlte Jobs und konnten sich Einkäufe in Expat-Konsumtempeln wie Megamart oder Monoprix leisten.

Doch nicht nur ich beobachtete solche bedenklichen Entwicklungen bei mir. Saskia erzählte mir eines Tages mit hochrotem Kopf von einem Erlebnis mit ihrem jüngsten Sohn. Philipp war in Katar geboren und aufgewachsen. Er war inzwischen fünf und sah eines Tages, als er vom Pool nach Hause kam, wie seine Mutter in ihrem kleinen Compound-Vorgarten die Beete aufhübschte.

»Mami, warum tust du das?«, fragte der Knirps verwirrt. »Haben wir keinen Inder, der das macht?«

Saskia und ihr Mann Peter beschlossen noch am selben Abend, es sei Zeit, Katar zu verlassen, bevor die Kinder sich den lokalen Gepflogenheiten noch mehr anpassten.

Maid

Maid (englisch): eigentlich Putzfrau, aber die Putzfrauen werden in Katar als *cleaner* bezeichnet.
Eine Maid fungiert als Nanny, Packesel, Putzfrau und Köchin. Maids einer Familie tragen so gut wie immer gleichfarbige Uniformen, auch außerhalb des Hauses. Es gibt sie für rund

dreißig Euro pro Stück sogar in Supermärkten zu kaufen. One size fits all.

Sie stammen meist aus Südostasien, die meisten aus den Philippinen, Indien, Nepal und Indonesien. Sie werden rekrutiert mit fair erscheinenden Verträgen. Diese werden vor Ort häufig durch andere Verträge mit weniger Bezahlung und viel mehr Stunden ausgetauscht. Eine Amnesty-International-Dokumentation zu dem Thema von 2014 hieß bezeichnenderweise »Nur wenn ich schlafe, habe ich frei«.

Viele Expats aus anderen Ländern haben sich der Sitte mit den Maids angepasst. Hinter vorgehaltener Hand wurde vor allem bei den deutschen Frauen gern getuschelt: »Die XY lebt schon zu lange in Katar. Hast du gehört, dass sie ihre Maid im neuen Haus in dem Hohlraum unter der Treppe einquartieren will?« Es war auch für viele Expats aus Europa völlig normal, dass sie mit Maid zu Partys fuhren. Wer sollte sich denn sonst um die Kinder kümmern? Auf der Party aßen die Maids (von Gastgeber und Gästen) auf dem Fußboden in der Küche sitzend. Das fand ich verstörend. Aber lag es wirklich an den Arbeitgebern dieser Maids? Ich schaffte es bei unserer eigenen Putzfrau Amy (die allerdings nicht bei uns wohnte) nur ein Mal in drei Jahren, dass sie sich mit uns an den Mittagstisch setzte. Und dann auch nur an ihrem allerletzten Tag bei uns und weil »Sir« nicht zu Hause war. Nicht dass ich es vorher nicht Dutzende Male versucht hätte, aber sie war schon bei dem Gedanken daran völlig verschreckt.

»Den armen Maids und Nannys werden die Pässe abgenommen. Damit können sie das Land nicht mehr verlassen.« Deutsche Medien wärmen immer wieder gern das Thema auf. Im Endspurt auf die WM 2022 gibt es tolle Veränderungen im Land: Diese Menschen sollen ihre Pässe behalten dürfen. »Super, es tut sich was!« heißt es dann nicht nur in den deutschen Medien.

Übersehen werden dabei die lokalen Gepflogenheiten. Die Arbeiter und Maids dürfen auch mit Pass Katar nicht verlassen,

> es sei denn, der Arbeitgeber hat es explizit gestattet. Denn es gibt, ganz modern, eine App, in der ein hochrangiger Mitarbeiter der Firma mit einem elektronischen Token die Ausreise jedes einzelnen Mitarbeiters freischaltet. Im Fall der Dienstmädchen sind die Arbeitgeber meist die Familien, in denen sie arbeiten ...
> Dass der Pass nichts wert ist in einem Land mit Ausreisekontrollen, mussten auch schon hoch bezahlte Angestellte und Fußballtrainer am eigenen Leib erfahren.

Mark hatte zwei indische Kollegen, die etwas darunter litten, wenn die Deutschen bei Gesprächen auf Betriebsfeiern Anekdoten über »die Inder« zum Besten gaben. Man gewöhnte sich in Doha eben leider rasend schnell daran, dass »niedere« Arbeiten von Indern, Pakistanis, Bangladeschis oder Nepalesen ausgeführt werden – die wir optisch nicht unterscheiden konnten und deshalb alle als »Inder« titulierten. Diese Arbeiter erhielten keine Sprachkurse, folglich gaben sie in jeder Situation die zwei, drei Sätze von sich, die sie sich eingeprägt hatten. Zum Beispiel »It's working« (»Geht doch«), wenn man einen technischen Mangel meldete. Oder »Yes, Ma'am« bzw. »Yes, Sir«, egal, was man ihnen sagte. Das bot sich natürlich für das Schildern skurriler Situationen an.

Marks indische Kollegen rückten mein Weltbild gerade. Sie waren ja auch Inder – und sehr wohl auf persönliche Distanz bedacht. »Wir sind ja auch geschult worden, wie man mit Europäern umgeht«, erklärte mir Kumar. »Viele Landsmänner in Katar aber nicht. Wen ziehen denn diese einfachen, schlecht bezahlten Jobs an? Das sind Leute, die vorher noch nie ihre Heimatstadt verlassen haben.«

Katar ist ein serviceorientiertes Land. Und jemand muss all diese Dienstleistungsjobs ausfüllen, vom Mann, der den Zapfhahn an der Tankstelle bedient, bis zum Einpacker hinter der Kasse am Supermarkt. Von den etwa 500 000 Indern im Land arbeiten viele in solchen Hilfsarbeiterjobs, ohne kulturelle Schulungsmaßnahmen oder Sprachkurse.

So war es vielleicht nicht verwunderlich, dass einem im Alltag sehr viele Menschen (nicht nur aus Indien) begegneten, die nur eine Handvoll englische Sätze beherrschten und nicht mit den örtlichen oder westlichen Gepflogenheiten vertraut waren. Je länger ich in Katar blieb, umso mehr veränderte sich mein Bild. Ich traf Ingenieure und Bankangestellte aus Indien und Nepal, indische Ärztinnen und Firmenchefs, die seit Jahrzehnten in Katar lebten und arbeiteten. Sie passten nicht im Geringsten zu dem Zerrbild des »Inders«, das in Expat-Kreisen so gern die Runde machte.

SEHNSUCHT NACH SALAMI

Nach fast einem halben Jahr, das angefüllt war mit Papierkram, Behördengängen und viel Warten, kam Mark eines Abends nach Hause und rief schon von der Tür aus: »Frida, rate mal, was ich hier habe?« Geheimnisvoll lächelnd wedelte er mit einem dicken Umschlag. Darin befanden sich unsere Pässe: Tims, Noahs und meiner. Und noch viel wichtiger: In den Pässen klebten bunte Papierausdrucke, überschrieben mit »State of Qatar. Ministry of the Interior«.

Endlich hatten wir unsere *Resident's Permits* und waren damit ganz offiziell Einwohner Katars! Damit durfte man ein Auto kaufen, Mietverträge unterschreiben, im Qatar Distribution Center Alkohol kaufen, sich eine Arbeit suchen …

Aufgeregt warf ich einen Blick auf meine neue katarische Identität. Inmitten von arabischen Einträgen, die ich nicht entziffern konnte, prangte mein Name. Oder etwas Ähnliches: FRIDA BENEDIKT GEBSAL

Was zum Kuckuck?

Die katarischen Zuständigen hatten meinen Nachnamen wortwörtlich aus dem Pass übernommen. Nett, wie die deutschen Behörden sind, wird im deutschen Pass zwar das Feld »Name« mit »Last Name« übersetzt, aber der Geburtsname wird mit einer deutschen Abkürzung angehängt. BENEDIKT GEB. SALISCH hatte aber wohl nicht in das Feld auf dem katarischen Permit gepasst – was mich in einem Land mit Frauennamen wie »Al-Mayassa bint Hamad bin Khalifa Al-Thani« verwunderte.

> **Katarische Namen**
> Al-Mayassa bint Hamad bin Khalifa Al-Thani? Der Name ist in Katar so aufgebaut:
> (Vorname) Al-Mayassa
> (Tochter von/Sohn von) bint/bin
> (Vorname des Vaters) Hamad
> (Sohn von) bin
> (Vorname des Großvaters) Khalifa
> (Familienname bzw. Stamm) Al-Thani.

Meist wurde ich in Katar einfach als »Miss Frida« angesprochen – von den Servicekräften im Compound genauso wie von den Angestellten im Kindergarten. Aber wehe, irgendeine Arztpraxis oder Behörde wollte ganz förmlich und korrekt sein und benutzte den Namen aus meinem Permit. »Benedikt« schätzten sie vermutlich als meinen zweiten Vornamen ein, denn aufgerufen wurde eine Frau »Gäppsell«. Es dauerte dann immer einen Moment, bis ich kapierte, dass die zunehmend genervte Empfangsdame mich meinte, die »geb. Salisch«.

Gleichzeitig mit unseren Pässen erhielt Mark von der Firma die notwendigen Unterlagen für den Zutritt zum *Qatar Distribution Center*. Das unscheinbare Gebäude lag bei der Eröffnung hübsch weit außerhalb von Doha. Als wir in Doha lebten, war die Stadt schon lange hinterhergewachsen.

Nur im *Qatar Distribution Center* kann man in Katar Alkohol außerhalb von Hotels kaufen. Zutritt hat man nur mit einem Lichtbildausweis des *QDC*, den man erst einmal beantragen muss. Für den Antrag muss man außer dem Lichtbild und einem gültigen *Residents Permit* ein NOL mitbringen. NOL, auch gern doppelt gemoppelt *NOL letter* genannt, ist ein *No Objection Letter* des Arbeitgebers, frei übersetzt ein »Ich-habe-nichts-dagegen«-Brief. Den braucht man zum einen, wenn man Alkohol kaufen möchte, zum anderen, wenn man innerhalb von Katar den Arbeitgeber wechseln will.

Es genügte aber nicht, dass der Arbeitgeber nur bestätigte, dass Mark tatsächlich für die Firma arbeitete und sein Chef damit einverstanden war, dass er Alkohol kaufte. Der Arbeitgeber muss auch die Höhe des monatlichen Gehalts angeben, denn man darf nur einen bestimmten Prozentsatz seines Einkommens für Alkohol ausgeben. Menschen mit niedrigem Einkommen bekommen keinen NOL. Diese Regelung betraf alle Compound-Servicemitarbeiter, die wir kennenlernten, aber auch einen Freund aus Osteuropa, der für eine internationale Telekommunikationsfirma in Doha arbeitete. Vermutlich möchte Väterchen Staat verhindern, dass Menschen mit schlecht bezahlten Knochenjobs ihren Kummer im Alkohol ertränken.

Immer wenn ich mir in den ersten Monaten in Katar bei Marks Chef Oliver zu Hause ein Glas Wein schnorrte, zog er mich auf: »Stell dich bloß gut mit uns, Frida. Wenn ich für den NOL Marks Gehalt niedrig ansetze, dann sitzt du auf dem Trockenen.«

Mark schüttelte darüber nur grinsend den Kopf. »Wenn Frida und mir die Menge nicht reicht, dann haben wir ein ganz anderes Problem, als in Doha auf dem Trockenen zu sitzen.«

Nach dem ersten Einkauf wusste ich auch, wieso: Die Mengen pro Kopf sind sehr großzügig bemessen. Ich meldete mich nie beim QDC an, also galt Mark als Alleintrinker – und trotzdem schöpften wir selbst vor großen Feiern, wo die gesamte Firma bei uns eingeladen war und wir Kisten voll Wein, Bier und Cocktailzutaten nach Hause schleppten, nur einen Bruchteil unseres Budgets aus.

Je mehr man also verdient, desto mehr darf man trinken. Und man muss es tatsächlich alles selbst trinken – oder zu Hause an nicht muslimische Freunde ausschenken. Es ist per Gesetz verboten, nach einem Einkauf beim QDC irgendwo anders hinzufahren als auf dem direkten Weg nach Hause. Man könnte sich sonst verdächtig machen, den Alkohol mit Menschen teilen zu wollen, die ihn nicht trinken dürfen.

Das QDC ist übrigens auch der einzige Ort in Katar, an dem man Produkte aus Schweinefleisch kaufen kann. »Tja, alle Drogen an einem Ort«, sagte Mark immer mit einem Grinsen.

Wie Junkies auf Entzug, so stürzten die Expats sich auf die Schweinefleischprodukte. Sie hatten solche Sehnsucht nach Salami, Speck, Schnitzeln und Würstchen, dass sie in Kauf nahmen, sechs Euro für ein Tütchen Speck zu zahlen und einen Zehner für ein paar Würstchen. Wir aßen eigentlich ganz gern *halal* Rinderspeck und Rinder- oder Geflügelwurst, die es in jedem Supermarkt gab. Was uns genauso wie alle anderen in den QDC trieb, war, dass viele Fleischprodukte im Supermarkt aus den USA kamen. Sie waren für unseren Geschmack einfach »falsch« gewürzt, viel zu süß und künstlich. Arabische Würstchen gab es hingegen häufig bei uns. Nachdem die Kinder sich an den etwas scharfen Abgang gewöhnt hatten, aßen sie sie sogar gern.

In Katar darf außerhalb des QDC kein Essen verkauft werden, das nicht *halal* ist. Freunde, die nach Deutschland flogen, nahmen »Bestellungen« entgegen und brachten den anderen nach Katar mit, was diese schmerzlich vermissten: Gummibärchen, Rostbratwürstchen, Bifis, Mettwürstchen – die ganze Palette. Ein Foto auf Facebook ist mir unvergessen geblieben: Marks Kollege Andreas hatte nach der Rückkehr aus Deutschland ein Bild seines Kofferinhalts auf Facebook gepostet. Eine der beiden Hälften war komplett mit Haribo-Tüten vollgestopft. »Hoffentlich reicht das für ein Jahr«, hatte er drübergeschrieben. Haribo gab es zwar auch in Katar, aber es schmeckte ganz anders. Offiziell darf man diese Produkte nicht ins Land bringen. In unserer Zeit in Katar hörten wir aber nie, dass jemandem das Haribo oder Schweinefleisch konfisziert worden war. Bei Alkohol wird allerdings viel strenger kontrolliert.

Die Handhabe mit den verbotenen Schweinefleisch-Produkten war in einigen Nachbarländern übrigens viel lockerer als in

Katar. Wenn ich in Dubai zu Besuch war, musste ich im Supermarkt nur durch einen Durchgang schreiten, über dem das Leuchtschild »Non-muslims only« prangte: Zutritt nur für Nicht-Muslime. Dahinter reihte sich Kühlregal an Kühlregal mit Schweinefleischartikeln.

In Katar haben Muslime, die heimlich vielleicht doch gern ein bisschen Speck oder ein Bierchen zu sich nehmen wollen, Pech. Ebenso in den Hotels, wo man sogar seinen Pass scannen lassen muss, wenn man eine Bar betreten will. Menschen in »traditioneller Kleidung«, wie es so diskret heißt, haben seit ein paar Jahren keinen Zutritt mehr. Der arabische Mann kann sich natürlich einen Anzug anziehen und die Bar dann betreten, es wird aber sein Pass erfasst. »Väterchen Staat« weiß also Bescheid. Die Frauen, die nur in Abaya in Katar unterwegs sind, haben dagegen Pech.

Apropos traditionelle Kleidung: Ganz groß wird in Doha das Oktoberfest gefeiert. Mit einer echten Wiesn-Band, mit Dirndl und sonstiger Tracht. Facebook summt in den Wochen vorher, wenn die Tipps hin und her fliegen, welcher Schneider auf welchem Souk schöne Dirndl schneidern kann und was das kostet. Gefeiert wird tatsächlich mit Bier und in einem Zelt im Garten des Interconti Hotels. Schweinshaxn gibt es nicht, aber anderes Fleisch, Sauerkraut und Kartoffeln in vielen Formen. Zahlreiche Hotelrestaurants in Doha beschäftigen deutsche Köche, die sich beim Oktoberfest mal so richtig ausleben dürfen. Und dann schunkeln die Besucher Schulter an Schulter, mit und ohne Bier – Deutsche mit Asiaten, Amerikaner mit arabischen Kollegen –, während der Schweiß in Strömen rinnt, denn auch Anfang Oktober sind es in Katar gern mal zweiunddreißig Grad am Abend.

SPONTANPARKEN

Parken ist ein spezielles Thema in Doha. »Warum in die Ferne schweifen, wenn man doch auch dort anhalten kann, wo man gerade fährt?«, schienen sich die meisten Autofahrer in Doha zu denken.

Eine typische Parkszene konnte sich folgendermaßen abspielen: Ich fuhr hinter einem dicken SUV her, der mit fünfzig Sachen durch eine schmale Wohnstraße brauste. Plötzlich, ohne jede Vorwarnung, bremste der Fahrer abrupt, ich bremste auch – und fuhr ihm trotzdem fast hinten rein, da das Auto nicht langsamer wurde, sondern von einem Moment auf den anderen komplett stehen blieb.

Mal ließ jemand seine Kinder aussteigen, mal wartete der Fahrer fünf Minuten auf jemanden. Er stand – und alle anderen hinter ihm gezwungenermaßen auch. Die Reaktion der Verkehrsteilnehmer? Hupen und sofort drum herum kurven. Über den Geröllplatz, über die Gegenverkehrsspur, über den kaum vorhandenen Bürgersteig ... egal. Hauptsache, weiterkommen.

Auch sehr beliebt ist das Spontan-Parken vor Schulen oder Malls. Jeder lässt »nur mal eben« seine Passagiere aus- oder zusteigen. Zunächst wunderte ich mich, warum auf vielen Mall-Parkplätzen jemand im Auto saß, bei laufendem Motor. Bis ich verstand: Das waren die Chauffeure, deren Arbeitgeber sich in der Mall vergnügten.

Normalsterbliche ohne Chauffeur und Nanny müssen sich nach dem Einkauf mit dem Security Guard herumschlagen, der einem verbieten möchte, mit dem Supermarkt-Trolley durch den edlen Teil der Mall zum Parkplatz zu rollen. Anschließend darf man sich dann bei vierzig Grad im Schatten über den fußballfeldgroßen Parkplatz zum Auto quälen. Als arabische Dame löst man das Problem anders: Der Wachmann widerspricht keiner Frau in schwarzer Abaya, es könnte ja eine Katari sein. Sie darf also den direkten Weg zum Parkplatz nehmen. Den Supermarkt-Trolley lässt sie von der schnaufenden Maid als Schlusslicht der Gruppe bugsieren. Unterwegs ruft sie den Fahrer an, der auf dem Parkplatz wartet, und befiehlt ihm, dass er sich pronto an Ausgang Nummer 5 einzufinden habe. Gern auch etwas früher, man beziehungsweise frau möchte ja ungern bei diesen Temperaturen draußen warten.

Der Chauffeur macht sich also auf den Weg und parkt im absoluten Halteverbot vor dem Mall-Eingang. Wer nicht kommt, ist seine Chefin. Alle anderen Fahrzeuge müssen um den wuchtigen Land Cruiser herumkurven. Halten zu den Stoßzeiten mehrere Fahrer dort, kommt der Verkehr um das Einkaufszentrum komplett zum Erliegen. Irgendwann bequemt sich die Chefin und verlässt die Mall. Bis alle Einkäufe, Nannys und Kinder verstaut sind – das dauert. Währenddessen sitze ich wie gefangen in meinem Auto hinter dem wartenden Land Cruiser und möchte, typisch deutsch, am liebsten ins Lenkrad beißen. Häufig half mir in solchen Situationen nur hessischer Humor: »Ett dauert so lang wie ett dauert.« Genau.

DAS MEDICAL ODER: ALLES HAT SEINEN PREIS

»Sie haben das Ziel erreicht«, sagte die Navi-Stimme.

Um uns herum: nichts. Die Fahrbahn, auf die das Navi uns geleitet hatte, führte in einen großen Geröllhaufen. Sand und Staub trieben von den Brachflächen links und rechts der Straße über die Fahrbahn.

Mir fiel der Ausspruch meiner Freundin Ina ein: »Man sagt in Deutschland: ›Die Straße führte ins Nichts.‹ In Katar gibt es dieses Nichts wirklich.«

Der PRO Mohamad, der die Kinder und mich an diesem Morgen fuhr, weil es sich um einen Gang zum Amt handelte, kannte sich zum Glück aus. Er lenkte das Auto an ein paar Geröllhaufen vorbei, und da stand auf einmal ein Gebäude wie so viele in Doha: Es konnte sich nicht entscheiden, ob es in einen postapokalyptischen Film gehörte oder doch in eine Doku über Betonbauten der 1970er-Jahre.

»Da ist der *Female Entrance*.« Mohamad deutete auf eine Seite des Betonkastens und drückte mir einen Stapel Papiere in die Hand. »Lassen Sie sich die Papiere nicht wegnehmen! Viel, viel Glück!«

Auch dieses Mal durfte er mich also nicht begleiten, da er als Mann den »weiblichen« Teil des Gebäudes nicht betreten durfte. Schade, dass es in Katar nur männliche PROs gab.

Heute stand für die Kinder und mich die amtliche medizinische Untersuchung an (kurz überall *Medical* genannt), die für den Antrag auf ein *Residents Permit* notwendig ist.

Mein erster Eindruck in der Eingangshalle: Alle Expat-

Frauen Dohas hatten sich an diesem Tag mit ihren Kindern in den Wartesaal dieser Behörde gequetscht. Jede von uns hatte die Familienpässe und einen Haufen Papiere in der Hand. Schon anhand der Farben der Pässe wurde klar: Wir kamen von überallher.

Die Innenarchitektur der Behörde hatte offenbar deutsche Gesundheitsämter der späten 1970er-Jahren zum Vorbild: karg. Ein paar Stühle, viel zu wenige für die Hunderte von Frauen und Kindern. Und ein einziger Snackautomat. Das Security-Personal, ausnahmsweise mal weiblich, und alle Beamtinnen und Mitarbeiterinnen waren Araberinnen in Abaya, manche auch mit verschleiertem Gesicht.

Kaum stand ich in der Halle, schnarrte die Security-Frau Fragen (oder waren es Anweisungen?) in Arabenglisch. An ihr musste man vorbei, um das Amt zu betreten. Sie sprach so laut, dass ich automatisch ein paar Schritte zurückwich. Einer Schwedin erging es nicht besser. Zwei Britinnen, Mutter und Tochter, konnten offenbar etwas Arabisch, nickten fleißig und gingen nach rechts ab. »Kommt hierher!«, forderte die Britin die Schwedin und mich auf Englisch auf. »Hier geht's zum *Medical!*«

Wir folgten den beiden, und die brummige Security-Frau ließ uns diesmal passieren.

»Hast du verstanden, was die Frau wollte?«, fragte ich die Britin beeindruckt.

Sie lächelte. »Nein, kein Wort. Ich habe keine Ahnung, wo wir hinmüssen. Wir suchen uns jemanden, der besser Englisch spricht.«

Inzwischen waren wir schon etwa zehn Europäerinnen mit ihren rostroten Pässen, die im Trupp zusammenstanden. Gleichfarbige Pässe gesellen sich in Katar einfach gern zusammen. Ein paar Amerikanerinnen und Kanadierinnen schlossen sich uns auch an. »Was wollt ihr hier?«, herrschte uns eine füllige Beamtin auf Englisch an.

»Zum *Medical*«, antworteten wir im Chor.

Wie Hühner scheuchte sie uns nach links, in eine lange Schlange vor einem überladenen Schreibtisch, hinter dem zwei Araberinnen miteinander schwatzten.

In Katar kann man sich nur die Daumen drücken, dass man bei einer Behörde nicht an eine verschleierte Golf-Araberin gerät. Dann lieber ein katarischer Mann! Nicht alle katarischen Männer behandeln »Bittsteller«, die vor ihrem Schalter stehen, freundlich, aber die meisten haben wenigstens ein Lächeln übrig und formulieren ihre Fragen klar. Zur Not wiederholen sie auch, was sie gesagt haben. Stammt man aus einer deutschen Stadt, die bei Kataris beliebt ist, wie zum Beispiel Heidelberg oder München, kann es sogar sein, dass sie ein kleines Gespräch beginnen. »Oh, Munich! I love Munich! I've just come back from vacation in Bavaria.«

Ganz anders das Bild, wenn man an eine Beamtin aus den Golfstaaten gerät. Sie würdigt die Kunden in der Regel keines Blickes, während sie mit versteinerter Miene die Dokumente kontrolliert. Ich konnte bis heute nicht herausfinden, ob es eine der vielen Regeln für Muslimas ist. Meine Theorie ist, dass sie keinen Blickkontakt mit Männern haben dürfen und auf keinen Fall den Eindruck erwecken möchten, sie hätten mit einem Lächeln geflirtet. Das geht vielleicht so in Fleisch und Blut über, dass eine Araberin mit Hijab – oder Hijab und Gesichtsschleier –, die an einer offiziellen Stelle sitzt, niemanden, auch keine andere Frau, anlächelt, anschaut oder freundlich behandelt.

Eine weitere Besonderheit, die einem an Schaltern in Katar, im Krankenhaus genauso wie auf dem Amt, ständig begegnet: Die Beamten, Männer wie Frauen, sprechen stets leise vor sich hin. Anfangs fühlte ich mich immer angesprochen und verstand nicht, worum es ging. Bis ich herausfand, dass nicht ich gemeint war, sondern dass sie per Headset in ihr Handy sprachen. Da die meisten Frauen wie Männer Kopftücher beziehungsweise -schleier tragen, konnte ich nicht erkennen, wann sie ein Headset im Ohr hatten. So fragte ich also bei jedem leise genuschelten Satz hektisch nach: »Pardon? Excuse me? I didn't get that.«

Woraufhin mich ein genervter Blick traf und die Hand abwehrend erhoben wurde.

Es dauerte ein paar Wochen, bis ich den typischen Ablauf kapierte: Solange sie nicht die Stimme hoben und mit mir wie mit einem Deppen auf Englisch redeten, sprachen sie nicht mit mir, sondern mit der Kollegin beziehungsweise dem Kollegen am Schalter nebenan, wobei sie ihn oder sie jedoch nicht ansahen. Oder sie sprachen ins Smartphone. Da hieß es geduldig warten, auch wenn es fünfzehn Minuten dauerte.

So war es auch beim *Medical*. Endlich überprüfte die zuständige Beamtin meine Papiere. Sie fragte mich auch, ob ich schwanger sei, was ich verneinte. Viele Frauen aus unserer europäischen Expat-Truppe wurden abgewiesen, da Unterlagen fehlten. Unser PRO Mohamad hatte aber wohl gute Vorarbeit geleistet: Ich kam in diesem Spiel einen Level weiter.

Es begann ein Tanz über fünf Stunden. Mit den Kindern im Schlepptau arbeitete ich mich von Warteschlange zu Warteschlange vor. Laut der katarischen Zeitung *Peninsula* sind für das *Medical* HIV-Tests sowie das Röntgen des Brustkorbs für alle verpflichtend. Arbeiter einiger Kategorien müssen zusätzliche Tests für Tuberkulose, Hepatitis B und C durchlaufen. *Doha News* nannte das *Medical* in einem Artikel »den großen Gleichmacher«, da jeder Expat für sein *Resident's Permit* die Prozedur durchlaufen muss. Aber es gab feine Unterschiede: Je »gehobener« der Job im Land oder die Herkunft, umso weniger Tests musste man absolvieren. Doch alles lag letztlich im Ermessen der zuständigen Beamtinnen.

Immer wieder trafen die zuständigen Damen offensichtlich kurzfristig die Entscheidung, ob ich mich einer bestimmten Untersuchung zu unterziehen hatte oder nicht. Eine parkte mich und die Kinder vierzig Minuten lang in der Warteschlange vor der Blutabnahme. Als wir fast an der Reihe waren und Noah beim Anblick der Spritzen schon hyperventilierte, um seinen Kreischalarm anzuwerfen, herrschte mich plötzlich eine andere Beamtin an, ich solle mitkommen. Die Blutabnahme sei bei mir nicht erforderlich. Da ich gehört hatte, die Blutabnahme sei Pflicht, versuchte ich, mit der Beamtin zu diskutieren. Nicht dass am Ende das stundenlange Warten für die Katz war und ich doch wieder antreten musste.

»Nein, Sie sind jetzt mit dem Röntgen dran«, erklärte sie mir unwirsch. Die Kinder dürfe ich nicht mitnehmen.

Schweren Herzens parkte ich Tim und Noah mit zwei Schokoriegeln bei einer arabischen Familie. Ich hatte sie zwar noch nie zuvor gesehen, aber die Frau bot sofort an, ein Auge auf meine beiden »Babys« zu haben.

Anschließend wurde ich um ein paar Ecken geführt, wo etwa dreißig Frauen aller Nationen in einem Gang versammelt standen. Links ging es zum Röntgen, das sah man an den Warnaufklebern. Rechts gab es fünf Umkleidekabinen.

»Los, los – yallah, yallah! Ausziehen! Schmuck ablegen, packt ihn in eure Taschen.«

Fünf voll verschleierte Frauen drängelten sich vor, um in den Umkleidekabinen zu verschwinden. Wir anderen warteten, dass sie da drinnen fertig würden.

»Los! Los! Zieht euch endlich aus! Ihr seid gleich dran!«, brüllte uns eine voll verschleierte Beamtin an.

Wie? Wir alle zusammen? Und wieso durften wir nicht auf die Umkleiden warten? Ein paar Frauen zogen sich obenrum aus, manche lamentierten noch.

Mit einem Achselzucken tat die Beamtin unsere Proteste ab.

»Bei uns ist das vermutlich egal«, sagte eine blonde Frau auf Englisch und zuckte resigniert die Achseln. »Wir laufen in deren Augen doch sowieso nackt herum.«

Hysterisches Lachen ging durch die Reihen, aber wir alle hatten den Drachen vom Gesundheitsamt im Blick.

Eine Aufseherin zeigte sich gnädig. »Also gut: Wenn du deinen BH ausziehen kannst, ohne dein Oberteil auszuziehen, dann kannst du das Oberteil anbehalten.«

Ein paar Frauen machten es vor, wie man sich unter dem T-Shirt unter Verrenkungen den BH auszieht, ohne sich komplett zu entblößen. Den BH sollten wir in unsere Handtaschen stopfen.

Die ersten Frauen, die schon obenrum nackt dastanden, zogen sich schnell ihre Blusen wieder über.

Die verschleierten Frauen durften für die Umkleidekabinen anstehen, und letztlich warteten wir alle, bis sie sich da drin umgezogen hatten.

Als die Muslimas in den Kabinen fertig waren, öffnete unser Drache die Türen zum Röntgen. Wir wurden in eine lange Reihe sortiert und betraten eine nach der anderen einen beklemmenden Raum. Als wären wir mit unsichtbaren Ketten aneinandergefesselt, schritten wir stockend voran.

Außer dem teilweise hektischen Atmen mancher Frauen war nichts zu hören. Unsere Handtaschen mussten wir auf einem langen Tisch hinter dem Zugang abstellen. Jede der folgenden Frauen ging an den Handtaschen vorbei, in denen unsere Ausweise, unsere Kreditkarten, unsere Handys und unser Bargeld lagen. Argwöhnisch warfen die Frauen vorn in der Reihe Blicke zurück, ob sich jemand an ihren Taschen zu schaffen machte.

Gingen wir zu schnell oder zu langsam, wurden wir in einem wegen des starken arabischen Akzents unverständlichen Englisch zurechtgewiesen. Ich kam mir vor wie auf dem Viehmarkt, und es hätte mich nicht überrascht, wenn mir jemand in den Mund geschaut hätte, um meine Zähne zu überprüfen.

Eine Beamtin hielt einen dicken Stapel Anträge in der Hand und schrie immer wieder Namen – thailändische, indische, deutsche, skandinavische, finnische ... Oft brauchte sie mehrere Versuche und Aussprachevarianten, bis sich endlich jemand meldete. Wenn eine Frau ihren Namen erkannte und die Hand hob, durfte sie vorrücken, bis sie vor dem Röntgenapparat stand. Eine zweite Beamtin instruierte sie, wie sie sich hinzustellen hatte. In aller Öffentlichkeit wurde ihr der Brustkorb geröntgt. Anschließend musste sie warten, bis die Aufnahme für gut befunden wurde, bekam ihre Papiere und durfte weitergehen. Am Ende des Raums sammelten sich immer mehr

Frauen, die die Prozedur bereits hinter sich hatten. Als alle abgefertigt waren, durften wir unsere Handtaschen wieder an uns nehmen und wurden rausgeführt. Der nächste Trupp Frauen stand schon bereit.

Als ich endlich fertig war und gehen durfte, lüftete sich auch das Geheimnis rund um die nicht erfolgte Blutprobe: Als Deutsche, klärte mich eine Beamtin auf, dürfe ich mit den Kindern die Blutprobe in einer Arztpraxis machen.

»Dann erledigen wir das doch gleich«, meinte Mohamad und fuhr, nach telefonischer Terminabsprache, mit uns in eine Praxis.

»Wofür ist denn die Blutprobe?«, wollte ich wissen. Doch weder Mohamad noch die Ärzte in der Praxis konnten oder wollten es mir sagen. »Ist es ein HIV-Test?«, bohrte ich nach.

»Nein.«

»Wofür ist es dann?«

»Ach, einfach eine Vorschrift. Keine Sorge.« Freundliches Lächeln.

»Really don't worry, Ma'am« ist der Satz, den ich in Katar am häufigsten hörte, wenn ich um Informationen bat, die man aus Gründen, die ich nicht verstand, nicht preisgeben wollte.

»DER EMIR BESPRACH WICHTIGE ANGELEGENHEITEN« – NULLNACHRICHTEN

»Der tunesische Präsident Beji Caid Essebsi traf sich heute mit seiner Exzellenz, dem Außenminister Scheich Mohammed bin Abdulrahman Al-Thani, der gerade Tunesien besucht. Zu Beginn des Treffens richtete seine Exzellenz der Außenminister Grüße von seiner Hoheit, dem Emir Scheich Tamim bin Hamad Al-Thani, aus, der dem Präsidenten und den Menschen von Tunesien weiterhin Wohlstand und Fortschritt wünschte«, las der Radiomoderator salbungsvoll in den englischsprachigen Nachrichten vor. »Sie besprachen Themen von beiderseitigem Interesse. Die beiden sind sehr zufrieden mit dem Ausgang der Gespräche. Für die kommende Woche werden Sandstürme erwartet …« Weiter ging es im Radio mit dem Wetterbericht.

Ich kratzte mich am Kopf und sah fragend das Radio an. »Was genau haben sie denn besprochen? Was war denn der Ausgang der Gespräche?«

Auch die englischsprachigen Tageszeitungen lieferten nicht mehr Input. Es ging uns, das Publikum, offensichtlich nichts an, welche Themen für die beiden Staatsoberhäupter wichtig waren.

Für die meisten großen Expat-Gruppen gab es in Katar ein Angebot an speziell auf ihre Bedürfnisse abgestimmten Radiosendern und Zeitungen. Ich konnte mir also täglich aussuchen, ob ich britisches Radio, den französischen Sender Oryx oder doch einen arabischen Sender beim Autofahren anhören wollte. Auch Tageszeitungen gab es zumindest in Arabisch und Englisch. Allen gemeinsam waren die kurzen politischen Meldungen, die für mehr Fragen als Antworten sorgten.

Die Angst vor der omnipräsenten Macht der Kataris im eigenen Land treibt nach meiner Beobachtung kuriose Blüten im Journalismus. Kritische Artikel oder Radiosendungen, wie man sie aus Europa kennt, gibt es in Katar nicht. Wenn jemand »kritisch« berichtete, dann ganz offensichtlich nur nach vorheriger Rückabsicherung nach oben, ob das so genehm sei.

Die englischsprachigen Zeitungen des Landes tragen wohlklingende Bezeichnungen wie *The Peninsula* oder *The Gulf Times*. Aufgrund der gewichtigen Namen erwartete ich Artikel, deren Qualität an die der *New York Times* oder der *FAZ* heranreichte. Aber meine Erwartungen wurden rasch enttäuscht: Alle Artikel, selbst die in den Lifestyle-Ressorts, lasen sich wie Schülerzeitungsbeiträge.

Hielten gute Journalisten die Zensur nicht aus und schrieben lieber nicht für Golfblätter, sondern nur für die Zeitungen ihres Mutterlandes? Oder wurden die Texte bis zur Unkenntlichkeit von übereifrigen Nicht-Englisch-Muttersprachlern redigiert?

Anfangs versuchte ich, mir diesen Mangel dadurch zu erklären, dass ich nur für Expats gedachte Blätter las. Arabische Bekannte erklärten mir jedoch, dass die arabischen Zeitungen auch nicht besser seien.

Jede Initiative des Emirs und der Ministerien wurde in den Medien kritiklos beklatscht und bejubelt. In einem Land, wo es morgen Hü und übermorgen Hott geht und sich Gesetze innerhalb von Wochen ändern können, war das besonders verstörend. Denn die Gesetze, die da auf Arabisch erlassen wurden, betrafen auch uns Expats. Da wären ein genauer Wortlaut und eine Diskussion, welche Relevanz dieses Gesetz im Alltag haben würde, sehr willkommen gewesen.

Ein Beispiel: das Cyber-Crime-Law. Spätestens als eine Frau eine Geldstrafe erhielt, weil sie ihren Vermieter auf WhatsApp mit bösen Worten bedacht hatte, hätten wir gern mehr Details erfahren. Oder Zensur von Büchern: Angeblich durften Schulbüchereien keine Bücher mit Schweinchen in die Regale stellen. Richtig Ärger gab es dann aber wegen »Dornröschen«. Eine katarische Grundschülerin hatte sich das Buch ausgeliehen, und dem Vater missfiel, dass auf dem Cover der Prinz Dornröschen küsste, obwohl sie nicht verheiratet waren. Ein großer Eklat konnte nur dadurch abgewendet werden, dass die Bibliothekarin fristlos entlassen wurde.

Gleichzeitig wurde das Anti-Hexerei-Gesetz erlassen. Um auf der sicheren Seite zu sein, verschwand »Lesen lernen mit der Hexe Lilli« genauso aus den Schülerbüchereien wie Harry Potter. Im Jarir Bookstore gab es aber nicht nur Harry Potter, sondern auch jede Menge anderer Fantasybücher, und im Kino lief mit »Dr. Strange« anstandslos ein Film über einen Zauberer. Als ich Gelegenheit bekam, einen Katari danach zu fragen, war er verwirrt. »Das hat doch nichts miteinander zu tun. Echte Hexerei ist verboten. Aber das sind doch Bücher und Filme. Geschichten. Meine Kinder dürfen auch Harry Potter lesen.«

Wollten wir wissen, was wirklich in der Welt vorging, wandten wir uns an die heimischen deutschen Medien. Überraschenderweise ließ dort aber zumindest die journalistische Qualität der Berichte über Katar ebenfalls zu wünschen übrig. Auch wenn Politiker aus Deutschland im Winter, also zur schönsten Jahreszeit mit milden Temperaturen, Katar besuchten, bedienten die Artikel in *Spiegel* und Co. gern die Katar-Klischees. Da brannte die Sonne schon früh am Morgen unerbittlich auf das Team aus Deutschland herab, und man unterhielt sich mit Arbeitern, die trotz der unmenschlichen Temperaturen draußen an den Fußballstadien bauen mussten. Dass die Temperaturen mit 27 Grad angenehm waren und die Arbeiter nicht an einem Stadion, sondern an etwas ganz anderem bauten – geschenkt.

Viele Menschen arbeiten in Katar tatsächlich unter menschenunwürdigen und gesundheitsgefährdenden Bedingungen, sei es als Haushaltshilfe oder auf den unzähligen Baustellen. Aber »Gluthitze« herbeizufantasieren, damit sich der Artikel spannender liest, ist genauso schlechter Journalismus und Fake News wie die »Alles ist super!«-Parole der inländisch produzierten Artikel.

Sich über das aktuelle politische Geschehen im In- und Ausland zu informieren, war in Doha auch aus anderen Gründen schwierig. Zeitschriften aus dem Ausland lagen mit etlichen Tagen Verspätung in den Regalen. Ich dachte mir nichts dabei – der Weg aus Europa und Nordamerika war ja lang. Als ich jedoch eines Abends durch eine *Vogue*-Ausgabe blätterte, fiel mir das moderne Layout der Anzeigen auf. Anscheinend war es in Europa momentan in, dass Klamottenwerbung wie von Hand gezeichnet aussah. Der Rock des einen Models bestand aus dicken schwarzen Strichen, was das filigrane Oberteil sehr gut zur Geltung brachte. Eine andere Firma hatte gleich das ganze Kleid wie von Hand gestalten lassen.

Mark schaute mir über die Schulter. »Ah, die Zensurbehörde hat der Frau einen anständigen Rock malen lassen!«

»Was?!«, meinte ich ungläubig und blätterte weiter durch das Heft. Tatsächlich. Was ich für modernes Grafikdesign gehalten hatte, war eine Verzierung, die jemand von Hand mit dickem schwarzem Edding angebracht hatte. Auch im *Spiegel* aus Deutschland hatte jemand liebevoll ein zu knappes Top in einem Artikel übermalt. Bei einem Motiv in der *Vogue*, das wohl ziemlich anstößig gewesen sein musste, hatte der Zeichner eine ganze Abaya ergänzt. Die Gesichter und Haare waren aber immer unberührt. Es ging offenbar ausschließlich um den Dresscode.

Ähnlich praktisch löste die Zensurbehörde das »Problem« mit den deutschen Schulbüchern für den Sachkundeunterricht in der Sek II. Thema: Sexualkunde. Eine Weile hingen nach den Sommerferien alle Schulbücher aus Deutschland im Zoll fest. Als sie endlich eintrafen, waren zu unser aller Überraschung sogar die anstößigen Sachkundebücher dabei.

Beim Durchblättern entdeckten wir die pragmatische katarische Lösung: Jemand hatte die Doppelseiten, auf denen kinderfreundlich dargelegt wurde, was Männer und Frauen unterscheidet und wie Babys entstehen, in jedem einzelnen Buch mit Kleber bestrichen und komplett, unlösbar, zusammengeklebt.

↑ Weist den Weg: Plakat für eine Fotoausstellung im »Kulturdorf« Katara.

↑ Das berühmte Torch-Hotel in Doha. Seine Spitze ist wie eine Fackel gestaltet und kann sogar entzündet werden.

↑ Beliebte Mitbringsel – Räuchergefäße in Form von Männern und Frauen in klassischer arabischer Tracht.

↑ Das Gekreische der Vögel aus dem Animal-Souk ist fast überall auf dem Markt zu hören. Die Tiere, auch Welpen und Schildkröten, werden draußen gehalten.

↑ Die Masse macht's: Gemüseverkauf an der Straße zwischen Großmarkt und Wholesale Roundabout.

↑ Das MIA (Museum of Islamic Art). Der verschachtelte Bau erinnert manche an eine verschleierte Frau.

← Sandsturm im Anflug – Moschee an der viel befahrenen Mesaimeer Road.

↑ Der Dau-Hafen an der Corniche – mit Blick auf die gigantischen Wohntürme der Pearl. 45 000 Menschen sollen dort später mal leben.

↑ Leben im Compound – bewachte Wohnsiedlungen. In den älteren gibt es sogar noch richtige Gärten mit Frangipanibäumchen und blühende Bougainvilleen.

→ Einladende Poollandschaft in einem kleineren Compound. Sonnenschutz ist hier aber Fehlanzeige.

↑ Town in progress: Blick aus unserem Hotelfenster in der West Bay.

↑ Modern und weiß: Die neu erbaute Moschee in »Education City«, dem Universitätsviertel in Doha.

→ Nicht ohne meine Falken: Für Katari sind sie Statussymbol.

↑ In der Lobby des W-Hotels – ein wunderschönes Blumenarrangement, das fast Kinderhänden zum Opfer fiel.

↑ Kein Scherz: Die Autobahn außerhalb Dohas (Richtung Norden) zur Rushhour.

↑ Ein mit Steinen beschwerter Reifen kennzeichnet die »Straße« durch die Geröllwüste. Hinterm Horizont geht's weiter?

→ Al Fanar – der Gebetsturm des Kulturzentrums. Hilft als »Leuchtturm Dohas« im Dunkeln auch bei der Orientierung.

↑ »Achtung, Fußgänger!« auf Arabisch.

← »Vorfahrt gewähren« – auch mit arabischer Schrift leicht zu erkennen. Ob sich jemand daran hält, ist eine ganz andere Frage.

↑ Alltagsleben: Eine Frau in Abaya und Verschleierung verlässt mit ihren Söhnen den Souk.

← »Gott sei Dank, es ist Freitag!« – und damit man ihm gebührend danken kann, ist das der freie Tag der Woche.

Weekend-Feeling – Picknick mit Blick auf das Museumsschiff.
↓

↑ Blick aufs Vorzeigeviertel und die Skyline von Doha.

Auch am Handy oder Computer traf man tagtäglich auf die Zensurbehörde. Selbst wenn ich nach Lego-Aufbauanleitungen suchte, unterbrach häufig der rosa Splash Screen der Zensurbehörde meine Suche. Auf dem Bildschirm erscheint ein gezeichneter Mann in Golf-Tracht, dem vor Entsetzen die Haare und der Schnurrbart zu Berge stehen. Ein dicklicher Mann, dem das Hemd über dem Bauch spannt, zeigt auf den Text in der Mitte: »Die Webseite, die Sie versucht haben aufzurufen, wurde blockiert, weil der Inhalt verbotenes Material enthält.«

An diesem Splash Screen kommt man nicht vorbei, höchstens mit einem VPN-Tunnel. (VPNs sind in Katar offiziell erlaubt, werden aber von den katarischen Internet-Providern seit 2016 zunehmend blockiert.) Welcher Begriff auf der von mir angesteuerten Webseite der Stein des Anstoßes gewesen sein mag, konnte ich nur raten.

Mein Glück war, dass Marks Team in Doha international besetzt war und mich schon früh veranlasste, die deutsche »Bubble« in Doha zu verlassen. Die englischsprachigen Kollegen zogen mir sanft die Tageszeitungen aus der Hand und empfahlen mir, *Doha News* zu lesen. »Da steht, was in Katar tatsächlich passiert.«

Doha News startete als Twitter-Account und Blog eines Ehepaars, Omar Chatriwala und Shabina Khatri. Als wir nach Katar zogen, hatte sich *Doha News* längst zu einer richtigen Onlinezeitung gemausert, die Artikel verfassten Laien und ausgebildete Journalisten. Die meisten Artikel waren zwar gut geschrieben, aber genauso unkritisch wie das, was man in allen anderen Zeitungen auch lesen konnte. Natürlich mit Absicht, denn es drohte immer die Zensur. Aber dadurch, dass die Zeitung von arabischen Journalisten betreut wurde und Expats und Kataris in den Kommentaren zu Wort kamen, nahm sie eine spannende Vermittlerfunktion für die verschiedenen Gruppen in Doha ein. Dort konnte man auf Englisch lesen, welche Events in der Hauptstadt demnächst anstanden. Hier erfuhr man aber auch, welche Regelungen neu erlassene Gesetze mit sich brachten (die Regierung publizierte sie nur in arabischer Sprache) und wie beispielsweise Gerichtsverfahren, in die Expats verwickelt waren, ausgegangen waren.

Wollten sie etwas Brisantes berichten, sammelten die Journalisten von *Doha News* über Monate Material. Der Text wurde erst veröffentlicht, wenn die Journalisten Doha verlassen hatten, oder die Texte wurden von ehemaligen *Doha News*-Kollegen veröffentlicht, die schon wieder im Ausland arbeiteten. Diese Vorsicht hatte offenbar gute Gründe: Als der stellvertretende Chefredakteur Peter Kovessy nach Kanada zurückziehen wollte, wurde er festgenommen, seine Kamera und weiteres Equipment beschlagnahmt. Begründung: ein Artikel, den er ein Jahr zuvor auf *Doha News* veröffentlicht hatte. Er kam zum Glück auf internationalen Druck hin nach einer Nacht wieder frei und durfte ausreisen.

Zu den interessantesten Artikeln zählten für mich die, in denen sich Kataris anonym über ihr Leben äußerten. Einer der letzten Kurzberichte, die in der Reihe erschienen, stammte von einem Mann, der schilderte, welchen Schikanen er ausgesetzt war, weil er als Katari eine Europäerin heiraten wollte. Ein anderer, besonders bemerkenswerter Artikel stammte aus der Feder eines schwulen Katari. Bemerkenswert deshalb, weil homosexuelle Handlungen nach dem Scharia-Gesetz in Katar mit dem Tod bestraft werden können. Er schilderte sein Leben als homosexueller Mann in Katar und wie Familien mit homosexuellen Mitgliedern umgingen. Überraschend fand ich dabei seine Behauptung, dass viele Familien an sich kein Problem damit hätten, vorausgesetzt, man lebte seine Vorlieben nicht aus. Das passte zu dem, was mir eine junge Frau erzählte, die mit lesbischen katarischen Frauen befreundet war. Sie hatte sie an der Universität kennengelernt. Die Eltern duldeten, dass ihre Töchter Freundinnen mit nach Hause brachten und auch gemeinsam übernachteten – vorausgesetzt, die Tochter erklärte sich spätestens mit Ende zwanzig trotzdem bereit, einen Mann zu heiraten und Kinder zu bekommen. Ähnlich sei, so der Artikel auf *Doha News*, auch die Vorgabe innerhalb der Familie für schwule Männer.

Als dann aber auch noch eine Artikelserie über Frauen erschien, die mit ihren Kindern auf unabsehbare Zeit im Gefängnis saßen – nur, weil sie unverheiratet schwanger geworden waren –, wurde es anscheinend den katarischen Zensoren zu bunt. Von heute auf morgen war *Doha News* von Katar aus nicht mehr erreichbar.

»Ein kleines Problem mit den Lizenzen«, hieß es bei Ooredo und Vodafone, den einzigen Internet-Anbietern in Katar. »Es ist an *Doha News*, das zu klären. Nein, Zensur ist das nicht. Das ist bald aus der Welt geschafft.«

Die Journalisten publizierten weiter, aber da ihre Artikel nur außerhalb Katars gelesen werden konnten, brachen *Doha News* die Werbeeinnahmen weg. Chatriwala und Khatri harrten noch ein paar Monate aus, dann verkauften sie die Zeitung an eine indische Firma, die angeboten hatte, *Doha News* wie bisher weiter zu betreiben, auch ohne Werbeeinnahmen. Denn bald wäre ja sicherlich das Problem mit den Lizenzen behoben. Kurz nach dem Kauf war *Doha News* wieder erreichbar – aber es erschienen keine Artikel mehr, sondern nur noch Pressemitteilungen der Ministerien.

FRÜHJAHRSPUTZ

Im späten Frühjahr kletterte das Thermometer immer höher, tags wie nachts. Tag für Tag fühlten wir uns mehr wie Frösche, um die so langsam das Wasser zu kochen begann.

Jede Menge Premieren fanden Eingang in mein Tagebuch:

»Das Autothermometer zeigt zum ersten Mal 46 Grad im Schatten an!«

»Knallrote Stellen an den Handflächen geholt, weil ich mein Lenkrad angefasst habe.«

»Den Kopf verbrüht, weil ich mir nachmittags nach dem Sport die Haare waschen wollte!«

Das ist vielleicht erklärungsbedürftig. Man dreht zu Hause in Katar die Dusche auf – und kochendes Wasser schießt aus der Leitung, denn die Sonne knallt seit vier Uhr früh auf den Wassertank auf dem Dach. Deshalb kühlen viele der teuren Hotels das Wasser in den Wasserleitungen. In den Compounds ist jedoch höchstens der Pool gekühlt. Sommer in Katar ist wie ein Outdoor-Sauna.

»Im Sommer gemütlich duschen können« gehört daher mit zu den Top Ten, die Expats genießen, wenn sie wieder nach Hause gezogen oder auf Heimaturlaub sind. Denn Duschen im Sommer in Katar ist wie Duschen im Winter in Deutschland, wenn die Heizung ausgefallen ist: eine hektische, kurze Angelegenheit, mit brüllenden Kindern.

Der katarische Sommer kostete mich auch ein paar schöne Kleidungsstücke. Ich dachte, meine Waschmaschine sei defekt, als ich dünne Tops und Sportklamotten herauszog, die eingelaufen waren und so aussahen, als hätte ich den Stoff über den Gehweg gerubbelt.

»No, washing machine is working«, sagte der Mann von der Maintenance lapidar.

Hatte ich aus Versehen das falsche Programm eingestellt? Nein, ich hatte einfach angenommen, wenn ich auf 30 Grad stellte, würde die Wäsche auch mit dieser Temperatur gewaschen. Dass das kalte Wasser praktisch kochend aus der Leitung kam, erkannte unsere Maschine nicht und spulte brav das Schonprogramm mit viel zu heißem Wasser ab … Es gibt ein paar Waschmaschinenmodelle, die in der Lage sind, nicht nur Wasser zu erhitzen, sondern auch heißes Wasser aus der Leitung abzukühlen. In Doha kannte ich jedoch niemanden, der so ein Gerät hatte, auch in den Elektrogeschäften fand ich keines. Was also tun? Es gab nur eine Lösung, und auch die war Glückssache: Man stellte in den Sommermonaten die Waschmaschine nachts oder spätestens um kurz vor fünf an, in der Hoffnung, dass das Wasser dann »nur« 50 Grad hatte.

An einem Samstagmorgen wurde ich wach, weil ich hörte, dass jemand laut und ausdauernd duschte. Das Geräusch kam aus dem winzigen Kinderbad auf der anderen Seite des Flurs. Komisch. Das konnte nur Mark sein, denn die Kinder schliefen wie die Steine, wenn man sie nicht weckte. Aber warum duschte er nicht in unserem Bad direkt neben dem Schlafzimmer? Vielleicht wollte er mich nicht wecken?

Irgendwann bemerkte ich im Halbschlaf, dass sich jemand neben mir im Bett bewegte. Die Dusche lief immer noch. Mit einem Schlag war ich hellwach.

»Mark!? Ich dachte, du bist unter der Dusche!«

»Frida!? Ich dachte, *du* seist unter der Dusche!«

Entgeistert sahen wir uns an. Wenn wir beide noch im Bett lagen, wer duschte dann so lange? Es musste bei den Kindern etwas schiefgelaufen sein. Vielleicht ein nächtlicher Pipi-Unfall? Weichte Noah seine Bettdecke gerade in der winzigen Badewanne ein?

Es war schon taghell. Meine Güte, wie lange hatten wir geschlafen?

Wir stürzten in den Flur und rutschten direkt auf den Fliesen aus, weil auf ihnen knöcheltief Wasser stand. Es lief platschend an der Seite der Treppe runter ins Erdgeschoss.

Mark riss die Badezimmertür auf, und Wassermassen, die sich hinter der Tür aufgestaut hatten, kamen uns entgegen.

Niemand duschte. Die Ursache war ein breiter, heißer Wasserstrahl, der aus der Wand über dem Klo schoss.

»Wo ist der Abstellhahn?«, schrie Mark.

»Keine Ahnung! Ich hole Eimer!« Ich schlidderte die Treppe runter. Das Wasser im Erdgeschoss ging mir fast bis zum Knie. Mit den Putzeimern aus der Küche bewaffnet, kämpfte ich mich gegen den heißen Wasserfall wieder nach oben. Während Mark nach dem Absperrventil suchte, hielt ich den Eimer an die Wasserfontäne. Das Wasser war so heiß, dass ich mir fast die Hände verbrannte. Als der erste Eimer voll war, goss ich ihn mit Schwung in die kleine Badewanne, mit der Folge, dass das Wasser in einem hohen Strahl aus dem Fußbodenabfluss wieder nach oben schoss.

»Ich geh rauf aufs Dach und sperre den Haupthahn ab!«, rief Mark, schnappte seine Flipflops, die gerade an uns vorbeitrieben, und rannte die Dachtreppe hoch.

Kurz darauf hörte ich seine Stimme von oben: »Ich kriege das verdammte Ventil nicht zu! Versuch, ob du jemanden von der Maintenance erreichen kannst!«

»Die Kinder!«, fiel es mir in dem Moment siedend heiß ein. Der Wasserstrahl, der aus der Wand kam, war mir in dem Moment so was von egal.

Ich platschte über den Flur, das heiße Wasser spritzte an mir hoch. »Noah! Tim! Aufstehen!«

Die Kinderzimmer standen beide so richtig unter Wasser. Legosteinchen und Playmobil trieben auf der Oberfläche, der Teppich fühlte sich unter meinen bloßen Füßen an wie gekochtes Moos.

»Tim! Tim! Wach auf!« Ich holte ihn direkt aus dem Tiefschlaf. »Kümmere dich um Noah. Ich muss Hilfe holen!«

Tim kletterte benommen aus dem Bett, konnte kaum die Augen aufhalten und lief so schnell zu Noah, dass er ausrutschte und auf die Fliesen im Flur schlug. Noah hörte seinen Bruder schreien, sprang aus dem Bett – und rutschte ebenfalls im tiefen heißen Wasser aus. Heulend kletterten beide Kinder auf Noahs Bett und klammerten sich fest aneinander.

Ich rief am Service-Desk des Compounds an – keine Antwort. Zum ersten Mal, seitdem wir hier wohnten. War ja klar. Gut, dann würde ich eben hingehen.

Rasch zog ich mir trockene Sachen an – einen Wet-T-Shirt-Wettbewerb wollte ich in Katar nicht riskieren. Als ich die Haustür öffnete, schoss mir das Wasser um die Beine und in einer kleinen Flutwelle aus dem Haus. Und es hörte und hörte nicht auf! Ich ließ die Tür auf und hörte das Wasser hinter mir noch immer rauschen, während ich um die Ecke zur Einfahrtsstraße des Compounds lief. Das Clubhaus war verschlossen. Ganz seltsam. Das hatte ich noch nie erlebt.

Also würde ich es bei der Compound Security versuchen. Das kleine Häuschen neben der Schranke war Tag und Nacht besetzt.

Der Mann von der Security las gerade entspannt etwas auf dem Handy. Erstaunt sah er hoch, als ich vollkommen außer Atem vor ihm stand.

»Ich kann per Telefon niemanden von der Maintenance erreichen!«, japste ich. »Wir haben einen ...« Äh, was hieß denn Wasserrohrbruch auf Englisch? »Es kommt Wasser aus der Wand! Ganz viel Wasser! Das ganze Haus ist voller Wasser. Wo sind denn alle?«

Er sah mich bestürzt an. »Äh, Ma'am. Also ... Die schlafen noch.«

Wie bitte?

Ich sah mich um, der Compound lag ungewohnt still da. Vor fast jedem Haus parkten zwei Autos, die Besitzer waren also daheim.

»Aber … aber es ist doch … zehn?«, versuchte ich, die Uhrzeit anhand des Sonnenstands zu schätzen.

»Es ist erst kurz nach vier, Ma'am. Da ist noch keine Maintenance im Compound.«

Die grelle Sonne hatten Mark und mich glauben lassen, es wäre viel später. Wir hatten in unserem Schreck gar nicht auf die Uhr geschaut.

»Wann kommt denn jemand?«

»Es ist Wochenende. So um … neun Uhr. Inschallah.«

»Weißt du, wie man das Wasser abstellt?« Ich war den Tränen nah. Unsere neuen Möbel!

»Ich versuche, Hilfe für dich zu holen«, versprach er.

Ich traf Mark im Haus. »Ich habe es geschafft, die Pumpe auf dem Dach abzustellen!«, rief er mir zu, während er durch die Zimmer lief, alle Geräte ausstöpselte und eine Verlängerungsschnur nach der anderen aus dem Wasser fischte. Was nass war, schleppte er ins Dachgeschoss – die einzigen Räume des Hauses, die nicht mindestens zehn Zentimeter unter Wasser standen.

Ich packte die einfachen IKEA-Teppiche, mit denen wir die Kinderzimmer ausgelegt hatten, mindestens drei oder vier pro Zimmer. Wenn die irgendwann wieder trocknen sollten, musste ich sie möglichst bald vor das Haus legen. Auf der Treppe kam ich unter meiner Last ins Straucheln und rauschte mitsamt meiner Teppichladung auf dem Wasserfilm ins Erdgeschoss. Tim und Noah sahen mir mit großen Augen von oben zu.

Die Kinder hatten schon genug Schocks erlebt heute früh. Ich wollte sie nicht noch zusätzlich mit einer heulenden Mama ängstigen.

»Alles klar«, rief ich deshalb betont fröhlich und biss die Zähne zusammen. »Nichts passiert.«

»Cool!«, schrie Noah. »Ich auch.«

Bevor ich sie bremsen konnte, packte sich jeder einen Teppich und rutschte darauf die nasse Treppe herunter.

Zusammen zerrten wir die Dinger auf die Treppenstufen vor dem Haus und breiteten sie in der Frühmorgensonne zum Trocknen aus.

Tim und Noah sammelten als Nächstes mit Sandeimern ihr Lego und Playmobil ein, das noch zwischen den Fasern der Teppiche hing, und arbeiteten sich dann durchs ganze Haus vor. Das Wasser hatte die Legosteine in jede Ecke verteilt.

Einige Zeit später kam der »Super« der Maintenance an, der Chef der Handwerkerabteilung. Der Security-Mann hatte Wort gehalten und ihn aus dem Bett geklingelt. Mike, ein rundlicher Asiate von etwa Mitte fünfzig, hatte sich ein quietschbuntes, klappriges Fahrrad geliehen und war kurzerhand aus der Industrial Area bis zu unserem Compound geradelt, um uns zu helfen. Bei knapp vierzig Grad – er war schweißüberströmt.

Als Erstes riss er im Bad den Kinderklositz von der Wand, den ich für Noah dort aufgehängt hatte. Mit dem hatte ich aus Versehen das Ventil verdeckt, an dem man den Wasserzulauf fürs Bad regulierte.

»Was ist denn eigentlich kaputt?«, fragte Mark.

»Leitung vom Handspray ist gerissen«, erwiderte er.

Bidet war gestern: In Katar hängt neben jedem Klo ein wirklich praktischer Miniduschkopf. Den richtet man nach dem Klogang je nach Bedarf nach vorn oder hinten und muss sich dann mit Klopapier nur noch trockentupfen. Deswegen gab es in Katar auch kein feuchtes Klopapier zu kaufen.

Seit ein paar Wochen hatten wir das Handspray aber nicht mehr benutzen können, weil das Wasser einfach zu heiß war.

»Leitung zum Handspray in Wand aus Plastik«, erklärte uns Mike die Ursache für die morgendliche Katastrophe. »Heißes Wasser: reißt.« Mit einer einzigen Handbewegung drehte er den separaten Zulauf zum Handspray ab. »Jetzt können Pumpe wieder anstellen.«

Aber erst mal trieben Mike und Mark mit zwei Wischern das restliche Wasser vor sich her, das immer noch ein paar Zentimeter hoch in den Räumen stand – erst aus allen Zimmern in den

Flur, dann auch aus den Erdgeschosszimmern nach draußen. Die Kinder und ich schleppten alles aus Stoff zum Trocknen vor und hinter das Haus und versuchten, die Möbel abzutrocknen. Die Klimaanlage stellten wir ab und öffneten die Fenster. Der heiße Wüstenwind föhnte quasi das Innere unseres Hauses trocken.

Ich kochte gerade einen Kaffee für alle, als ich Mark laut fluchen hörte.

Mike huschte aus dem Wohnzimmer zu mir in die Küche. »Sir nicht glücklich«, murmelte er und sah betroffen aus. »Eure Möbel alle neu?«

»Ja.«

»Nicht gut, mit dem Wasser.«

Wir hatten seit Wochen unser Haus eingerichtet. Tausende von Euro und gefühlt Hunderte von Besuchen bei IKEA und anderen Möbelgeschäften später waren wir erst vor einer Woche fertig geworden. Alles neu: Ledersofas, Ohrensessel, Couchtische, Esstisch, Sideboards, Küchentisch und Bänke, Kommoden, Betten, zehn Bücherregale mit Glastüren (gegen den tückischen katarischen Staub) … Die einzigen Stücke, die nach diesem Morgen immer noch neu aussahen, waren die Esstischstühle mit Metallbeinen und die Möbel des Gästezimmers im Dachgeschoss. Alles andere war aus Holz und hatte massive Wasserschäden. Hausratversicherung? Fehlanzeige. Dazu waren wir noch gar nicht gekommen.

Als unsere Nachbarn aufstanden und die Teppiche vor dem Haus sahen, reagierten sie ganz anders, als ich erwartet hatte.

»Ah, congratulations! You're spring cleaning! Haha!«

Dann fuhren sie los, um Brötchen für das Wochenendfrühstück zu holen.

Häh? »Aber ich mache doch gar keinen Frühjahrsputz!«, rief ich hinterher.

Ich rief meine ersten Bekannten in Doha an, um ihnen vom Wasserrohrbruch und meinen seltsamen Nachbarn zu erzählen. Aber die Reaktion war dieselbe.

»Doha spring cleaning« nennen die Expats mit Galgenhumor die alljährlichen Wasserrohrbrüche, die immer im späten Frühjahr und Sommer auftreten. Dann, wenn das Wasser in den Leitungen so heiß wird, dass es nicht nur das Duschen zur Qual macht, sondern sogar die Plastikschläuche der Handsprays auflöst. Da sie neben jedem Klo verbaut sind und eine Villa gern sechs Klos oder mehr hat, stehen die Chancen gut, dass sich mindestens einmal im Jahr eine brüllheiße Wasserflut durchs ganze Haus ergießt.

»Wow, dein erster Frühjahrsputz!«, rief auch meine amerikanische Bekannte Maggie. »Herzlichen Glückwunsch, das war deine Doha-Taufe. Jetzt seid ihr so richtig angekommen.«

Die Ironie des Tages: Mike kletterte aufs Dach, um die Pumpe wieder in Gang zu setzen, stellte jedoch fest, dass Mark sie durch das abrupte Abstellen beschädigt hatte. Zumindest sprang sie nicht wieder an. So saßen wir also bis zum Abend in einem durchnässten Haus ohne Wasser und ohne Klospülung. Aber obwohl Wochenende war, kam alle halbe Stunde jemand von der Maintenance und versuchte, unsere Pumpe wieder in Gang zu bringen. Spät abends schafften Mike, der Elektriker und der Schreiner es wirklich – im Schein der Taschenlampen, die Mark und ich für sie hielten. Wir waren alle schweißüberströmt, da es auf dem Dach brütend heiß war.

Weitere Frühjahrsputze ersparte uns Mark, indem er von da an jedes Jahr mit Beginn der Hitzeperiode einmal durchs ganze Haus ging und alle Handspray-Ventile zudrehte.

ICH HUPE, ALSO BIN ICH

»Wussten Sie, dass Sie einen magischen Knopf in Ihrem Auto haben? Wenn Sie den drücken, wird einfach alles gut. Funktioniert er nicht gleich, müssen Sie nur vehementer und häufiger drücken.«

Das schien man zumindest den Verkehrsteilnehmern in Katar irgendwann glaubhaft versichert zu haben. Vorwiegend Männer verwenden die Hupe nicht nur in aggressiven Momenten, sondern auch, um die unterschiedlichsten Gefühlszustände auszudrücken. Wenn man fest genug daran glaubt, hat das Hupen folgende Wirkungen: Es löst jeden Stau auf, verwandelt Rot an einer Ampel in Grün, warnt andere Verkehrsteilnehmer, dass man gleich ohne zu blinken ausscheren wird, verhindert, dass jemand mit Vorfahrt tatsächlich losfährt, meldet den anderen Verkehrsteilnehmern zuverlässig, dass man sie vorlässt, und verkündet der Frau im Auto vor, neben, hinter einem, dass man sie attraktiv findet. Vielleicht hat der Hupende auch einfach einen guten Tag.

Man kann sich kaum den Lärm vorstellen, den das andauernde Hupkonzert verursacht. Die ersten paar Wochen zuckte ich bei jedem Hupen zusammen: Hatte ich jemandem die Vorfahrt genommen? Hing noch ein Schulranzen halb aus dem Auto? War die Tankklappe auf? Mark war nach Jahren in Doha hingegen schon ziemlich abgehärtet, was die Eigenarten des katarischen Verkehrs angeht. »Ignorier das Hupen einfach. Die hupen sowieso, ob du da bist oder nicht.«

Die Hupe am Auto kann man übrigens auch gut zum Einkaufen nutzen. Als wohlhabender Einwohner der Golfstaaten meidet man Sonne und Hitze wie die Pest. Was tun, wenn man mittags einen schnellen Happen besorgen möchte? Man sucht sich einen Imbiss, hält direkt davor auf der Fahrbahn an und hupt. Das Auto ist hübsch klimatisiert, würde man es abstellen und das Essen selbst im Laden holen, müsste man meterweit durch sengende Sonne laufen – und bei der Rückkehr gleicht das Auto einem Backofen.

Hinter ihm staut sich der Verkehr jetzt schon beachtlich. Alle hupen und stoßen über heruntergelassene Fensterscheiben Verwünschungen aus. Erste Autos scheren hupend aus dem Stau aus und nutzen die Gegenfahrbahn. Dort herrscht aber ebenfalls reger Verkehr, es ist ja Mittag. Ein paar Meter weiter befindet sich auf der anderen Straßenseite die indische Cafeteria, vor der ebenfalls Autofahrer anhalten und hupend Service verlangen.

Innerhalb von Minuten geht in beide Richtungen nichts mehr. Alle hupen und schreien sich an. Die Spontanparker sitzen das aus, schließlich haben sie Hunger. Ab und zu hupen sie mal, damit es mit dem Essen schneller geht. Der Besitzer der Imbissstube rennt mit flatterndem Gewand heraus, in den Händen zwei Plastiktüten. Der Kunde drückt ihm einen Schein in die Hand. Der Imbissbesitzer lamentiert, bittet um abgezähltes Geld. Schließlich rennt er zurück, um das Wechselgeld zu holen. Wenn sein Kunde einen guten Tag hat, legt er ihm ein kleines Trinkgeld drauf. Dann fährt der Mann weiter ... und ich natürlich eilig hinterher. Aber leider hält er an der nächsten Querstraße schon wieder mitten auf der Straße an. Da ist nämlich die Textilreinigung, sein nächster Stopp auf der Hup-Tour.

Es sind meist die Araber, die alles ans Auto getragen haben wollen. Vielleicht funktioniert es bei ihnen am besten, da der Imbissbesitzer sich nicht sicher sein kann, ob sie *Nationals* sind, und er Repressalien fürchtet, wenn er nicht spurt. Aber auch meine indischen Taxifahrer fragten mich ganz verwirrt: »Wieso steigen Sie denn aus? Es ist doch zu heiß! Wir können uns das Wasser ans Auto bringen lassen!«

»Aber dann muss der Verkäufer durch die Hitze, und das alle fünf Minuten.«

»Ja, schon, Ma'am, aber er ist doch nur der Verkäufer!«

Das Hupen ist so allgegenwärtig, dass die Kinder es schon bald in ihre Spiele hinten im Auto einbauten. Noah rief am ersten Wochenende in Katar: »Ich habe einen Autofahrer verschluckt. Und jetzt hupt er in meinem Bauch weiter.«

»Weißt du, Mama, was denen hier noch fehlt?«, fragte mich Tim ein paar Wochen später. »Eine Hup-App fürs Handy. Dann können sie auch hupen, wenn sie ihr Auto mal nicht dabeihaben.« Kichernd besprachen meine Kinder mögliche Features. »Wenn es an der Kasse nicht weitergeht, würden die bestimmt total gern laut hupen!«

Zumindest einen potenziellen Kunden für ihre App traf ich eine Woche später. Ich war frühmorgens bei Carrefour einkaufen, der Laden war noch angenehm leer. Ein hochgewachsener Mann in Dischdascha und Guthra stiefelte durch den Eingang und blieb abrupt stehen. Er sah sich suchend um, murmelte etwas. Dann hob er den Arm und schnipste. Niemand reagierte.

Minutenlang schnipste er und sah dabei immer irritierter aus. Die anderen Kunden in der Nähe sahen ihn genauso ratlos an wie ich. Auch der Security-Mitarbeiter, der den Eingang bewachte, war sichtlich perplex.

Ein zweiter Mann von der Security kam angesaust und besprach sich mit dem Schnipser. Dann zog er einen der Mitarbeiter von der Kasse ab, besorgte einen Einkaufswagen und schob Mann und Wagen dem Araber hin. Der Mann in Dischdascha nickte, endlich war sein Problem gelöst. Er bedeutete dem Carrefour-Mitarbeiter, den Einkaufswagen zu schieben, zog sein iPhone aus der Tasche und fing seelenruhig an, seine Einkaufsliste vorzulesen. Dabei blieb er immer hübsch ein paar Schritte hinter dem anderen Mann.

Ich versuchte, mir den Schnipser im Deutschland-Urlaub vorzustellen, für den – unwahrscheinlichen – Fall, dass er ohne Personal reiste. Ob er dann in München im Eingangsbereich bei

Käfer stehen und erst mal minutenlang schnipsen würde, bis er es aufgeben und selbst einen Einkaufswagen durch den Laden steuern würde? Und wie oft würde er wohl vor einer Raststätte hupen und darauf warten, dass jemand seine Bestellung aufnahm?

Auch in den eigenen vier Wänden funktioniert das anscheinend gut. Während unserer Wohnungssuche monierte ich bei einer Besichtigung gegenüber dem (arabischen) Makler, dass die Küche zwei Türen, aber nur einen Lichtschalter habe. »Wenn ich mir abends ein Glas Wasser holen möchte und aus dem Wohnzimmer in die Küche gehe, muss ich erst durch den dunklen Raum bis zum Lichtschalter tappen!«

Der Makler verstand mein Problem nicht.

»Ich kann dir das erklären«, bot meine Freundin Ina, die schon länger in Katar lebte, mit einem leichten Grinsen an. »Das ist ein arabischer Compound. Der Makler geht davon aus, dass du nie deine Küche betrittst. Wenn man abends vor dem Fernseher Durst bekommt, macht man einfach so«, sie klatschte in schneller Folge zweimal in die Hände, »und schon kommt das Hausmädchen aus der Küche und fragt, was man möchte. Dann bestellt man das Wasser.«

Die Hup-App meiner Kinder wird sicher mal ein voller Erfolg in den Golfstaaten.

ARABISCH IST LEIDER
NICHT GLEICH ARABISCH

»Das ist Petra. Sie kommt auch aus Deutschland.« So stellte mir Dahlia, eine arabische Kollegin von Mark, auf einer Party eine große dunkelblonde Frau vor, die ins Gespräch mit vier von Marks arabischen Kollegen vertieft war.

»Hallo, Frida! Schön, dich kennenzulernen!« Petras offenes Lächeln war mir gleich sympathisch.

Mir klappte die Kinnlade herunter, als Petra ihr Gespräch wieder aufnahm – und zwar auf Arabisch. Mit Ausnahme der Deutschen, deren Eltern aus der Region stammten, hatte ich bisher noch keine Deutschen in Doha getroffen, die Arabisch auch nur ansatzweise sprachen. Und Petra parlierte mühelos mit gleich vier Muttersprachlern gleichzeitig!

Schon seit unserer Ankunft in Katar spielte ich mit dem Gedanken, Arabisch zu lernen, also sprach ich Petra in einer Gesprächspause an. »Wo hast du Arabisch gelernt?« Ich fragte sie auf Englisch, da nur zwei der vier Kollegen gut Deutsch sprachen.

»Ich mache seit vier Jahren einen Arabisch-Sprachkurs an der Universität. Das Niveau ist ziemlich hoch.« Als Petra mir sagte, wie viele Stunden sie täglich lernte und an der Uni saß, die Fahrtzeit quer durch Doha noch gar nicht eingerechnet, verging mir allerdings etwas die Lust.

»Aber es ist doch toll, wenn du dann mit arabischen Kollegen und Freunden sprechen kannst!«, meinte sie, als sie mein Zögern bemerkte. »Die anderen werden dich darum beneiden!«

Sie hatte recht, ich war schon etwas neidisch.

Als Petra sich in Richtung Büfett entfernte, sah ich, dass Dahlia sich eins grinste. Auch um den Mund von Hamza, einem der vier arabischen Kollegen, zuckte ein Lächeln.

»Ihr seid böse«, zischte Mohammed, aber es klang eher belustigt.

»Was ist?«, fragte ich verwirrt.

»Sie spricht Hocharabisch«, erwiderte Dahlia.

»Ja, und?«

»Das klingt für unsere Ohren ganz seltsam. Dieses Arabisch hört man sonst nur in den Fernsehnachrichten.«

»Wieso, was sprecht ihr denn?«, fragte ich verblüfft.

Hamza zuckte die Schultern. »Jede Region hat eine eigene Form von Arabisch. Ich komme aus dem Libanon. Ein Ägypter versteht mich und ich ihn, genauso einen Omani oder Emirati, aber wir müssen manchmal schon wirklich gut hinhören.«

»Mein Mann Bilal ruft mich manchmal heimlich aus der Firma an, wenn er Meetings mit Kataris hat«, verriet Dahlia. »Ich habe nach dem Studium ein paar Jahre in einer katarischen Firma gearbeitet und verstehe das lokale Arabisch ohne Probleme. Bilal aber nicht. Dann schleicht er sich aus dem Meeting und ruft mich an: ›Schatz, pass auf, der Katari hat gerade gesagt ... Was meint er denn damit?‹«

Auch die Libanesen und Jordanier beschrieben die Unterschiede in den regionalen Akzenten so, dass sich mir der Eindruck aufdrängte, dass, wenn ägyptisches Arabisch dem Ruhrpott-Deutsch entsprach, katarisches Arabisch tiefstes Bayrisch war.

»Wobei Kataris noch besser verständlich sind als einige andere Golfnationen«, sagte Dahlia. »Jeder von uns spricht sozusagen mit einem starken Akzent. Und wenn Petra mit Hocharabisch kommt, wirkt das, als ob sie Nachrichten verliest oder hochoffizielle Ankündigungen macht. Was dann aber rauskommt ist: ›Hast du gesehen, dass es im Carrefour jetzt auch Schokohörnchen gibt?‹ Das klingt natürlich lustig.«

Zu Unrecht gilt im Westen *Modern Standard Arabic* (MSA) und *Classical Arabic* (Hocharabisch) als »Lingua Franca« der arabischen beziehungsweise muslimischen Welt. Die Kinder lernen es in der Schule, da es in den Medien, der Politik und (im Fall von Hocharabisch) der Religion verwendet wird. Aber, so betonten meine arabischen Bekannten immer wieder: »Es gibt niemanden, der MSA als Muttersprache hat oder es im Alltag benutzt. Es ist keine Konversationssprache.« MSA ist auch nicht die »neutrale« Form des Arabischen, als die es von Kursveranstaltern gern dargestellt wurde. Es ist eine 1300 Jahre alte Kunstsprache, in der es von archaischen Ausdrücken nur so wimmelt.

Jetzt verstand ich auch die belustigten und irritierten Reaktionen auf Petras Hocharabisch besser. Man muss sich nur vorstellen, zehn Bayern reden locker miteinander, und jemand stellt sich dazu und spricht langsam konsequentes Hochdeutsch – mit Ausdrücken, die seit dem Mittelalter nicht mehr verwendet werden.

»Was soll man denn dann stattdessen lernen?«, fragte ich, ehrlich interessiert.

»Natürlich ägyptisches Arabisch«, kam es von Dahlia wie aus der Pistole geschossen.

»Pah, libanesisches Arabisch ist viel schöner!«, hielt Mohammed dagegen.

Jeder schlug seine eigene Variante des Arabischen vor. Die verschiedenen Sprachfamilien in der Golfregion machen die Art von Witzen übereinander, die wir in Deutschland als Ostfriesen- und Sachsenwitze kennen.

In vielen Ländern setzte sich letztlich ägyptisches Arabisch als Unterrichtssprache für Kurse in Arabisch als Fremdsprache durch.

»Unsere Variante des Arabischen ist eben die neutralste«, behaupteten die Ägypter in meinem Bekanntenkreis.

Die arabischen Muttersprachler aus anderen Regionen lachten nur darüber. »Ihr seid einfach überall. Das ist der Grund.«

Sie waren sich aber schnell einig: Wir Western Expats sollten besser ägyptisches Arabisch als Hocharabisch lernen. Und beides war um Längen besser, als gar keins zu lernen.

Also erkundigte ich mich nach Kommunikationskursen in ägyptischem Arabisch. Ich wollte nicht unbedingt Arabisch lesen und schreiben lernen, sondern vor allem im Alltag parlieren können. Leider wurden solche Kurse in Doha noch nicht angeboten.

»Den ersten Kommunikationskurs gibt es in etwa einem Jahr«, sagte mir dann jemand. Bis dahin würde ich mich einfach mit ein paar Brocken Arabisch behelfen.

Man kommt mit Englisch richtig weit in Doha. Trotzdem gibt es arabische Ausdrücke, die in den Sprachgebrauch der Expats übergehen. Der berühmteste ist sicherlich *inschallah*. Im Gespräch mit Eltern und auch beim Sport stolperte ich dann allerorten über *maschallah*. Und wer erst mal weiß, was *yanni* und *walahi!* bedeutet – Ausrufe, die arabische Gesprächspartner auch gern im Deutschen oder Englischen einstreuen –, der kann sie schon viel besser verstehen.

Arabisch für Expats

al humdulillah: Gott sei (es) gedankt

habibi: Mein Schatz, Schätzchen. Oft zu hörender Ausspruch von Eltern gegenüber ihren eigenen, aber auch fremden (Expat-)Kindern. Das Kind weint beim Impfen? »Ach, habibi, bald sind wir fertig.«

inschallah: Reflexartige Ergänzung in jedem Satz, um bloß nicht durch Wünsche das Schicksal herauszufordern (»Wir sehen uns nächste Woche, inschallah«). Gern auch von Nicht-Muslimen benutzt, um sich aus der Affäre zu ziehen. Egal, ob man auf die Ausreisegenehmigung für das Haustier oder auf das Auto in der KFZ-Werkstatt wartet: Alles wird in »inschallah zwanzig Minuten« fertig sein – auch wenn es noch Stunden dauert.

mafi mushkila: Kein Problem! Meist dann benutzt, *wenn* es ein Problem gibt. Araber und Asiaten in Doha verwenden genauso das englische »No problem!«. Bei »No problem, Sir!« sollte man wachsam werden!

mashallah: Von Gott so gefügt. Reflexartiger Einwurf muslimischer Eltern, sobald ein Lehrer oder Trainer das Kind lobt (»Sie hat ein tolles Ballgefühl«, »Habiba fällt Mathe so leicht«). Der Aberglaube dahinter ist: Wenn jemand ein Kompliment macht, und man sagt nicht »mashallah«, ist man schuld, wenn etwas schiefgeht. Ähnlich unserem Ausdruck »Klopf auf Holz«.

okay: Hat am Golf nicht ganz die gleiche Bedeutung wie im Rest der Welt. Bedeutung fließend: »Von mir aus, aber du warst jetzt gerade tierisch unhöflich«, bis: »Ich tue jetzt so, als kümmere ich mich um dein Anliegen, aber in Wirklichkeit passiert nichts.«

walahi: Ich schwöre bei Gott (Allah). Wird in vielen Ländern inflationär im Gespräch benutzt, ähnlich wie im Deutschen »Ich schwör!«. Meine ägyptischen Bekannten behaupteten: Wenn ein Ägypter »Walahi!« sage, sei das, was folge, meist gelogen. So krass scheint es aber nicht zu sein: Wenn die Kinder sich danebenbenahmen, riefen die ägyptischen Eltern: »Walahi, wenn du deine Schwester noch einmal haust, gibt's den Rest des Tages iPad-Verbot!«

yalla, yalla: »Los! Hau rein! Beeil dich!« Gern von den Polizisten im Roundabout und von den Eltern vor der Schule benutzt.

yanni: arabische Version des im Englischen genauso exzessiv benutzten »you know« im Gespräch. Auf Deutsch je nach Kontext »... oder?«, »Du weißt schon« oder, wie der Schwabe sagen würde: »Weischt?«

HORRORKINO

Popcornduft durchzog die Lobby. Das war dann aber auch die einzige Gemeinsamkeit zwischen einem Kinobesuch in Doha und einem in Deutschland.
Wir waren dank des Feierabendverkehrs auf den letzten Drücker angekommen. Lange Schlangen standen vor den Kassen an. Traditionelle Golfgewänder dominierten, es gab aber auch Expats jeder Nation, Australier in Shorts genauso wie Asiaten und Europäer. Vor allem aber überraschend viele verschleierte Frauen. Und massenhaft Kinder! Einige waren so klein, dass sie noch nicht laufen konnten, die Eltern trugen sie auf dem Arm. In der Zwanzig-Uhr-Vorstellung?
Es ging nur langsam vorwärts, da der Kartenverkäufer den Pärchen in Golftracht immer wieder geduldig die möglichen Sitzplätze zeigte, erläuterte und auch dreimal umbuchte, wenn nötig. Ich freute mich, wie viele Familien vor uns in der Schlange standen. Wenn die alle in einen der beiden Kinderfilme gingen, würden wir im Actionfilm noch einen guten Platz bekommen, obwohl wir so spät dran waren.
Wieder falsch gedacht: Es waren nur noch eine Handvoll Plätze ganz vorn im Kino frei. Auf dem Weg in den Saal trafen wir alle Eltern wieder, die vor uns an der Kasse gestanden hatten. Direkt vor mir trug ein Papa ein Kind auf dem Arm, das höchstens zwei Jahre alt war. Ich verstand die Welt nicht mehr. Der Film war ab zwölf Jahren freigegeben, laut Internet-Rezensionen besser erst ab sechzehn, da er einige Gewaltszenen enthielt. Doch das schien in Katar nebensächlich: Die Plätze

neben unseren waren ausnahmslos von arabischen Kindern besetzt – ohne Begleitung. Sie schleppten sich mit Bergen von Verpflegung ab, als müssten sie damit eine Woche überleben. Wo waren die Eltern? Irgendwo auf anderen Plätzen?

Von der dargestellten Gewalt mal abgesehen, fragte ich mich, wie all diese Kinder unter zehn Jahren in der Lage sein sollten, dem Film zu folgen. Filme, die ab zwölf Jahren freigegeben sind, laufen in Katar in der Originalsprache mit arabischen Untertiteln. Wer nicht fix im Lesen ist oder fließend Englisch spricht, bekommt nicht wirklich viel mit.

Werbung gab es nicht, der Film lief schon, als wir uns hinsetzten. Er war zu laut eingestellt und dröhnte mir die Ohren zu. Action von der ersten bis zur letzten Minute. Zwischendurch witzige Dialoge – die ich aber nicht verstehen konnte, da man in den stilleren Momenten des Films die kleinen Kinder verzweifelt weinen und schreien hörte. Immer wieder klingelten Telefone, Leute sprachen sogar während des Films ins Handy.

Nach einer Viertelstunde geisterte das Licht eines Smartphones über die Reihen. Ein arabischer Herr eine Reihe hinter uns machte sich bemerkbar. Der Lichtkegel tanzte näher – und er bekam eine Pizza an seinen Kinoplatz serviert. Ich hätte zu gern gefragt, ob er die vorher bestellt hatte oder direkt per Liefer-App aus dem Kinosessel.

Zwischendurch gingen ein paar Leute. Das musste in Doha aber nicht unbedingt etwas mit dem Film zu tun haben. Wenn es spät wurde, wenn der Chauffeur vorfuhr, wenn die nächste Verabredung dran war … dann ging man eben einfach, mitten im Film.

Der kleine Junge von etwa vier oder fünf Jahren rechts von mir hatte fast ununterbrochen geweint und schlief nach der Hälfte des Films vor Erschöpfung ein. Noch während des Abspanns verließen die Araber fluchtartig den Kinosaal. Nur der kleine Junge neben mir nicht. Das Licht ging an – er schlief weiter. Ich sah mich um. Es war niemand mehr außer uns im Raum. Vorsichtig stupste ich den Jungen an. Keine Reaktion. Er erinnerte mich an Noah: Wenn der einmal schlief, konnte ihn auch nichts wecken.

Mark und ich versuchten jetzt gemeinsam, den armen Kerl zu wecken. Mit einem Mal tauchte ein älterer Junge vor uns auf. Er drängte uns beiseite und schüttelte den Kleinen durch. »Abdulaziz!«

»Ist das dein Bruder?«, fragten wir ihn auf Englisch.

»Ja.«

»Wo sind denn eure Eltern?«

»Die warten auf uns. Ich muss ihn wecken.« Er brüllte den kleinen Bruder auf Englisch an: »Wake up! Wake up!«

»Warum haben eure Eltern Abdulaziz nicht mit aus dem Kino genommen?«

»Ach, die waren gar nicht im Kino. Die haben mir eine Kinokarte für den Alien-Film im anderen Kinosaal gekauft. Abdulaziz wollte unbedingt in diesen Film hier.«

»Und deine Eltern?«

»Die waren shoppen. Aber jetzt sind die Geschäfte zu. Wir müssen los!«

Abdulaziz kam zu sich und ließ sich schlaftrunken auf die Beine ziehen. Getränkebecher und Nachoteller kullerten auf den Boden. Das ganze Kino sah aus wie ein Schlachtfeld: Auch die Erwachsenen hatten einfach alles auf den Boden geworfen. Egal: Da kamen schon zwei Inder in den Uniformen einer Reinigungsfirma und liefen emsig durch die Reihen.

Wir begleiteten die beiden Jungs aus dem Kino in die angrenzende Mall. Die Läden waren geschlossen, es war schon kurz vor elf. Die Eltern der Kinder waren nirgends zu sehen. Sie rannten auf den Ausgang Richtung Parkplatz zu. Wir folgten ihnen, weil wir uns Sorgen machten. Auf dem Parkplatz nestelte der ältere Junge ein Handy aus der Tasche seiner Dischdascha und telefonierte. Kurz darauf hielt mit quietschenden Reifen ein SUV vor den Kindern. Der schlaftrunkene Abdulaziz wurde ins Auto gehievt, dann waren sie beide verschwunden.

Jeder abendliche Kinobesuch fand für uns in Begleitung arabischer Kinder statt, vom Säugling bis zum Schulkind. Die Kindervorstellungen nachmittags waren stattdessen mit Expat-Kindern und ihren Müttern bestückt.

Wir haben es nur ein einziges Mal erlebt, dass ein Kartenverkäufer sich weigerte, Eltern mit einem Kind ins Kino zu lassen. Der Junge war schätzungsweise vier Jahre alt. Seine Eltern, ein junges arabisches Pärchen in Abaya und Dischdascha, wollten unbedingt einen Horrorfilm sehen. Der Film war in Katar, genau wie in Europa, erst ab achtzehn freigegeben. Die Eltern regten sich auf, als der Kartenverkäufer ihnen immer wieder sagte, der Film sei nichts für Kinder.

»Das entscheiden ja wohl wir, ob unser Kind den Film sehen darf! Nun verkauf uns schon die Karten!«

»Nein, es tut mir so leid, Sir. Das geht leider nicht!«

Das Palaver ging über zehn Minuten. Der Kartenverkäufer bot andere Filme an, die sie »with your baby« sehen dürften: ein Action-Shocker und zwei Horrorfilme ab sechzehn. Nein, das wollten sie alles nicht. Es musste partout dieser sein, bei dem mir schon das Poster Albträume bescherte. Schließlich zogen sie lamentierend und ein Nachspiel androhend von dannen.

Keine arabische Familie, mit der wir sprachen, fand es verwerflich, ein Kleinkind mit in einen Actionfilm ab sechzehn zu nehmen oder ein Kindergartenkind »First Person Shooter« auf dem iPad spielen zu lassen. »Es ist doch nur eine App! Noch einen Tee, Frida?«

Aber was bekommt man in Katar im Kino nicht zu sehen, egal, ob man vier oder vierzig ist? Zärtliche Küsse. Händchenhalten zwischen unverheirateten Menschen. Tröstende Umarmungen. Alles ratzfatz rausgeschnitten. Denn so etwas kann man ja nun wirklich weder Kindern noch Erwachsenen zumuten.

UNSERE MIA

»Wir fahren morgen zu Mia.« Damit ist in Doha keine Katze oder Freundin gemeint, sondern das Museum of Islamic Art (MIA).

Das MIA wurde 2008 auf einer eigens angelegten Insel gegenüber der halbmondförmigen Corniche, Dohas Uferstraße, erbaut. Auf diese Weise muss es nicht mit anderer Architektur konkurrieren und wird auch nicht von höheren Gebäuden verdeckt. Es lässt zudem einen Panoramablick auf Doha zu, den man sonst nur vom Boot aus genießen kann. Die Insel selbst besitzt ebenfalls eine halbmondförmige Bucht, die die Form der Corniche im Kleinen spiegelt. Das Museum steht auf einem »Riegel« quer in dieser Bucht. Den meisten Raum auf der Insel nimmt ein großer Park mit Spielplätzen und künstlichen Hügeln in Richtung West Bay ein.

Es wäre leicht, eine Beschreibung des MIA vollzustopfen mit den Superlativen des Baus. Hier wurden keine Kosten und Mühen gescheut, das sieht man in allen Details. In dieser Hinsicht ist das Museum ein Sinnbild für das moderne Doha und seine Vorzeigebauten. Viel spannender finde ich die architektonischen Anspielungen und Ideen.

Der kantige »Pyramidenturm« erinnert an die berühmte Glaspyramide des Louvre (ein Entwurf desselben Architekten) und ist doch fest verwurzelt in der Region. Denn die grelle Sonne bringt den hellen Stein des Gebäudes zum Gleißen. Scharf umrissene Schatten wandern Stunde um Stunde über die Ecken und Kanten der Fassade. Das Gebäude erinnert an Sanddünen und wirkt auch aus der Ferne wie abstrakte Kunst in 4-D. Das halbrunde Fenster auf jeder Seite des obersten Blocks der Pyramide erscheint vielen wie das verschleierte Gesicht einer muslimischen Frau. War das die Absicht des Stararchitekten I. M. Pei? Wer weiß. Besonders aus der Entfernung betrachtet, verwandelt das Fenster das Museum in eine Frauengestalt, die schützend über die Corniche, das Herz Dohas, wacht.

Das MIA wurde für mich rasch zu einem Fixstern im täglichen Chaos der Stadt und zu einem meiner Lieblingsorte, um dem Straßenverkehr und den immer gleichen Malls zu entfliehen. Für jede Stimmung hielt das Museum eine passende Überraschung parat. Der Hof, der der Stadt zugewandt ist, heißt der »laute Hof«. Die vielen Wasserfontänen sprudeln dermaßen stark, dass sie (vermutlich nicht ganz zufällig) den Lärm der Stadt überdecken. Das aufgewirbelte Wasser legt sich als erfrischender Sprühnebel über die Besucher. Man kann den Hof daher auch in der prallen Sonne genießen. Die Ohren ignorieren irgendwann den Krach von Autos und Wasser, und man genießt nur die Ausblicke auf die Stadt und auf den Jacht- und Dau-Hafen gleich nebenan.

Ganz anders der »stille Hof« auf der anderen Seite des Gebäudes, der einen Blick auf das Meer und die West Bay bietet. Er ist von vier flachen Wasserbecken bedeckt. Dazwischen führen schnurgerade Wege entlang, die sich in der Mitte des Hofes treffen. Unter einem Sonnendach kann man in Stille verweilen. Ein Geschenk im ständigen Tosen Dohas.

Eine beliebte Location fürs Doha-Wochenende ist der Park rund um das MIA. Eltern mit Kindern kommen hierher wegen der Spielplätze. Expats, die das ständige Mall-Shoppen leid sind, besuchen den Handarbeitsmarkt, der in den Wintermonaten hier abgehalten wird. Und viele Expats, Angestellte der großen Firmen genauso wie einfache Bauarbeiter, kaufen sich im Park-Café einen Karak oder einen Kaffee und erklimmen die künstliche Anhöhe. Karak ist übrigens das inoffizielle Nationalgetränk Katars. Zwar wurde dem *Qahwa*, dem katarischen Kaffee, ganz zu Recht ein Denkmal auf der Corniche gesetzt. Aber der Milchtee Karak ist das Immer-und-überall-Getränk Dohas.

In der Abenddämmerung sitzt man einträglich nebeneinander, das Handy und den Gewürztee in der Hand, mit Blick aufs Meer und die Wolkenkratzer der West Bay. Hier kann man sich als Teil des glitzernden, modernen Doha fühlen, während der Alltag der meisten sich in den staubgrauen Vierteln auf Dohas »Rückseite« abspielt.

Kaffeekultur

Gahwa, oder auch *Qahwa* geschrieben, heißt schlicht »Kaffee«. Es unterscheidet in der Praxis den typischen normalen »Coffee« vom arabischen Kaffee. *Qahwa saada* ist ein Kaffeegetränk aus leicht gerösteten (»grünen«) Kaffeebohnen, die gemahlen mit grünem Kardamom und weiteren Gewürzen aufgekocht werden. Er wird in einer *Dallah*-Kanne warm gehalten und in kleinen henkellosen Tässchen (genannt *Finjan*) serviert. Dazu reicht man Datteln als Süßungsmittel. Das Wort *coffee* geht übrigens angeblich auf *qahwah* zurück. Aus *qahwah* wurde im Türkischen *kaveh* und daraus das holländische *koffie*. So wurde es mir zumindest in Katar erzählt. Ein Katari, den ich später kennenlernte, hielt dagegen und sagte, dass Gahwa das arabische Wort für Java sei.

Den besten katarischen Würzkaffee bekam ich bei einem Besuch des Msheireb-Projekts auf deren Ausstellungsbarke serviert. Am Ende der Tour mit Tims Klasse ließ unser katarischer Guide eine Kanne frischen *Gahwa* aufbrühen, packte die Datteln aus – und unterhielt sich sicher eine halbe Stunde mit uns. Er beantwortete alle Fragen und beschrieb mir, wo ich im Souk den Laden finden würde, wo man diese Kaffeemischung kaufen konnte.

Diana Untermeyer, die Frau des ehemaligen amerikanischen Botschafters in Katar, schreibt in ihrem Buch »Sand, Sea, Sky«, dass die Kataris nicht arrogant seien, sondern an eine ganz andere Kultur gewöhnt, in der die meisten neuen Kontakte von einen gemeinsamem Bekannten vermittelt werden. Man lernt in dem Sinne keine »Fremden« kennen. Und man springe sich auch nicht so an, wie es die Expats gern machten, sondern man nehme sich die Zeit, »mit dem anderen zu sitzen«. Was heißt das? Man trinke einen Kaffee oder einen Tee, unterhalte sich dabei über Belangloses und lerne sich ganz in Ruhe näher kennen. Dieses westliche »Okay, wir haben jetzt zwei Minuten über das Wetter gesprochen, jetzt kommen wir aber mal endlich zum Business!« ist anscheinend nicht nur den Kataris, sondern vielen Arabern aus der Region fremd.

RAMADAN ODER:
ACHTUNG, RANDALE

Nach einem halben Jahr ging es auf unseren ersten Ramadan zu. Durch die Schilderungen der anderen Expats hatte der Ramadan-Monat für mich schon fast mythische Ausmaße angenommen. Seit Tagen fuhren Kollegen und Bekannte zu Hamsterkäufen in den QDC, um Alkohol zu bunkern, denn der QDC würde für die gesamte Dauer des Ramadan schließen. Mark und ich kauften, etwas ratlos, ein paar Packungen Schweinespeck, Aufschnitt, Bier und Wein.

In den Supermärkten wurden lange Tische aufgebaut mit einem großen Angebot an Trockenfrüchten und verschiedensten Sorten Datteln. Mit einer Dattel wird traditionell abends das Fasten gebrochen, daher hat sie einen besonderen Stellenwert im Ramadan-Monat. Ich kostete mich zum ersten Mal durch die verschiedenen Sorten und wurde vom Dattelhasser zum Datteljunkie. Die Geschmacksunterschiede waren unglaublich – und hatten alle nichts gemeinsam mit den typischen trockenen Supermarktdatteln in Deutschland.

Da Ramadan auf dem Mondkalender beruht, wandert der Termin. Die Schulen in Katar versuchen, die Sommerferien so zu legen, dass möglichst viele Wochen des Ramadan in die Ferienzeit fallen. Mit dem Ergebnis, dass die Sommerferien während unserer Zeit in Katar immer früher begannen.

Da es vorher kein anderes Thema gegeben hatte, weder privat noch in der Schule, und alle Zeitschriften voll von »Unsere Tipps für einen guten Ramadan!« waren, hatte ich sonst was erwartet. Am Tag eins des Ramadan passierte ... nichts. Nirgends wies etwas Außergewöhnliches auf den Fastenmonat hin, nirgends sah ich besondere Deko. Im Alltag machte sich der Ramadan allerdings bemerkbar: Die Straßen waren tagsüber deutlich leerer als sonst. Viele Behörden waren komplett geschlossen, die Firmen und Schulen starteten später und machten früher Feierabend, aus Rücksicht auf die fastende Bevölkerung.

Auch wir Nicht-Muslime mussten immer wieder unfreiwillig mitmachen. Eines Morgens zu Beginn des Ramadan wollte ich mir einen Kaffee kaufen – und stand vor dem verschlossenen Starbucks. Auch die Supermärkte öffneten später als sonst. Bei Starbucks durfte man tagsüber nur Getränke »to go« kaufen, und es gab kein Essen. Die Magnolia Bakery musste genauso wie alle anderen Gastrobetriebe bis zum Sonnenuntergang geschlossen bleiben. Dafür hatten sie dann aber bis ein oder zwei Uhr morgens geöffnet, denn die Menschen wollten natürlich möglichst lange essen können.

Da die Belegschaft das Essen trotzdem vorbereiten musste, ohne fastenden Muslimen den Zahn lang zu machen, waren die meisten Cafés und Restaurants mit dicken Samtvorhängen verhüllt. Dahinter werkelten die Angestellten heimlich bei Funzellicht. Alle paar Meter dunkle Samtvorhänge, hinter denen es geheimnisvoll raschelte – das gab unserer kleinen Dar al Salam Mall einen Anstrich von Vampirfestival.

Kurz vor Sonnenuntergang ging dann die Rushhour los: Die Fastenden, die sich tagsüber in ihren kühlen Häusern ausgeruht hatten, sprangen ins Auto und füllten die Straßen. Denn mit Sonnenuntergang ging es erst in die Moschee, und nach dem Gebet gab es endlich Iftar – das Fastenbrechen, das gern im Kreis von Familie und Freunden gefeiert wird oder auch im Restaurant. Die Leute waren hungrig, durstig, ungeduldig – und ließen ihren Frust im Straßenverkehr raus.

Ein Erlebnis während meines ersten Ramadan fasst den Ramadan-»Spirit« in Katar für mich gut zusammen. Vormittags waren die Straßen schön leer, ich hatte mich daher doch mal wieder in den LuLu-Supermarkt gewagt, denn hier war die Abteilung mit Haustierbedarf besonders groß – und im Compound wimmelte es nur so von herrenlosen Katzen.

Die großen Parkplätze waren wie erhofft leer, nur die in der Nähe des Eingangs waren alle besetzt. Kein Wunder: Die Sonne briet uns mit fünfundvierzig Grad im Schatten. Nach dem Einkauf schob eine andere, ebenfalls westlich aussehende Frau ihren beladenen Einkaufswagen neben meinem her, während wir den Supermarkt verließen. Wir lächelten uns an, ich ließ sie an der Tür vorausfahren. Dort kam sie aber nicht weiter, da jemand sein Auto auf der Rampe für die Einkaufswagen geparkt hatte. Wir schimpften beide vor uns hin und mühten uns in der Gluthitze ab, unsere beladenen Wagen vom Bordstein zu fahren, ohne sie umzukippen. Einige arabische und indische Männer beobachteten uns dabei desinteressiert.

Dann ging es los: Ein Mann trat an das geparkte Auto, den Schlüssel in der Hand.

»Ey, du kannst doch nicht einfach die Rampe zuparken!«, fuhr ihn einer unserer Beobachter in arabischem Englisch an.

»Sag du mir nicht, was ich kann oder nicht!«, motzte der Falschparker.

Die Frau neben mir zog an meinem Wagen, zurück in Richtung Tür. »Wir verziehen uns besser«, raunte sie mit starkem russischen Akzent.

»Kommst du mir blöd, häh?« Der Mann holte aus und ballerte dem Falschparker die Faust mitten ins Gesicht.

Der andere stieß einen Schrei aus, wirbelte herum und prügelte zurück.

»Was tun die denn?« Ich war völlig fassungslos. So etwas hatte ich in den sechs Monaten in Doha noch nie erlebt.

Die Frau neben mir sah mich mitleidig an. »Your first year in Doha?«

Ich nickte.

»Welcome to Ramadan, honey.«

In den Schilderungen meiner arabischen Freunde ist der Ramadan eine Zeit der spirituellen Einkehr. Körper und Geist kommen zur Ruhe beim Fasten, körperliche Ablenkungen wie Tanzen, Sex, Oberflächlichkeiten aller Art sind (zumindest am Golf) verboten. Die Menschen spenden für wohltätige Zwecke und nutzen die Iftar-Feiern am Abend, um mit Freunden und Familie genauso wie mit völlig Fremden das Fasten zu brechen und den Ramadan zu feiern. Moscheen veranstalten große Iftar-Essen, bei denen an langen Tischen Arme neben Reichen sitzen, die vorher gemeinsam gebetet haben. Mir ist ein Foto aus Mekka unvergessen, das ich in einer Zeitung sah: Die langen Tafeln warten auf die Pilger, zwischen den leeren Tellern stehen Schüsseln mit Datteln bereit – und eine kleine Straßenkatze sitzt an einem der Plätze und wartet geduldig, dass es bald etwas zu essen gibt. So schön, so gut.

Nicht nur meine Freundin Alia stöhnte über das viele Essen. »Aber was soll ich machen? Man darf keine Iftar-Einladung ablehnen, das ist sehr unhöflich. Und wenn man nicht alles isst, was die Gastgeber einem vorsetzen, ist das eine Beleidigung. Dann laden auch noch die Firmen zum Iftar-Essen ins Hotel ein – es hört nicht auf. So viel Essen!«

Der Ramadan hat neben Hunger und Überfluss aber auch bedenkliche Begleiterscheinungen, die so vom Religionsgründer wahrscheinlich nicht gedacht waren: Die Kranken und Alten fasten oft mit, obwohl sie das gar nicht müssen. Jeden Tag fuhren Krankenwagen unseren Compound an und nahmen Senioren mit, die Kreislaufprobleme hatten, dehydriert waren oder deren Medikamente sich nicht mit dem Fasten vertrugen. Selbst die Kinder, die noch gar nicht fasten müssten, wurden davon angesteckt. Eltern aus der Grundschule sahen es als normal an, dass die Kinder »Minarettfasten« mitmachten. Sie sollten »nur« durchhalten, bis der Muezzin zum Mittagsgebet rief. Etliche Kinder in der Grundschule fasteten auch auf eigene Faust, obwohl die Eltern es gar nicht von ihnen verlangten. Sie lagen dann mit Durst und Bauchkrämpfen in der Sitzecke von Tims

Klasse. An regulären Unterricht war da natürlich nicht zu denken.

»Aber Ramadan am Golf ist anders als Ramadan in anderen Ländern«, sagte mir ein ägyptischer Kollege von Mark, als wir mit Freunden beim Iftar-Essen im Hotel zusammensaßen. Ich hatte gerade meine ersten Ramadan-Eindrücke geschildert. »In Ägypten bleiben alle Restaurants und Geschäfte auch tagsüber geöffnet. Nur hier am Golf wird es mal wieder so übertrieben.«

»Aber ihr fastet doch auch?«

»Klar, aber wenn du als Expat in Ägypten leben würdest, würdest du vom Ramadan nicht so viel mitbekommen. Es ist mehr ... Privatsache als hier in Katar.«

Und diese private Seite des Ramadan war auch das, was mich mit diesem wirklich seltsamen Monat am Golf versöhnte. Auch wir luden zum Iftar-Essen zu uns nach Hause ein. Freunde und Kollegen brachten Essen mit und unterhielten sich angeregt, noch ohne Getränk in der Hand. Dann versammelten sich die muslimischen Männer in unserem Wohnzimmer, die Frauen in ihrem vor Blicken geschützten Bereich im Obergeschoss. Ich hatte aus dem Frauen-Versammlungszimmer, dem Majlis, zwar mein Arbeitszimmer gemacht, aber es war Platz genug. Sie beteten gemeinsam, dann reichten wir Platten mit köstlichen Datteln herum. Erst jetzt begann das eigentliche Fest, das mir besonders wegen der internationalen Besetzung im Gedächtnis geblieben ist. Araber und Deutsche waren genauso anwesend wie philippinische Familien, ein Freund aus der Slowakei, Kollegen aus Südafrika, Irland, Polen und den Niederlanden. Einen amerikanischen Kollegen von Mark erkannte ich kaum wieder, da ich ihn bisher nur im Anzug als »Amerikaner« getroffen hatte. Zum Iftar-Essen erschienen er, seine Frau und ihre drei Kinder in weißen Gewändern, er mit weißem Turban. Erst jetzt erfuhr ich, dass seine Familie ursprünglich aus dem Sudan stammte – was ich seinem perfekten Englisch aber nie angehört hatte.

Für mich war das Fest ein Symbol für das Expat-Leben in Katar. Es ist dort angenehm leicht, mit Menschen aus anderen Ländern, Kulturen und Religionen in Kontakt zu kommen.

Viele der Vorschriften im katarischen Alltag, wie zum Beispiel die strengen Vorgaben für den Ramadan, sind für Westeuropäer zunächst unverständlich und auch befremdlich. Der Emir regiert das Land und sein Volk mit einer paternalistischen Grundeinstellung. So etwas haben wir in Europa nicht mehr. Man stelle sich den eigenen Vater als Staatsoberhaupt vor, der den Untertanen, sobald es schwierig wird, sagt: »Kind, zerbrich dir nicht den Kopf. Ich regele das für dich.«

Die Gesellschaft ist immer noch in Familienclans organisiert, ein Relikt aus der Zeit, als die Menschen als Nomaden und in Stämmen organisiert durch die Wüste zogen. Es gibt Verflechtungen zwischen den Clans, und es gibt Hierarchien. Bei Gesprächen mit Kataris fiel mir immer wieder auf, wie selbstverständlich sie dieses Weltbild weiterhin pflegten, nicht nur bei den Treffen auf den Sofas der Majlis. So traf ich bei Tims Schulausflug in einen Park einen katarischen Tierarzt. Obwohl er eine leitende Funktion innehatte, lief er den ganzen Tag in einem beigen Arbeitsoverall herum. Optisch war er also nicht von den arabischen Tierpflegern aus anderen Ländern zu unterscheiden. Er bekam Ärger mit einem katarischen Vater, so erzählte er uns, nachdem er den Sohn des Mannes zurechtgewiesen hatte, weil der durch den Zaun einen Pfau gepackt hatte, um dem Tier die Federn auszureißen.

»Der Mann hat mich angebrüllt, ich hätte sein Kind beleidigt. Der dachte wohl, ich wäre kein Katari, nur weil ich meine Dischdascha bei der Arbeit nicht trage. Da habe ich ihm gesagt: ›Natürlich bin ich ein Katari! Meine Familie ist viel wichtiger als deine, und du kannst nicht in so einem Ton mit mir reden!‹ Er hat mir nicht geglaubt, dass ich aus diesem Stamm komme, und mich weiter angeschrien. Da habe ich ihn aus dem Park werfen lassen.«

KAMEL AUF ABWEGEN

Was sagt die nette Mutter, wenn es an der Ampel von hinten aufgeregt aus dem Kindersitz quäkt: »Mama, da Kamel!«?
»Wie schön, mein Schatz.« Gütiges Lächeln. Süß, Kinder haben so eine tolle Fantasie. Bestimmt erinnerte Noah sich daran, dass er mit dem Kindergarten letzte Woche Kamele auf einem Freiluft-Event gesehen hatte.
»Mama, Kamel! Kamel! Da!« Die kleine Patschhand zeigte aufgeregt nach links.
Und sieh an – in diesem Moment kam tatsächlich ein Kamel ohne Reiter oder Sattel über die Ampelkreuzung gejoggt. Es hatte offenbar ohne Blessuren die Mesaimeer Road gekreuzt – vier Spuren in jeder Richtung. Vermutlich war es auf dem Tiermarkt ausgebüxt, der lag genau in der Richtung. Verdammt schnell, dieses Wüstenschiff. Bestimmt ein teures Rennkamel.
Hektisch fummelte ich an meiner Handtasche, um mein Handy für ein Foto rauszuziehen, aber bevor ich es schaffte, war das Kamel schon flott an unserem Auto vorbeigetrabt. Direkt an Noahs Fenster – er starrte ihm immer noch mit großen Augen hinterher.
Ich ließ das Fenster herunter und lehnte mich hinaus, um zu sehen, was jetzt passierte. Das Kamel lief in Fahrtrichtung in das Gewirr der Kleinstraßen von Abu Hamour. Ein Polizeiwagen sauste an uns vorbei, mit Blaulicht, aber ohne Sirene. Jedes Mal, wenn das Kamel anhielt, hielt auch das Polizeiauto an. Zwei Polizisten sprangen heraus und versuchten, das Tier einzufangen – mit bloßen Händen, ohne Halfter oder sonstiges

Gerät. Der Erfolg war dementsprechend: Das Tier sah die Beamten, machte einen kleinen Hopser und galoppierte weiter. Die Beamten sprangen wieder ins Auto und fuhren hinterher. Es sah aus, als hätte das Kamel seinen Spaß und könnte noch ewig Katz und Maus spielen. Vermutlich hätte es die traditionelle Abteilung der katarischen Polizei gebraucht, um es einzufangen: Die sitzen wenigstens auf Pferden. Vielleicht ging das Spielchen immer so weiter, und das Kamel läuft heute noch leichtfüßig durch die Gassen von Abu Hamour.

Verzückt las ich an dem Abend in meiner Bibel, dem *Qatar Residents' Guide*, dass man ein Babykamel schon für umgerechnet dreitausend Dollar kaufen konnte. Leider hielt Mark gar nichts von diesem doch so typisch katarischen Haustier.

Angeblich werden in den Kamelställen unweit des Tiermarkts nicht nur Kamele zum Verkauf gehalten, sondern auch zwei Sorten Kamele gezüchtet: die Rennkamele und die preiswerteren für den alltäglichen Einsatz. Wobei die deutschen Expats an dieser Stelle unweigerlich einwerfen: »Das sind Dromedare. Sie haben nämlich nur einen Höcker!« Die Araber benutzen aber für beide Sorten den Begriff »Kamel«. Auf den Alltagskamelen ritten Touristen einmal ums Wüstencamp und Tim und Noah mit ihren Klassenkameraden auf den Stadtfesten, die alle paar Monaten an verschiedenen Orten in Doha stattfanden. Früher waren Kamele auch Fleisch- und Milchlieferanten, und die Menschen in der Region tranken viel Kamelmilch, aber inzwischen wurde sie kaum noch produziert. Deshalb griff ich sofort zu, als ich ein paar Tage später in einem Supermarkt mehrere Sorten Kamelmilch fand – mit Gewürzen angereichert. »Passend für einen schönen Caffè Latte«, war mein Gedanke. Doch der Geschmack war gewöhnungsbedürftig. Kamel schmeckt stärker durch als die Ziege bei Ziegenmilch, aber es hat einen ähnlich kräuterig-herben Beigeschmack. Beim zweiten Kaffee dachte ich unwillkürlich: »Kein Wunder, dass sie hier inzwischen auf Kuhmilch umgestiegen sind.«

Die weitaus wichtigeren Kamele, aus katarischer Sicht, sind

die Rennkamele. Katar hat mehrere Pferderennbahnen – und Kamelrennbahnen. Die größte und bekannteste liegt in Al-Shahania und ist riesig: Die Tiere laufen auf Sandboden zwischen geteerten Fahrbahnen für begleitende Autos. Zu den großen Kamelrennen des Jahres treten bis zu sechstausend Kamele in Doha an. Da Wetten in Katar als unislamisch verboten sind, loben die Veranstalter hochwertige Preise für Lose aus. Da kann man schon mal ein Luxusauto gewinnen, was selbst für Kataris verlockend ist.

Spannender noch als die Tiere ist bei den Rennen jedoch das Verhalten der Menschen: Die Besitzer der Kamele rasen neben der Rennbahn in ihren Land Cruisern hinter ihren Tieren her und daddeln dabei an einem kleinen Joystick. Er bewegt einen Roboter auf dem Rücken der Kamele, der wiederum die kleinen Jungen ersetzt, die bis vor wenigen Jahren die Kamele mit Peitschenklatschen antreiben mussten. Angeblich sind Kamele so dumm, dass man sie nicht lenken kann, man kann sie nur antreiben. Ob es ein Mensch ist oder eine Maschine, die die Peitsche rotieren lässt oder am Zügel zieht, ist den Tieren offenbar egal.

Über einen eingebauten Lautsprecher im Jockey-Roboter kann jeder Kamelbesitzer sein Schätzchen zudem auch verbal antreiben – oder gleich aus dem offenen Autofenster. Mit dabei im Pulk: Kamerawagen der Nachrichtensender, denn die Rennen werden im regionalen Fernsehen übertragen. Die Folge ist ein unvorstellbarer Tumult, Lautsprecherdurchsagen der Rennbahn auf Arabisch gepaart mit Dutzenden von lauthals anfeuernden Kamelbesitzern. Definitiv mal was ganz anderes als ein Pferderennen.

HEIMATURLAUB UND HEIMATGEFÜHLE

Auch nach einigen Monaten im Land fühlte es sich für uns in Katar immer noch an, als wäre unser Urlaub nur aus Versehen in Verlängerung gegangen. Klar, wir gingen zur Arbeit, Noah ging in den Kindergarten und Tim in die Schule, aber »Alltag« war das nicht. Jeden Tag schon beim Aufstehen von strahlend blauem Himmel und Sonnenschein begrüßt werden. Jeden Tag Sandalen tragen. Keinen Gedanken an die Kleiderschichten der Kinder verschwenden: T-Shirt, Shorts, Sandalen und eine Mütze gegen die Sonne, fertig. Jederzeit, wenn uns danach war, zwei Minuten zu Fuß gehen und dann eine schöne Poollandschaft ganz für uns haben. Das Haus so groß, dass jederzeit aufgeblasene Pooltiere herumliegen konnten, die noch mal mehr Urlaubsfeeling verbreiteten.

Als wir nach längerer Zeit in Katar das erste Mal zurück nach Deutschland in die Sommerferien flogen, fiel mir erst im Vergleich auf, wie staubig grau unsere neue Heimatstadt war. Wie wenig Natur in der sengenden Sonne existierte. Meine Tagebucheintragungen während des »Heimaturlaubs« lesen sich wie trunken vor Glück: »Ist das toll, wieder in Deutschland zu sein! Wetter, Licht, GRÜN-GRÜN-GRÜN!«

Später: »Das Licht verändert sich durch Wolken, Wetter und wenn man den Standort wechselt. Das bin ich gar nicht mehr gewohnt.«

Oder auch: »Ich genieße so sehr, dass es nicht um achtzehn Uhr schlagartig dunkel wird. Diese ewige Dunkelheit selbst im Sommer, das macht ja depressiv.«

»Es gibt Brot, das nach was schmeckt!«

Die meisten Expat-Familien, die wir kannten, verbrachten die gesamten Sommerferien im Ausland. Genauer gesagt: die Mütter und Kinder. Die Väter kehrten nach maximal drei Wochen Urlaub zum Arbeiten nach Doha zurück. Die Restfamilie mietete sich in Ferienwohnungen ein oder hockte noch ein paar Wochen länger bei Verwandten auf der Sofakante. Viele Mütter mit Kindern im Kindergartenalter blieben gleich drei Monate aus Katar fort.

Wir wollten nicht auf der Sofakante hocken. Erstaunt stellten Tim, Noah und auch ich fest: Wir vermissten unser Leben in Katar. Die Kinder vermissten vor allem den Pool, die Spielplätze und ihre Freunde aus der Schule und aus dem Kindergarten. Ich vermisste unser Haus fast schmerzlich, den ständigen Sonnenschein und auch den Pool.

Als wir nach drei Wochen Deutschland wieder in Doha landeten und ins Taxi stiegen, war das Gefühl des ewigen Urlaubs mit einem Mal verflogen: Katar war unmerklich unsere Heimat geworden. Nicht so richtig, natürlich. Schon allein durch die strikte Trennung in *Nationals/Locals* und *Residents* blieb das Gefühl, keine Wurzeln schlagen zu können. Aber es traf mich trotzdem wie ein kleiner Elektroschock, als ich am Flughafen und in der Woche drauf in den Malls beim Einkaufen ganz deutlich spürte: Wir waren dieses Mal nicht »nach Katar« geflogen, wir waren »nach Hause« zurückgekehrt.

Ab jetzt wartete ich ungeduldig darauf, dass die Temperaturen endlich wieder auf unter vierzig Grad sanken, damit ich gemeinsam mit den Kindern meine Expat-Blase verlassen und unsere neue Heimat entdecken konnte. Ich hatte mir aus dem *Qatar Residents' Guide* und Gesprächen mit Expats, die schon länger in der Stadt lebten, Geheimtipps zusammengesammelt, was man in Doha jenseits der großen Einkaufszentren noch alles entdecken konnte.

Erster Stopp auf meiner Mission »Frida erlebt Katar ganz

nah«: der Tiermarkt in unserem Viertel. Der war eine Dauerinstallation aus Ställen und Koppeln, wo Kamele, Schafe und auch mal Ziegen gehalten und verkauft wurden. Gerochen hatten wir den Tiermarkt schon lange. Im Vorbeifahren erhaschte man durch Sträucher kurze Blicke auf die von grauem Staub bedeckten Ställe. Wirklich hinzufahren hatte ich aber noch nicht gewagt – ich wusste nicht, wo das Tor war, wann geöffnet war und wo man parken durfte.

Letztlich war es ganz simpel, wie so oft in Katar: Ich bog einfach von der viel befahrenen Mesaimeer Road in eine kleine Nebenstraße ab. Es gab kein Tor und keine Hinweisschilder. Aber die großen, mit Draht abgeteilten Koppeln, in denen Kamele dicht an dicht standen, waren unübersehbar. Tim und Noah hielt es vor Aufregung kaum mehr auf ihren Sitzen.

Ich parkte auf einem Geröllareal direkt neben einer Koppel, neben dem SUV einer blonden Frau, die gerade mit ihren beiden kleinen Kindern ausstieg. Meine Jungs hielten sich direkt hinter mir, während die andere Mutter vorneweg marschierte. »Assalāmu alaikum!«, rief sie mit skandinavischem Akzent und winkte einem Mann in einfacher grauer Tracht, der an einer der Koppeln arbeitete. Er sah kurz hoch, reagierte aber nicht.

Noch mehr Mütter der verschiedensten Nationalitäten, westliche und arabische, liefen mit ihren Kindern zwischen den Koppeln umher. Tim und Noah überwanden bald ihre Scheu und schlossen sich den anderen Kindern an. Es gab Babykamele zu bestaunen und erwachsene Kamele, die interessiert die langen Hälse über den Zaun reckten. Kein Wunder, dass »Kamele anschauen« eine der liebsten Kinderbeschäftigungen in Katar ist: Ihre runden Kuhaugen mit den endlos langen Wimpern sehen richtig süß aus. Ich schoss ein Foto nach dem anderen, denn die Kamele zeigten erstaunlich individuelle und witzige Gesichtsausdrücke.

Die Pfleger interessierte der Touristenbesuch nicht weiter. Sie versorgten die Tiere mit Wasser, während eine Schar Kinder sie umringte und ihnen bei der Arbeit zusah.

Bei uns Mamas regte sich derweil das frühere Pferdefieber: Wir wollten so gern Babykamele bürsten und beim Füttern helfen! Aber wir scheiterten an den Pflegern. Sie sprachen kein Wort Englisch und konnten (oder wollten) unsere pantomimischen Anfragen nicht verstehen. Sie konnten uns deshalb auch nichts weiter über die Kamele erzählen: Woran erkannte man ein Rennkamel? Konnte man den kleinen Kamelen schon ansehen, ob sie später ein »stinknormales« Kamel oder ein prima Rennkamel werden würden? Warum wurden sie überhaupt draußen in der prallen Hitze gehalten? Kamen sie abends in einen Stall? Wusch man den teuren Kamelen den Staub aus dem Fell? Es hielt sich hartnäckig das Gerücht, dass eine Deutsche ein paar Jahre zuvor ein Kamelshampoo erfunden und damit ein Vermögen am Golf verdient hatte.

Es frustrierte mich sehr, dass ich mal wieder an der Sprachbarriere scheiterte. Aber dann sah ich, dass es den arabischen Frauen keinen Deut besser ging. Die Pfleger waren, wie könnte es in Doha anders sein, Inder oder Bangladeschi und verstanden unsere Fragen nicht.

»Mama, ärger dich nicht!«, tröstete mich Tim. »Es ist sooo schön hier! Guck mal, wenn man denen einen Apfel hinhält, fressen die den aus der Hand.«

EINKAUFEN FÜR FORTGESCHRITTENE: IM DATTELPARADIES

»Sag mal, zahlt dir Carrefour eigentlich was dafür, dass du so oft den Namen erwähnst?«, fragte mich eine Freundin aus Deutschland bei einem unserer wöchentlichen Skype-Dates.

»Was soll ich denn sonst sagen?«, fragte ich etwas pikiert zurück. »Du sagst doch auch: ›Ich muss gleich noch in den Rewe.‹ Oder sagst du jedes Mal Supermarkt?«

In den folgenden Wochen achtete ich mehr darauf. Nicht nur ich, sondern auch meine Freundinnen in Doha nannten jedes Mal das Geschäft, wo sie einkauften, beim Firmennamen.

Mir ging auch auf, wieso: Je nachdem, welchen Laden man ansteuert, ist das »Einkaufserlebnis« in Katar sehr unterschiedlich. Wenn ich den Megamart erwähnte, klinkte sich vielleicht eine Freundin ein und schlug vor, doch gleich mit den Kids ins Kino zu gehen, wo wir schon dort waren. Wenn man den Carrefour ansteuerte, hängten sich oft mehrere Freundinnen an, damit wir gemeinsam im Café nebenan abhängen konnten. Auf die Idee wäre niemand gekommen, wenn ich zum LuLu oder in den Monoprix in der West Bay fuhr.

In Katar gibt es nämlich vier Kategorien von Geschäften, in denen man einkauft:

- Die klimatisierten Konsumtempel der »Megamärkte« wie Monoprix, Spinneys oder Megamart, wo eine Packung Küchenkrepp auch mal 18 Euro kostet und sechs Bio-Eier 8 Euro. Dafür gibt es exotische Dinge wie Backaromen, Roggenmehl oder Schoko-Osterhasen.

- Eine der ungefähr zwölf Carrefour-Filialen in Doha. Sie sind am ehesten mit unseren Edekas und Rewes vergleichbar. Hier gibt es ebenfalls »Spezialitäten« aus dem Ausland, aber man kann auch ganz normal und zu (für Katar) halbwegs normalen Preisen einkaufen. Es gibt mit etwas Glück sogar lokal produzierte Eier und Gemüse für kleines Geld.
- Die klimatisierten, aber eng zugestellten indischen und arabischen Supermärkte. Sie sind vergleichbar mit unseren Edekas und Rewes in den 1980er-Jahren und zum Bersten voll mit Menschen und Waren.
- Unter freiem Himmel im Souk und auf dem Großmarkt.

Als Mutter von zwei Kindern war ich gefühlt jeden Tag mit Einkaufen beschäftigt. Im Vergleich zu Deutschland brauchte ich in Katar viele Stunden mehr pro Woche nur dafür, denn Online-Shopping gab es nicht. Artikel wie Ingwer und Hühnchen, aber auch vieles, was man für einen neuen Hausstand brauchte, wie WC-Saugglocke, Gefrier-Akkus, Adapter, um elektronische Geräte zu verbinden, waren einfach »aus«, wenn man sie gerade brauchte, wochenlang. Anderes, wie Fieberzäpfchen, Jodid, Fimo, Laufräder, Kindersitze fürs Auto gab es einfach nicht. Das aber überhaupt erst einmal herauszufinden, erforderte viel Lehrgeld. Denn wenn man nach einem Artikel fragte, hieß es: »Oh, da haben wir gerade den letzten verkauft! So sorry, Ma'am. Kommen Sie in zwei Wochen wieder.« Immer war alles »gerade verkauft«.

Spätestens beim dritten Besuch riss mir dann regelmäßig der Geduldsfaden: »Geben Sie zu, Sie hatten dieses Ding noch nie!« Verlegenes Lachen. »Also bitte, Ma'am, ich lüge nicht. Genau dieses Ding gibt es bei uns – nur jetzt nicht.« Das hörte ich immer, egal, ob es sich um einen Adapter für den Blu-ray-Player handelte oder um eine Tetanusspritze beim Arzt.

> **Was kostet das?**
> Im Supermarkt, auf dem Flohmarkt und mit Handwerkern im Compound kam es immer wieder zu folgendem Gespräch.
> Frida: »Was kostet das?«
> Antwort jedes Mal: »Wollen Sie es kaufen?«
> »Das hängt davon ab, was es kostet.«
> »Wollen Sie es kaufen?«
> »Was kostet es?«
> Letztlich kaufte ich nicht, weil kein Preis zu erfahren war. Erst nach einiger Zeit sah ich, dass der Ablauf bei Arabern ganz anders ging.
> Araber: »Das kaufe ich.«
> Verkäufer: »Gern. Soll ich es Ihnen einpacken?«
> »Ja, bitte.«
> »Okay, bitte schön. Das macht dann 50 Riyal.«
> »50 Riyal?! Das ist ja wohl ein Scherz! Ich zahle höchstens 10 Riyal!«
> »Sir, das ist ein Festpreis! Ich darf leider nicht die Preise ändern.«
> »Sir« wirft die Tüte auf den Tisch. »Dann nehme ich es nicht.«
> Und geht mit beleidigtem Gesichtsausdruck weg.

In den ersten Monaten in Katar hatte ich mich nur in den Geschäften aus Kategorie 1 und 2 bewegt. Ab und zu machte ich einen Abstecher in einen indischen Supermarkt, aber da das Angebot kaum zu unserem Einkaufszettel passte und die Dinge, die wir kaufen wollten, auch nicht günstiger als zum Beispiel im Carrefour waren, kam das selten vor. Zudem wurde mir das Gefühl immer unangenehmer, die einzige Frau ohne männliche Begleitung zu sein, noch dazu die einzige unverschleierte Frau.

Eines frühen Morgens, meine Freundin Juliane aus Deutschland war gerade zu Besuch, machten wir uns auf den Weg zum

Großmarkt. »Geht unbedingt am frühen Vormittag hin«, hatte mir unsere Babysitterin Annette geraten, ihres Zeichens studierte Touristikfachfrau und Katar-erfahren. »Da sind die Waren noch frisch. Auch die gewerblichen Händler gehen morgens. Sie wissen, warum.«

Inmitten brachial rangierender, hupender SUVs und überladener kleiner Lastwagen suchten Juliane und ich einen Parkplatz. Alles im Umkreis von 500 Metern um den Großmarkt war schon belegt. Aber als typische Deutsche störte es uns nicht, eine Viertelstunde zu Fuß zu gehen.

Nach zehn Minuten Fußmarsch in der sengenden Sonne hatten wir jedoch bereits Halluzinationen von Schatten und kühlem Wasser. Fasste ich meine Haare an, waren sie heiß wie in der Sauna. Wir beeilten uns, endlich in den Schatten einzutauchen.

Wie so oft in Katar, lagen Erwartungen und Realität weit auseinander. Unter »Großmarkt« hatte ich mir eine kühle Halle mit Ständen vorgestellt. Tatsächlich befinden sich der Großmarkt und der Tiermarkt in Doha gemeinsam in einem großen asphaltierten Areal. Gemüse und lebende Tiere sind jeweils auf einer erhöhten, überdachten Betonplattform untergebracht. Dazwischen liegen mehrere geschlossene Gebäude, die klimatisiert sind. Hier werden Fisch und Fleisch verkauft.

Angeblich war der Fisch hier richtig frisch, aber es stank viel intensiver als in der Fischabteilung des Supermarktes. Für uns auch ungewohnt: Der meiste Fisch lag einfach in Plastikkisten auf dem Boden. In den Fleischmarkt wagten wir uns nach dem Erlebnis in der Fischhalle nicht hinein. Heraus kamen Männer, beladen mit großen Fleischmengen in blauen Plastiktüten.

Das Areal, wo Gemüse und Obst verkauft wurden, hatte etwa die Größe eines Wochenmarktes in einer deutschen Stadt. Hier drängten sich Hunderte Araber und Asiaten. Die meisten waren in Begleitung von einem oder mehreren Helfern, die meisten dunkelhäutige Inder, die die Einkäufe schoben. Es herrschte ein solches Gedränge, dass wir uns mit Gewalt zwischen zwei Ständen in die Menge quetschen mussten.

Die Ware befand sich in Plastikkisten auf dem Boden, das Angebot war ähnlich dem in den Supermärkten: Es gab vor allem aus Asien und Europa importiertes Gemüse und Kräuter. Die Preise aber waren verlockend: Mangos, Apfelsinen, Maiskolben, Kräuter – alles gab es nur kistenweise, portioniert für Restaurants oder Großfamilien, aber dafür spottbillig.

Abgesehen von zwei verschleierten Araberinnen, die mit je einem männlichen Angestellten unterwegs waren, waren Juliane und ich die einzigen Frauen – und die einzigen Western Expats. Die Stimmung war eine Mischung aus Souk, Wochenmarkt und ALDI. Der Lärm war unbeschreiblich, da alle lauthals ihre Ware anpriesen, beim Feilschen gegen den Lärm anschrien – und sich theatralisch mit großen Gesten anbrüllten, wenn zwei hochbeladene Karren zusammenstießen.

Nach einer Stunde hatten wir trotz des verlockenden Angebots noch nichts gekauft und waren völlig erledigt vom Gedränge und Lärm.

Als ich Annette später erzählte, dass der Großmarkt für uns etwas zu heftig gewesen war, zeigte sie Juliane und mir ein paar Tage später den staatlichen Markt. Der Eingang lag etwas versteckt einen Steinwurf entfernt vom Großmarkt. Die gesamte Marktanlage war umgeben von hohen Mauern. Über den Ständen waren Sonnensegel gespannt, sodass ein angenehmeres Klima herrschte als auf dem Areal des Großmarkts. Die Wege hier waren breit und so gut wie leer, und es liefen viel mehr Frauen herum als auf dem Großmarkt. Wir waren aber auch hier die einzigen unverschleierten Frauen und die einzigen Frauen ohne männlichen Begleiter.

Sobald wir durch das Tor traten, heftete sich ein in einen staubgrauen Kaftan gekleideter alter Mann mit Schubkarre an unsere Fersen und bot uns gestenreich an, uns beim Einkaufen als Träger zu helfen. Das kannte ich schon aus dem Souk: Alte Männer, die zu alt sind für eine reguläre Arbeit, leben davon, die Einkäufe für die Kunden zu transportieren.

Mit Händen und Füßen versuchte ich, dem alten Mann klarzumachen, dass wir ihn nicht brauchten, aber er ließ nicht locker. In *Doha News* hatte ich gelesen, dass diese Träger häufig obdachlos waren und unter den Verkaufsständen der Märkte schliefen. Sie hätten kein Bett, keinen Ort, um das hart verdiente Geld sicher aufzubewahren, keine sanitären Einrichtungen. Wir erklärten dem Mann immer wieder, dass wir ihn nicht brauchten, aber er folgte uns stoisch mit seiner Schubkarre. Schließlich gaben wir unsere Überzeugungsversuche auf und ließen ihn gewähren.

»Der Markt hier ist viel entspannter«, erklärte Annette, während wir an den Ständen vorbeibummelten. »Angeblich garantiert die Stadt den Händlern ihre Einnahmen, sofern sie sich an die Preise halten, die der Staat vorgibt. Den Händlern wird abends von der Stadt abgekauft, was sie am Tag nicht losgeworden sind. Den Händlern ist es also egal, ob sie zwei Kisten Orangen oder zehn verkaufen.«

Die Händler reagierten freundlich, wenn man sie ansprach, aber warteten ansonsten ruhig auf Kunden. Nur wenn man sich einem Stand näherte, priesen sie ihre »beste Ware« an – aber auch das geschah in Zimmerlautstärke.

Eine Kiste mit acht frischen Maiskolben für vier Euro? Ein großer Pappkarton Orangen für fünf Euro? Für jemanden, der die Preise der Expat-Supermärkte gewohnt war, war das Angebot verführerisch. Ich war dankbar für den Schubkarren-Opi, der immer noch hinter uns herzog, und kaufte ein.

»Es gibt auch noch einen Trick.« Annette tat geheimnisvoll. Sie ging zu einem Gemüsehändler und fragte ihn, ob er noch andere Paprika hätte als die, die auf dem Tisch lagen. »Homegrown.« Von ihm lokal produzierte. Er bückte sich hinter seinen Tisch und zog einen Pappkarton hervor. Darin lag ein Dutzend kleiner Paprika. Alle etwas windschief, aber frisch und knackig. Er schnitt bereitwillig eine Frucht auf und ließ uns probieren. Das Aroma war klasse.

»Es lohnt sich immer zu fragen. Viele der Händler bauen eigenes Gemüse an, manchmal nur auf dem Dach oder hinter dem Haus. So kannst du an lokal produzierte Ware kommen, die nicht erst eingeflogen wird.«

Wir entdeckten noch mehr Gemüse »made in Qatar«, dann ließen wir uns von unserem Schubkarrenfahrer die Einkäufe zum Auto bringen und entlohnten ihn.

»Du hast ihm zu viel gegeben«, meinte Annette, lächelte aber dabei. »Eigentlich wollte ich mit euch noch auf den Markt nebenan. Dort verkaufen Omanis omanische Waren. Aber du hast ihm so viel gegeben, dass er uns dorthin bestimmt hinterherfahren würde. Da brauchen wir ihn aber nicht.«

Der Mann ließ tatsächlich nicht locker.

Um ihn abzuschütteln, stiegen wir schließlich ins Auto ein und fuhren los. Der Schubkarrenfahrer drehte ab und schob zum Markt zurück.

Eine Straße weiter parkten wir am Straßenrand und stiegen wieder aus, um von der anderen Seite zum Omani-Markt zu gelangen, ohne Schubkarrenbegleitung.

Auf den ersten Blick sah der Markt aus wie der städtische Markt, nur ohne Mauern drum herum: Stände waren unter einem hohen, luftigen Sonnendach aufgebaut. Das Auffällige aber war das Angebot: riesige Mengen an Pflanzen, teilweise gigantisch große Palmen und Olivenbäume.

Der Omani-Markt wurde mit diesem ersten Besuch zu meinem zweitliebsten Markt in Doha. Es gibt dort alles Mögliche für Haus und Hof zu kaufen: Zubehör und Pflanzen für den Garten, Bauholz, Räucherwerk, Haushaltsgegenstände, die im Oman gebräuchlich sind, aber auch eine Vielfalt an Datteln. Mein Lieblingsmarkt in Doha war und blieb übrigens der Souk Wakif. Aber dazu an anderer Stelle mehr.

Eine Stunde lang wandelten wir wie verzaubert zwischen den Palmen, Bougainvilleen, Passionsfruchtsträuchern und Zitrusbäumen herum. Mich im Freien zwischen Pflanzen zu bewegen, die dufteten, blühten und mich meterhoch überragten, war nach den ersten Monaten im staubigen, trockenen und heißen Doha wie eine Offenbarung. Dazu kam das inzwischen ungewohnte Gefühl, nicht auf wild gewordene Autofahrer achten zu müssen und auch nicht von der Sonne gebraten zu werden. Ein Traum!

Der Markt wirkte nicht touristisch, sondern wie die arabische Variante eines ganz normalen Wochenmarktes. Direkt neben Räucherwerk und Gewürzen aus dem Oman und wunderschönen Korbwaren hingen schnöde Plastikgießkannen und billige Kochtöpfe. Wir kosteten hier und da auf Einladung der Händler reife Früchte direkt vom Baum, schnüffelten uns durch Räucherwerk und Gewürze. Die Stimmung war entspannt. Die Händler trugen Kaftan und Turban nach omanischer Sitte, hatten nicht viel zu tun, quatschten viel miteinander und strahlten, wenn man sich ihren Stand näher ansah.

Annette, die vor nicht allzu langer Zeit im Oman gewesen war, schwelgte im hiesigen Angebot. Sie wusste genau, was sie suchte – ein Räucherstövchen mit ausgefallener Form hier, ein besonderes Gewürz da –, und erklärte es dem jeweiligen Händler in Englischfetzen und mit Händen und Füßen. Mit Annettes Anweisungen versehen, tauchte er anschließend mit uns dreien in die Tiefen seines vollgestopften Standes ein und wühlte so lange in den Ecken, bis er das Gesuchte fand und triumphierend hochhielt.

»Wenn ich das gewusst hätte!«, stöhnte Annette mit einem Lachen. »Dann hätte ich gar nicht so viel im Koffer aus unserem Oman-Urlaub mitschleppen müssen. Das alles gibt es auch in Doha, und sogar günstiger als im Oman auf den Touristenmärkten!«

Auf dem Weg zurück zum Auto hielten wir am Rand des Marktes an einem Dattelstand. Meine heißgeliebten Khalas-Datteln sollten hier nur ein Drittel von dem kosten, was ich sonst im Supermarkt bezahlte. Ich wollte eine Tüte voll kaufen – doch da hatte ich die Rechnung ohne den arabischen Händler gemacht. Nein, erst einmal sollte ich natürlich kosten! Und Annette und Juliane auch. Er rief seine beiden Helfer herbei, die uns ebenfalls Datteln reichten.

»Try, try! Best dates!« Er bot uns zuerst nur die eine Sorte Khalas-Datteln an, da gab es nicht viel zu vergleichen, aber wir fügten uns gern in das Spiel: eine Dattel von links aus der großen offenen Schale, eine von rechts. »Ja, toll, immer noch lecker.«

Beim Anblick von drei Western Ladies in Sommerkleidern, die lächelnd Datteln verkosteten, schlenderten auch ein paar Händler von anderen Ständen heran, dann folgten ein paar Männer, die sich ihr Mittagessen an einem Foodtruck in der Nähe geholt hatten.

»Jetzt probierst du frische Datteln. Frische Sukkari! Die besten!«, drängte der Händler mich dann.

»Was sind denn Sukkari-Datteln?«, wollte ich wissen und schaute den Händler ratlos an.

»Was, du kennst keine Sukkari-Datteln?«, fragte mich Annette entgeistert. »Die *musst* du probieren! Sie kosten viel mehr als die getrockneten Datteln, aber sie sind ein Traum!«

Der Dattelhändler und seine zwei Gehilfen, die sich ihres Publikums sehr bewusst waren, machten eine Show daraus, eine Dose Datteln aus einem der vier Kühlschränke auszusuchen. Übrigens Kühlschränke, die im Freien liefen bei vierzig Grad im Schatten. Jeder der Umstehenden kostete, auch die Dattelverkäufer selber, und stießen mehrsprachige Lobeshymnen auf die frischen Früchte aus. Juliane und ich waren ebenfalls hin und weg. Dass eine Dattel einen derart vielfältigen Geschmack haben kann, mit immer neuen Nuancen – und auch so anders schmeckte als meine bisherigen Lieblinge Medjool und Khalas –, konnten wir kaum glauben.

»Also, nimmst du Khalas-Datteln oder diese hier?«, fragte irgendwann der Händler.

»Beide. Eine Dose Sukkari für mich«, ich zeigte auf mich, »und Khalas für meine Kinder.« Ich zeigte mit der Hand in Hüfthöhe.

»Oh, Kinder!« Das Stichwort für die kinderlieben Araber. »Eine gute, gute Wahl!«

Auf die Frage des Händlers, wie viel er für meine »Babys« in die Plastiktüte füllen sollte, machte ich wohl eine etwas großzügige Handbewegung, mit der Folge, dass er mir sogar zwei Tüten packte. »One for your kids, one for you, eh?«

Die umstehenden Männer rieten uns, nach solch leckeren Datteln müssten wir einen guten Karak trinken, und geleiteten uns zum Foodtruck in der Nähe. Dort gab es für einen Riyal (etwa 20 Cent) für jede von uns ein Teeglas, gefüllt mit gesüßtem Milchtee. Meine Nase meldete beglückt »Kardamom!«, und ich schlürfte voller Genuss das aromatische Getränk.

Zu Hause schleppten Juliane und ich unsere Einkäufe ins Haus, setzten uns anschließend mit einer Scheibe Honigmelone auf die Couch – und schliefen fast vor Erschöpfung ein. Erst jetzt wurde uns bewusst, dass uns Sonne und Hitze trotz der Sonnensegel während unseres Kaufrausches stundenlang zugesetzt hatte. Wir waren körperlich so fertig, dass wir uns erst einmal hinlegen mussten und auch vier Stunden später noch nicht wieder fit waren.

Trotzdem wurden fortan der staatliche Markt und der Omani-Markt für unsere Familie zu echten Konkurrenten für all die Megasupermärkte. Ich liebte das Gefühl, nicht ständig in der künstlichen Atmosphäre einer Mall eingeschlossen zu sein. Allein wagte ich mich aber nicht dorthin, sondern nahm immer eine Freundin mit. Sonst fühlte ich mich zu »allein unter Männern«. Wir genossen das pittoreske Ambiente unter den Sonnensegeln und die Eigentümlichkeiten wie den alten Mann, der die Einkäufe in der Schubkarre hinter uns herschob, und fühlten uns wie die Prinzessin im Morgenland.

ENTHÜLLUNGEN – MEINE ERSTE ABAYA

Die Frau ganz in Schwarz vor mir an der Theke des Coffee Shops beugte sich zu ihrem Sohn und flüsterte ihm zu: »Pumpkin Spice Latte. No cream.«

»Was bitte, Ma'am?« Der Barista hielt abwartend zwei Pappbecher in der Hand.

Der Junge, höchstens zehn Jahre alt, gab die geflüsterten Wünsche seiner Mutter im Kommandoton an den Barista weiter. Als es ans Bezahlen ging, zückte der Sohn die Geldbörse mit EC-Karte. Seine Mutter gehörte offenbar entweder zu einer konservativen Familie, wo die Frauen noch nicht einmal Geld verwalten dürfen, oder es war ihre Geldbörse, aber sie durfte mit dem Barista nicht direkt in Kontakt treten, da er ein Mann war.

Mich faszinierten diese Frauenwelten, die in Katar aufeinandertrafen. Zu gern hätte ich mehr darüber erfahren, besonders über die komplett verschleierten Muslimas, aber bisher hatten sich keine Anknüpfungspunkte ergeben. Zu weit auseinander lagen die Welten, in denen wir lebten. Auch schreckte es mich etwas ab, dass die streng schwarz gekleideten und voll verschleierten Frauen immer im Pulk auftraten.

Über den Sport, genau genommen über Tim, gelang es mir dann doch. Tim nahm in den Sommerferien an einem der in Katar sehr beliebten »Summer Camps« teil. Kindergärten, Bildungseinrichtungen, ja, sogar Hotels und Sportclubs boten solche Camps an. Er entschied sich für ein dreiwöchiges Kampfsport-Camp für Kinder in einem Dojo, einem Zentrum für

Kampfsportkunst in Abu Hamour. Vormittags brachte ich ihn hin und holte ihn ein paar Stunden später wieder ab. Er lernte dort Brasilianisches Jiu-Jitsu. Das fand ich hochspannend und fragte den amerikanischen Trainer, ob es das nicht auch für Frauen gäbe.

»Klar«, erwiderte er. »Meine Frau Yasmin unterrichtet zweimal die Woche einen Frauenkurs hier in dem Dojo.« Das war ja perfekt!

Sofort machte ich telefonisch einen Termin mit der Ehefrau des Trainers aus und traf sie kurz vor dem nächsten Training im Foyer des Dojo. Doch womit ich nicht gerechnet hatte – statt einer Amerikanerin, die ich eigentlich erwartet hatte, blieb eine bis auf die Augen schwarz verschleierte Frau vor mir stehen.

»Hello, I am Yasmin! Are you Frida?«

»Yes …« Verwirrt gab ich ihr die Hand. Wie wollte Yasmin in dem Aufzug Kampfsport trainieren?

Yasmin schloss das Dojo auf und bat mich herein. Ein großer Raum war von Wand zu Wand mit einer dicken weißen Matte ausgelegt. An der gegenüberliegenden Wand baumelten drei Boxsäcke von der Decke, daneben eine brasilianische Fahne. Nach und nach trudelten zwölf Frauen und ein halbes Dutzend Mädchen ein, alle mit Kopftuch und bis auf zwei alle voll verschleiert.

Die Frauen und Mädchen zogen die Schuhe aus, blieben ansonsten aber, wie sie waren. Gespannt wartete ich ab, wie das harte Aufwärmtraining, das ich bei Tim gesehen hatte, in diesem Outfit wohl funktionieren würde.

Als Yasmin feststellte, dass wir vollzählig waren, schleppten die Frauen einen großen Paravent aus einem Nebenraum in das Dojo und verschlossen das einzige Fenster mit Lamellenvorhängen. Yasmin schloss die Tür zweifach ab und stellte zusätzlich den Paravent davor. Erst jetzt, da die Turnhalle absolut »blickdicht« war, entblätterten sich die Frauen. Unter jeder Abaya kamen Kampfsporthosen mit hautengen Kompressions-Tops zum Vorschein.

Die Frauen begrüßten mich freundlich und erzählten mir, woher sie stammten. Viele kamen ursprünglich aus Indien und Pakistan, aber einige auch aus Asien, Kanada und Großbritannien.

Wir wärmten uns mit einem harten Programm auf: laufen, springen, Burpees, Vorwärtsrollen, Rückwärtsrollen, immer wieder Liegestütze und Sit-ups, einander Huckepack tragen, Schubkarre. Nach einer halben Stunde brach Yasmin das Training jedoch plötzlich ab, und alle sprinteten zu ihren Taschen, warfen sich die Abayas über die verschwitzten Sportklamotten und zurrten die Schleier fest.

»Was ist denn los?«, fragte ich verwirrt. »Ist das Training schon vorbei?«

»Nein, die Gebetszeit fällt im Moment nur mitten ins Training«, erklärte Yasmin.

»Oh, soll ich dann lieber rausgehen?«

Sie lächelte. »Nein, nur wenn du möchtest. Uns stört es nicht, wenn du hier bist.«

Ich setzte mich an den Rand der Halle auf den Boden und sah zu, wie die Frauen sich in einer langen Reihe dort aufstellen, wo wir gerade noch Purzelbäume geschlagen und Burpees gemacht hatten. Eine der Frauen, die ebenfalls verschleiert hereingekommen war, machte jedoch nicht mit und setzte sich neben mich. Ich fasste mir ein Herz. »Warum betest du nicht mit den anderen?«

»Ich habe gerade meine Periode«, erklärt sie. »Da darf ich nicht.«

Mich schockte das, weil ich diese strenge Regelung als vorsintflutlich empfand, aber mir gefiel, dass sie ohne Umschweife und ohne peinlich berührt zu sein auf meine Frage geantwortet hatte.

Ich meldete mich fürs Training zweimal die Woche an. Als ich in den nächsten Wochen aus akutem Anlass fragte, wie man am besten ein Malheur beim Training während der Periode verhinderte (eine drängende Frage bei blütenweißen Kampfanzügen, den Gis, und einem weißen Dojo-Boden), gaben die Frauen, ohne auch nur einen Hauch peinlich berührt zu sein, Tipps. Zu meiner Überraschung zierten sie sich bei allem Verstecken hinter Schleiern und Abayas auch nicht, im Dojo zu stillen.

In den nächsten Wochen übernahm ich die Aufgabe, mich um die Tür zu kümmern, wenn es klopfte, da ich als Einzige nicht erst mal etwas überwerfen musste, bevor ich öffnete. Vor und nach dem Training unterhielt ich mich viel mit meinen verschleierten Teamkolleginnen. Zu meinem großen Erstaunen begegneten sie meinen Fragen über ihre Religion und über ihre verschiedenen Abayas sehr offen und freundlich. So lernte ich viel über die verschiedenen »Styles«, die sie trugen.

Zu meiner Überraschung behaupteten die Frauen, die nicht nur Abaya und Kopfschleier (Shayla), sondern auch den Gesichtsschleier Nikab trugen, dass sie selbst diese Bekleidung gewählt hatten. Nicht alle, aber einige waren sogar die ersten Frauen in ihrer Familie, die nicht nur einen Kopfschleier trugen. Amira, eine Kanadierin mit pakistanischen Wurzeln, erzählte, dass ihre Großmutter noch völlig unverschleiert in Pakistan gelebt habe. Amiras Mutter hatte nur ein Kopftuch getragen. Mutter und Großmutter seien entsetzt gewesen, als sich Amira für die komplette Verschleierung mit Nikab entschieden hatte. »Sogar meinem Mann ist das peinlich«, sagte sie lachend. »Er hat mich in Kanada kennengelernt, als ich normale Klamotten mit langen Ärmeln und ein Kopftuch getragen habe. Ihm wäre es lieber, ich würde noch so rumlaufen. Aber das möchte ich nicht.«

In Amiras Lachen konnte ich nicht einstimmen. Für mich war es ein komplett ungewohnter Gedanke, dass eine Frau ohne Druck ihrer Familie oder Gesellschaft diesen archaischen Regeln folgte, sich ihnen sogar freiwillig beugte und enorme Einschränkungen im Alltag hinnahm.

Der nächste Ramadan nahte, dieses Mal begann er Mitte Juli. »Das wird jetzt wieder eine harte Zeit für mich«, meinte ich gegenüber meinen Teamkolleginnen, als wir uns fürs Training fertig machten.

»Warum denn das?«, fragte Annisa, eine zierliche Krankenschwester aus Indonesien. »Du bist doch keine Muslima und musst dich nicht an die Vorschriften halten!«

»Aber ich möchte mich angemessen verhalten und zumindest die Bekleidungsvorschriften für Frauen einhalten. Für mich bedeutet das, dass ich mir bei knapp fünfzig Grad im Schatten eine langärmlige Jacke überziehen muss.«

Annisa lachte. »Du Ärmste! Da haben wir es viel besser. Wenn es so heiß ist, können wir einfach eine kurze Hose und ein leichtes Top unter der Abaya anziehen, das sieht ja keiner. Manchmal bin ich unter dem Gesichtsschleier sogar völlig ungeschminkt, ich könnte auch im Schlafanzug aus dem Haus gehen. Es sieht ja keiner, wenn ich meine geliebte abgewetzte Micky-Maus-Leggins anhabe.« Dabei lachte sie aus vollem Hals, und die anderen Frauen fielen in das Gelächter ein.

Eine Idee keimte in mir auf. Ich gab mir einen Ruck und fragte in die Runde: »Wäre das seltsam für euch, wenn ich eine Abaya tragen würde, obwohl ich keine Muslima bin? Zumindest im Ramadan?«

Die anderen sahen sich überrascht an. »Nein, auf keinen Fall«, meinte Amira.

»Du willst sie ja aus Respekt tragen. Das finde ich super«, ergänzte Annisa.

»Also gut, dann kaufe ich eine Abaya!«

Mir klang Zustimmung aus der Runde entgegen. »Super Idee, Frida.«

»Viel Erfolg! Erzähl, wo du fündig geworden bist.«

Amira strahlte mich an. »Bring sie dann mal mit! Ich bin gespannt, wie sie dir steht.«

In den nächsten Wochen wühlte ich mich durch ein paar Abaya-Ständer in den großen Kaufhäusern, blickte aber bei den vielen verschiedenen Stilen bald überhaupt nicht mehr durch. Ich wollte ja nicht plötzlich wie Hui Buh das Schlossgespenst im Kaftan aussehen. In die schicken Abaya-Läden in den Malls traute ich mich aber nicht. Preisschilder hatten die nicht nötig, und die Abayas sahen so aus, als ob sie mein Budget sprengen würden.

Jetzt, wo ich darauf achtete, begegneten mir Abayas beziehungsweise »züchtige Bekleidung« überall in Doha. So wie man in Deutschland über neue Modetrends in Modezeitschriften erfährt, findet man in Katar im Zeitschriftenregal Hochglanzmagazine, die die aktuellen Trends vorstellen: angesagte Farben und Muster der Abaya und des Kopfschleiers, schickes Schuhwerk für »drunter« (zum Beispiel knallbunte Turnschuhe), Haar-Styles unter dem Tuch, Tuchschmuck, Klammern …

Wer mit »Kopftuch« und »züchtiger Bekleidung« das Bild einer verhuschten, ungeschminkten Frau aus Hinteranatolien verbindet, die sich preiswert kleidet, der wundert sich jetzt vielleicht. Wie in der westlichen Mode, so gibt es auch in der muslimischen Frauenkleidung die ganze Bandbreite – von superbillig à la Primark oder H&M bis zu Haute Couture. Nach oben hin sind keine Grenzen gesetzt, zum Beispiel für kostbare, von Hand mit Perlen bestickte Abayas aus Seide. Ob die Dame aus Düsseldorf oder Doha kommt: Sie möchte im Trend liegen mit dem, was sie trägt.

»So wie westliche Frauen spätestens alle paar Jahre ihre Garderobe aktualisieren, stylen Muslimas aus den Golfstaaten sich ebenfalls regelmäßig um«, erzählte mir Dana, eine weitere Bekannte aus dem Sportverein. »Wenn dieses Jahr Schwarz-Weiß-Drucke in sind und nächstes Jahr grüne Stickerei am rechten Ärmel, dann tauscht die modebewusste Dame ihre Abayas aus.«

Die Kopftücher passen immer zu den Abayas und tragen mindestens in einer Ecke dieselbe Verzierung, sie müssen also ebenfalls ersetzt werden. »Nicht zu vergessen: Zwischendurch ändert sich dann der Haarstil unter dem Tuch«, ergänzte Dana. »Vor ein paar Jahren war es modern, einen dicken Dutt unter dem Kopftuch zu tragen. Da legten die Frauen sich ein neues, größeres Tuch zu, damit die ganze Haarpracht trotzdem bedeckt war.«

Den Abaya-Shop freut es.

Als ich merkte, dass ich allein angesichts dieser großen Auswahl nicht weiterkam, fragte ich Amira, ob sie mit mir zum Abaya-Kaufen gehen würde.

Die Kanadierin war begeistert. »Oh ja, das wird ein Spaß! Wir gehen in ein Abayat zum Thursday-Friday-Souk. Abayats sind Spezialgeschäfte für Abayas und alles weitere Zubehör, da findest du bestimmt was Schönes.«

Bis dahin hatte ich romantische Vorstellungen von arabischen Kleiderläden und Stoff-Souks gehabt und sah mich schon in orientalischem Ambiente die prächtigsten Abayas anprobieren. Die Realität sah jedoch aus wie eine Provinz-Mall: ein Halbkreis einstöckiger, gleichförmiger Gebäude gruppierte sich um einen Parkplatz. Bis auf zwei Fastfood-Restaurants waren alle Läden »Abayats«. Die Scheiben waren blind vom allgegenwärtigen Staub, keins der Geschäfte sah besonders verlockend aus.

»Hier gehen wir rein«, meinte Amira und zeigte auf ein Geschäft, das sich äußerlich in nichts von den anderen unterschied. »Die haben oft die neuesten Trends.«

Ich folgte ihr gespannt. Der Laden war bedrückend niedrig und hatte etwa die Größe eines Drogeriemarktes. Schwarze und farbige Abayas hingen zu Hunderten dicht auf Ständern gruppiert. Leider waren nur manche an Schaufensterpuppen drapiert, sodass ich etwas ratlos durch die Reihen streifte.

Während ich noch ziellos stöberte, hatten Amira und der Verkäufer – zu meiner Verwunderung arbeiteten hier nur Männer – bereits eine Auswahl für mich herausgesucht. Eigentlich hatte ich mir eine eng geschnittene, schicke Abaya eingebildet, wie sie die katarischen Damen trugen, aber solche Modelle gab es hier nicht. Das sei auch nicht in Ordnung, erfuhr ich jetzt.

»Eine Abaya darf nie den Konturen der Figur folgen«, belehrte mich Amira. Sie zog mir mit einem Kichern die einzige Abaya, die ich gefunden hatte, aus der Hand. »Das ist eine mit Löchern vorn zum Stillen.«

Nach viel Anprobieren schoss ich mich auf einen Stil ein, der »Dress Style« genannt wird. Die Abaya ist wie ein Kleid in A-Linie geschnitten. Oben herum leidlich eng, nach unten dann weit auslaufend, mit eleganten Ärmeln. Von den verwendeten Stoffen war ich jedoch enttäuscht. Zumindest in den Geschäften mit niedrigpreisigen Abayas war alles aus Kunststoff oder, das höchste der Gefühle, Mikrofaser. Besonders beliebt waren Stoffe aus Japan und Saudi-Arabien, da sie angeblich Schmutz abwiesen und nicht knitterten. Mir wäre bei vierzig Grad im Schatten allerdings bedeutend wichtiger gewesen, dass das Gewebe atmungsaktiv war … Aber das gab es hier nicht.

Amira probierte Abayas im Mantel-Stil an. »Gerade sind weiße Stoffe mit schwarzen Drucken von Bäumen sehr angesagt.« Sie besah sich im Spiegel. Der Stoff sah an ihr klasse aus. Eine schöne Abwechslung, da sie sonst von Kopf bis Fuß in Schwarz herumlief.

»Jetzt noch die passenden Kopfschleier.« Amira zog mich in eine Umkleidekabine. Dort probierten wir wie kleine Mädchen, die Verkleiden spielen, die Kopfschleier in verschiedenen Bindetechniken an, die es kostenlos als Dreingabe zur Abaya gab. Schon beim Anlegen scheiterte ich jedoch kläglich und musste mir von Amira helfen lassen. Im Laden waren noch ein halbes Dutzend weitere Frauen unterwegs. Keine machte eine kritische Bemerkung darüber, dass ich Abayas und Kopf- und Gesichtsschleier ausprobierte. Sie berieten mich bei der Form und lachten freundlich mit Amira und mir, wenn etwas ganz schlimm aussah.

Die gewählten Abayas wurden direkt an der Frau abgesteckt und den individuellen Maßen angepasst. Das kostete, wenn man gut verhandelte, keinen oder nur einen geringen Aufpreis.

Bei aller Höflichkeit und Zuvorkommenheit den anderen anwesenden Damen gegenüber fiel mir auf, dass die sonst so freundliche Amira von Anfang sehr aggressiv dem pakistanischen Verkäufer gegenüber auftrat. Als der einen Schneider aus dem Hinterraum holte, um unsere Maße zu nehmen, wurde sie noch rabiater und herrschte den Mann auf Arabisch an.

»Was war denn das Problem?«, fragte ich sie verunsichert, als schließlich alles erledigt war und wir den Laden verließen. In einer Woche würden wir die geänderten Abayas abholen können.

»Dieses Mal war alles okay, vielleicht, weil du dabei warst«, entgegnete Amira. »Aber es gibt immer wieder Beschwerden über die Läden hier. Die Männer vom Personal fassen den Kundinnen an die Brust oder den Po oder reiben sich an dir, während sie angeblich nur die Maße nehmen. Sie wissen ja, dass du dich nicht beschweren kannst.«

Ich kapierte die Welt nicht mehr. Nicht nur im Abaya-Laden, sondern auch in vielen Dessous-Läden in Doha arbeiteten Männer, was mich ziemlich abschreckte. Dass ein Mann mich, eine wildfremde Frau, im BH sah, erschien mir bei allem, was ich inzwischen über das Verhältnis zwischen den Geschlechtern gelernt hatte, ein Unding. Wieso machten die Frauen das mit, wieso gab es hier keine Schneiderinnen und Verkäuferinnen? Warum arbeiteten ausgerechnet in solchen Läden nur Männer? Niemand konnte mir diese Frage überzeugend beantworten.

Eine Woche später holten Amira und ich unsere neuen Abayas ab. Meine war aus einem leichten Kunststoff, klassisch schwarz mit aufgestickten Verzierungen.

Jetzt also galt es! Ich zog mir meine Abaya gleich über, allerdings ohne den Gesichtsschleier, und wir gingen in die Magnolia Bakery, um Cupcakes zu essen. Es war ungewohnt, in der Mall mit Abaya herumzulaufen. Als hätte ich aus Versehen ein Sommerkleid über meine normale Bekleidung gezogen.

Keine Muslima in Abaya reagierte auf meinen Aufzug. Nur ein paar Western Expats warfen mir irritierte Blicke zu, vor allem Frauen. Aber nach und nach gewöhnte ich mich an meine neue Bekleidung und stellte fest, dass sie deutlich luftiger war als mein übliches Ramadan-Outfit.

Im Ramadan trug ich die Abaya von nun an immer, wenn ich das Haus verließ. Das Erstaunlichste war, dass ich entgegen meinen Erwartungen in der Hitze nicht unter ihr einging, obwohl sie schwarz war und deshalb die Hitze eigentlich hätte verstärken müssen.

Um zu begreifen, woran das lag, versuchte ich, mich genauer über die Wirkung von weißen und schwarzen Stoffen in der Hitze zu informieren. Dabei stieß ich auf eine Studie, die erforscht hatte, ob es eine Benachteiligung war, dass Männer in den Golfstaaten Weiß trugen (was das Sonnenlicht reflektiert), ihre Frauen aber in schwarze Kleidung zwangen, obwohl Schwarz sich in der Sonne aufheizt. Das Ergebnis erstaunte nicht nur mich: Offenbar ist der kühlende Effekt der weißen Golftracht genauso hoch (oder niedrig) wie der selbst gemachte Schatten, den das schwarze Outfit der Frauen spendet.

Ich folgte dem Tipp meiner Kolleginnen aus dem Sportverein und trug unter der Abaya nur kurze Hosen und Spaghetti-Tops. Der große Vorteil der Abaya war mir schneller klar, als ich gedacht hätte: Ich konnte tragen, was ich wollte – sobald ich die Abaya überwarf, war ich dem Ramadan-Dresscode entsprechend verhüllt und sogar für arabische Augen passend gekleidet.

Im Lauf der Zeit gewöhnte ich mir deshalb an, die Abaya auch außerhalb des Ramadans immer mal wieder zu tragen. Mark störte es nicht. Er freute sich für mich, dass mir die Hitze dann nicht mehr so zusetzte.

Tim war es egal, ob ich Abaya trug oder westliche Kleidung. Noah hingegen reagierte ganz anders. Erst wollte er nicht, dass ich ihn in Abaya im Kindergarten abholte. Erst als er merkte, dass die anderen Erwachsenen meist nicht auf die Abaya reagierten – und die Kinder schon gar nicht –, akzeptierte er das Kleidungsstück zögerlich. Er schien das Gefühl zu haben, dass ich ihm ein Stück weit entglitt, wenn ich mich so anzog. »Du siehst dann nicht mehr aus wie meine Mama.«

Besonders praktisch war die Abaya zum Beispiel, wenn ich direkt vom Sport zur Schule fuhr, um Tim abzuholen. Dann warf ich einfach die Abaya über mein verschwitztes Sport-Outfit und sah trotzdem »proper« aus, wenn ich an den anderen Eltern und den Lehrern in der Schule vorbeilief.

Von Muslimas bekam ich ausschließlich Komplimente zu meiner Abaya-Wahl, in der Schule genauso wie von Wildfremden in der Mall. Die westlichen Expat-Frauen hingegen fragten mir bang Löcher in den Bauch, ob ich denn wirklich ganz sicher sei, dass keine konservative Muslima Anstoß an meiner Abaya nähme.

Die Einzigen, die ein echtes Problem damit hatten, dass ich als Europäerin eine Abaya trug, kamen aus einer Ecke, aus der ich es nicht erwartet hatte: den modernen Muslimas unseres Freundeskreises. Sie alle trugen weder Kopftuch noch Abaya, da das Tragen der Abaya in Katar nicht vorgeschrieben ist.

»Frida, das kannst du nicht machen!«, meinte Alia eines Tages, als wir in kleiner Runde auf ihrer Terrasse zum Tee zusammensaßen »Es ist nicht gut, wenn du freiwillig eine Abaya anziehst!«

»Warum denn das?«, fragte ich konsterniert. »Ich dachte, das zeigt meinen Respekt gegenüber eurem Glauben und euren Sitten! Außerdem ist es praktisch«, fügte ich etwas kleinlaut hinzu.

»Das mag ja sein. Aber der Unterschied ist, dass du die Abaya jederzeit ausziehen kannst, wenn es dir passt. Wir dagegen kämpfen in unseren Heimatländern seit Jahren darum, dass die Gesellschaft und unsere Familien uns *nicht* in diese Kleidung zwingen! Wenn ihr euch ohne Not diesem Trend beugt, macht ihr uns die Sache nur schwerer.«

Unsere Nachbarin Neda aus dem Iran, die neben Alia saß, nickte dazu. »Ich habe so geweint, als ich meine Haare verschleiern musste. Ich bin aus Protest eine Zeitlang unverschleiert Fahrrad gefahren, aber irgendwann wird die Angst zu groß.«

Jetzt war ich in der Zwickmühle. Was war mir persönlich wichtiger? Den Umgang mit Frauen, die Abaya und Kopfschleier trugen, zu normalisieren, indem ich selbst bei Bedarf und auf freiwilliger Basis darauf zurückgriff? Oder den Männern, die am liebsten alle Frauen in solche Outfits und Verschleierungen zwingen wollen, nicht in die Hände zu spielen?

Letzten Endes entschied ich mich dafür, dass ich den Umgang mit Abayas normalisieren wollte. Denn ich lebte ja nicht in einem Land, das Frauen grundsätzlich in Abayas und Kopfverschleierung zwang (wie zum Beispiel in Saudi-Arabien). Und auch in Europa gab es glücklicherweise keinerlei Tendenzen in eine solche Richtung.

Deshalb beschloss ist, dass ich eines Tages, wenn wir nach Deutschland zurückkehren würden, meine Abaya selbstverständlich mitnehmen würde.

EINE NICHT GANZ
FREIWILLIGE VERLOBUNG

Eines Morgens, es war gefühlt noch mitten in der Nacht, klingelte Marks Handy uns aus dem Schlaf.

Mark warf einen Blick aufs Display und saß mit einem Schlag hellwach aufrecht im Bett. »Yusef!«

Wenn der PRO quasi nachts anrief, konnte das nichts Gutes bedeuten.

»*Was* ist mit Stefan?!«, fragte Mark. Er sprang auf, suchte mit einer Hand Klamotten aus dem Schrank. »Er hat *was*?! Ja, ich komme ins Büro. Das ist vielleicht das Beste.«

Er legte auf.

»Stefan ist verhaftet worden. Er konnte nur noch schnell den PRO anrufen, dann haben die Beamten ihm das Handy abgenommen.«

Jetzt war ich auch hellwach. »Warum? Weswegen?«

»Es ist wohl aufgeflogen, dass er eine Freundin hat. Mia ist ebenfalls verhaftet worden.«

Sex zwischen nicht miteinander verheirateten Männern und Frauen fällt in den meisten Golfstaaten (aber auch in einigen anderen Ländern) unter die sogenannte Zina-Gesetzgebung. Zina verbietet sogenannte *illicit sexual relations* (in etwa: unmoralische sexuelle Verbindung). Diese wird mit Gefängnis bestraft. Die meisten Zina-Strafen werden gegen Frauen verhängt. Die Männer können sich meist drücken. Entweder, weil man den Frauen eine Schwangerschaft ansieht (der Bauch gibt sozusagen den Sex zu), oder weil sie sich wegen eines Übergriffs oder einer Vergewaltigung an die Polizei oder ihren Arbeitgeber wenden – und damit selbst zugeben, Sex gehabt zu haben.

Firmen bringen in Katar ihre Mitarbeiter entweder in Wohnheimen unter oder in vom Arbeitgeber bezahlten Wohnungen und Häusern. Es ist per Gesetz verboten, dass der Arbeitgeber einer gemischten Wohngruppe aus Männern und Frauen Wohnraum zur Verfügung stellt, es sei denn, es handelt sich um ein Ehepaar.

Arbeitnehmern, die ihre Lebensgefährtinnen mit nach Katar nehmen wollen, legen die Firmen deshalb nahe, vor dem Abflug nach Doha zu heiraten. Da ein Mann per »Sponsorship« nur seiner Ehefrau eine Aufenthaltsgenehmigung besorgen kann, gibt es sowieso keinen anderen Weg, wie der Partner ohne Trauschein dauerhaft in Doha bleiben kann.

Paare ohne Trauschein darf es offiziell nicht geben. Natürlich gab es sie doch, auch unter Marks Kollegen. So wie Stefan und Mia, eine Flugbegleiterin aus Thailand.

Stefan erzählte uns später, wie es zu seiner Verhaftung gekommen war. Mia blieb ein paar Mal über Nacht bei ihm und fiel deshalb in ihrem Wohnheim für Flugbegleiterinnen auf, weil sie zur Sperrstunde nicht zurück war. Als sie zum dritten Mal nicht pünktlich zurück im Wohnheim war, wurde Mia verhaftet wegen Verdachts auf *illicit relations*. Kurze Zeit später auch Stefan.

»Sie haben uns stundenlang in getrennten Räumen auf der Polizeiwache festgehalten. Wir sprechen ja beide kein Arabisch und konnten nicht verstehen, worüber sich die Polizisten unterhalten haben.« Man sah Stefan an, dass ihm der Schreck noch in den Knochen steckte.

»Was kann man euch denn stundenlang dazu fragen?«, rief ich entgeistert.

»Sie wollten immer wieder wissen, warum wir uns auf eine Beziehung eingelassen haben, obwohl uns viele Jahre Haft drohen. Ob wir wüssten, wie schlimm das ist, was wir gemacht haben.«

Durch dezente Hinweise der Beamten kam Stefan schließlich die rettende Idee. »Was ist denn, wenn Mia meine Verlobte ist?«

»Na, das ist dann etwas ganz anderes«, sagte der Polizeibeamte, sichtlich erleichtert. »Dann kommen Sie natürlich nicht ins Gefängnis, und Ihre Verlobte auch nicht.«

Stefan schwebte fast vor Erleichterung. »Puh, alles klar. Mia ist natürlich meine Verlobte.«

»Dann können Sie beide jetzt gehen«, erwiderte der Polizist.

Stefan raffte erleichtert seine Sachen zusammen. Im Rausgehen hielt ihn der Beamte noch einmal auf. »Vergessen Sie nicht, in spätestens sechs Wochen die Bescheinigung vorzuzeigen!«

»Häh, welche Bescheinigung?«

»Na, über Ihre Heirat! Wenn wir in sechs Wochen nicht die Urkunde über die Eheschließung vorliegen haben, müssen Mia und Sie natürlich ins Gefängnis.«

Die Sache ging für Mia trotz der Eil-Hochzeit, die kurz darauf stattfand, nicht gut aus, denn sie war ihren Job als Flugbegleiterin los wegen der »unmoralischen Verbindung«. Als Stefans Frau konnte sie aber trotzdem in Doha bleiben.

Noch härter als die für unehelichen Sex sind die Strafen, die auf Ehebruch stehen. Nach Zinā-Gesetzgebung kann dafür sogar die Todesstrafe verhängt werden. Es drohen bis zu sieben Jahre Haft und, für Muslime, Peitschenhiebe. Eine verheiratete Frau, die einen sexuellen Übergriff oder eine Vergewaltigung anzeigt, weiß nicht, ob sie inhaftiert wird. (Da dachte ich an die Frauen in den Abayats, die Übergriffe nicht anzeigen konnten.) Die grausame Logik dahinter: Mit der Anzeige der Vergewaltigung hat die Frau ja eingestanden, dass sie Sex mit jemand anderem als ihrem Mann hatte. Die Polizeibeamten könnten sie nach lokalem Recht also sofort verhaften. Das ist unter anderem einer niederländischen Touristin in Katar passiert. Sie kam vermutlich nur wegen des großen Medieninteresses mit drei Monaten Haft davon. »Frischen« Expat-Frauen raten alteingesessene Expat-Frauen deshalb dringend, vor einem Gang zur Polizei als

Allererstes ihre Botschaft anzurufen und dann einen PRO ihres eigenen Arbeitgebers oder der Firma ihres Mannes zu kontaktieren.

Das unangenehme Gefühl der Furcht vor Vergewaltigung oder der Furcht, eines Fehltritts bezichtigt zu werden, begleitete auch mich häufig während meiner Ausflüge in Doha. Eigentlich ist Katar ein sehr sicheres Land. Die Strafen für Übergriffe oder Einbrüche sind hoch. Aber die sexuelle Belästigung von Frauen ist eine Grauzone. Welche Frau zeigt einen Übergriff an, wenn das Risiko besteht, dass sie selbst dafür im Gefängnis landet? Zudem ist das Sicherheitspersonal in den Compounds und den Malls immer männlich und sympathisiert, wenn man Pech hat, mit dem Angreifer. So sicher das Land ansonsten ist, so blind sind alle, wenn es um das Thema Übergriffe auf Frauen geht.

Ob bei der Autoinspektion, der KFZ-Versicherung, beim Gemüsekauf auf dem Wochenmarkt oder einem lauen Abend im Museumspark: Oft ist man als westliche Expat-Frau die einzige Frau unter Hunderten von Männern. Soweit es möglich ist, passt man sich der Situation an: Man ist so oft wie möglich als größere Frauengruppe unterwegs oder mit dem Ehemann. Wenn das nicht geht, zum Beispiel vormittags beim Einkaufen, behilft frau sich anders. Ich schaute mir bei anderen Frauen ab, wie es geht: Ellenbogen raus und sich aggressiv einen Weg frei drücken. Wer die spitzen Ellenbogen und meine Quadratlatschen nicht zu spüren bekommen wollte, musste mir vom Leib bleiben.

NICHT OHNE MEINE FALKEN

Es war erst siebzehn Uhr, aber die Dunkelheit senkte sich schon über Doha. Da die Abendtemperaturen die meiste Zeit des Jahres nur wenige Grad unter denen des Tages liegen, war die Nacht warm und weich wie Samt.

Meine Freundin Petra und ich waren im Taxi unterwegs zum Souk Wakif, dem Markt im Zentrum Dohas. Petra war in der Nacht zuvor gelandet und zum zweiten Mal zu Besuch bei uns in Doha. Wie einige andere Freunde auch, hatte sie entdeckt, wie ungemein praktisch es war, dass die Compound-Häuser großzügige Gästezimmer mit eigenem Bad hatten. Wenn die Temperaturen in Deutschland unfreundlich wurden, kamen immer viele Freunde und Verwandte der Expats nach Doha. Auf diese Weise konnte man für den Preis eines Flugtickets ein paar Wochen »Sommerurlaub« in Katar machen. Viele pensionierte Großeltern zogen gleich den ganzen Winter über bei ihren Familien in Doha ein. Das tat auch den Enkelkindern gut, die ihre Familie in Deutschland sonst nur ein- oder zweimal im Jahr sahen.

Petra und ich hatten bei ihrem ersten Besuch so viele Malls und Museen abgegrast, dass wir gar nicht zu einem Besuch im Souk Wakif gekommen waren. Petra kannte Souks von ihren Reisen nach Asien und Ägypten und war nicht besonders erpicht darauf, den Abend in einem arabischen Markt zu verbringen.

»Das ist in Doha ganz anders«, beruhigte ich sie. »Eher so, als ob sie nur ›Verkäufer‹ spielen.« Ich liebte den Souk Wakif und hatte mir für Petras zweiten Doha-Besuch eine »Best of«-Tour überlegt. Ich ließ mich von meiner Vorliebe für den Souk nicht abbringen, auch wenn einige von unseren deutschen Bekannten abfällig »Disneyworld« nannten, was ich »entspannt und natürlich« fand. Wieso war der Souk disneyfiziert? An der Stelle hatte es seit der Besiedlung Dohas einen Markt gegeben. Aber die mit Wellblech bedeckten Gebäude waren, genau wie der Rest der alten Innenstadt, ziemlich unansehnlich und nur auf pragmatischen Nutzen ausgelegt. Wie das in Katar so üblich ist, machte die Stadt den gesamten Souk dem Erdboden gleich und baute an derselben Stelle einen Markt im Look der alten katarischen Architektur auf: mit viel Holz, aus Palmblättern geflochtenen Zimmerdecken, vor der Sonne geschützten Gassen. Die Gebäude sind also auf alt getrimmt, aber erst 2008 fertiggestellt worden.

Man kann im Souk Wakif Kleidung – traditionelle wie westliche – genauso kaufen wie Kochtöpfe und Gartengeräte. Die Bereiche gehen ineinander über, Gewürzläden folgen auf Pashmina-Verkäufer. Lieber um einen ausgestopften Fuchs feilschen oder um ein hübsches Armband im Gold-Souk? Kein Problem, es ist alles da.

Im Souk treffen daher jeden Tag Touristen auf Einheimische und *Residents*. Während manche ihre Kinder neu einkleiden oder um Topfsets feilschen, testen andere die arabischen Musikinstrumente durch. Alte Männer mit weißem Spitzenkäppchen und farbigem Kaftan schieben Schubkarren voller Einkäufe hinter den Kunden her.

Manchmal erklingt Hufgetrappel, dann machen die Einkäufer eine Gasse in der Mitte frei. Das Getrappel kündigt die berittene Polizei im Souk an. Leider reiten sie nicht auf Kamelen, sondern auf Pferden. Die Tiere haben weiße Mähnen und ein dekoratives Brustgeschirr mit Troddeln. Normalerweise trägt die Polizei in Katar moderne Uniform. Nur die Polizisten im Souk tragen traditionelle Kleidung, weiße oder rot karierte Wintertücher und Dischdaschas, dazu halten sie Stöcke in den

Händen. Wofür diese Stöcke sind, konnte ich nie herausfinden: In den vier Jahren in Doha habe ich die Souk-Polizei noch nie handgreiflich werden sehen. Ihre Aufgabe schien vielmehr darin zu bestehen, freundlich und geduldig den Weg durch das Labyrinth des Souks zu erklären, wenn man sich verlaufen hatte – und das kann leicht passieren.

Den Anfang unserer Tour machten die breiten Straßen an den Rändern des Souks. Hier gab es Restaurants, Hotels und Cafés, außerdem Andenkenläden, in denen man Kitschiges und Kurioses kaufen konnte wie Räucherstövchen in Form eines Kataris oder einer katarischen Lady, gerne aber auch Weihnachtsbaumkugeln mit Kamelen drauf. Direkt daneben befand sind ein Laden, in dem es ausschließlich Schachspiele und -figuren aus Holz zu kaufen gab.

Wir genossen kalte Drinks mit frischer Minze und tauchten ein in die schmalen Gassen des Marktes. Aus der Ferne hörte man die exotischen Vögel aus dem Animal Souk schreien. Es duftete nach Gewürzen, Räucherwerk, Shisha-Rauch und Leder. Die Gassen selbst waren schummrig erleuchtet, aber die meisten Läden wurden derart grell angestrahlt, dass man sich als Frau trotzdem sicher fühlte. Katzenkinder spielten mit den Fransen eines Schals neben einem Klamottenladen. Alte Männer saßen auf Hockern vor einem Geschäft mit arabischen Musikinstrumenten und spielten Dama, die arabische Variante von Dame. Die einfarbigen Bretter mit den hübschen Spielsteinen, die mich immer an Konfekt erinnerten, standen überall im Souk bereit, auch in den kleinen Cafés, in die sich nie Touristen verliefen. Zu jeder Tages- und Abendzeit saßen hier alte Männer mit Guthra um den Kopf gewickelt ins Spiel vertieft, eine Hand fingerte ohne Unterlass an der Gebetskette.

Von den Rändern des Souks aus hatten wir immer wieder einen Blick auf Msheireb, das gigantische Stadtentwicklungsprojekt. Msheireb heißt »Ort, wo man Wasser trinkt«. Hier befand sich einst die alte Innenstadt von Doha. Seit 2010 wird hier auf 32 Hektar gebaut. Bis 2021 sollen über 100 Häuser, Wohngebäude genauso wie kommerzielle Gebäude, fertiggestellt sein, entworfen als Mischung aus katarischer und modernster Architektur, möglichst nachhaltig und klimakonform angelegt. Dazwischen wurden vier katarische Häuser aus dem frühen 20. Jahrhundert konserviert und zu sehr interessanten Themenmuseen umgebaut. Die Baustelle wurde nachts mit grellen Scheinwerfern ausgeleuchtet. Im Kontrast zum schummrigen Souk hatte man hier das Gefühl, in die Landezone eines riesigen UFOs geraten zu sein.

Je länger Petra und ich bummelten, umso mehr füllte sich der Souk. Wir bogen um die nächste Ecke und standen plötzlich vor den Käfigen des Tiermarktes. Ich machte auf dem Absatz kehrt. Den Anblick von Welpen, Kätzchen und Landschildkröten, die bei vierzig Grad im Schatten in viel zu kleinen Käfigen mit Gitterböden gehalten werden, wollte ich uns nicht antun. Leider kaufen viele Besucher auf dem Animal Souk ein. Sehr beliebt sind zum Beispiel Küken, die grellbunt gefärbt werden und von den Kindern achtlos in durchsichtigen Boxen nach Hause getragen werden. Eine Familie überholte uns rufend und winkend. Sie hatten einen Papagei gekauft und aus dem Käfig gelassen, vielleicht, um ihn herumspazieren zu sehen. Seine Flügel waren gestutzt, aber er hopste und flatterte von dannen, so schnell es ging. Ein Mann griff nach ihm und zuckte mit einem erschrockenen Quieken zurück, als der Vogel zuhackte. Erst zusammen mit vielen helfenden Händen konnte der Papagei schließlich in den Käfig zurück bugsiert werden.

Weil Petra gern malt, spazierte ich mit ihr direkt weiter in das Souk Wakif Art Center. Hier kann man tagsüber Farben und Leinwände kaufen, die kleinen Galerien daneben haben auch abends geöffnet. Dann sitzen die Künstler im langen Mittelgang und malen katarische Motive wie den Emir oder auch die Kinder in Dischdascha und Abaya, die man ihnen vor die Nase setzt. Das Schönste am Art Center ist aber die Decke in traditioneller Bauweise aus geflochtenen Matten, die von Holzbalken an Ort und Stelle gehalten werden. Der Mittelgang wird erhellt von etwa drei Dutzend großen Glaskugeln, von denen jede in einer anderen Farbe erstrahlt. Diese typisch arabischen Lampen scheinen zu schweben und verleihen dem Gebäude einen Hauch von Tausendundeiner Nacht.

Auf einem Platz in der Nähe sahen wir eine Weile einem Künstler zu, der vor Ort traditionelle arabische Armbänder herstellte, indem er ein Muster in einen vorgefertigten Metallreif hämmerte. Dazu sang er und erzählte Geschichten, leider nur auf Arabisch. Die Armbänder waren uns zu teuer, aber damit Petra trotzdem ein authentisches Andenken mit nach Hause nehmen konnte, inspizierten wir die in einem benachbarten Laden angebotenen Gewürzmischungen. Sie sahen alle wunderschön und farbenprächtig aus. Aber wie sie wohl schmeckten?

Mit Handbewegungen forderte der Händler uns auf, unsere Hände in die offenen Körbe zu tauchen und die Gewürze zu riechen. Wir entschieden uns für eine Sorte, die wunderbar duftete, und er packte uns eine Handvoll in ein Plastiktütchen. Petra bezahlte und nahm die Tüte dankend an. »Das wird bestimmt lecker«, sagte sie auf Englisch und rieb sich den Bauch.

»No! No!« Der Händler riss ihr das Tütchen aus der Hand. »No eat!« Er sagte etwas, das wir nicht verstanden, und führte uns zu seinem kleinen vollgestopften Schaufenster. Hier standen die rechteckigen arabischen Räuchergefäße.

Er zeigte auf seinen Bauch, schüttelte vehement den Kopf, deutete auf den Brenner, dann seine Nase und stieß einen wohligen Laut aus.

»Ach, das ist Räucherwerk!« Ich versuchte es auf Englisch: »Incense?«

Er deutete wieder auf die Nase, seine Finger flatterten, um Rauch anzudeuten. Gut, dass ich neulich auf dem Omani-Markt ein Stövchen zum Räuchern gekauft hatte. Wir erstanden die Duftmischung.

Von all den Gerüchen, die die Gassen des Souks durchzogen,

hungrig geworden, gingen wir unseren Nasen nach. Sie führten uns zu einem kleinen Restaurant in einer Seitengasse, das ich von meinen letzten Besuchen kannte. Ich hatte mich jedoch nie getraut, dort zu essen, weil es sehr einfach war. Das Restaurant selber bestand nur aus ein paar Quadratmetern Küche, die Tür stand weit offen. Auf dem Vorplatz standen unter freiem Himmel ein paar türkisfarbene Holztische und Bänke mit den in Katar üblichen dicken Polstern in traditionellen rot-schwarzen Mustern. Auf den Tischen Kleenex-Schachteln, sonst nichts. Einfache gewebte Teppiche bedeckten die Hauswand, man saß zwischen verblichenen Werbepostern und den Säcken mit Vogelfutter eines Vogelhändlers.

Eine Speisekarte in Englisch war nicht zu entdecken, auch keine Preisliste. Die Kunden trugen fast alle traditionelle Golftracht.

Suchend sahen wir uns um, doch alle Tische waren besetzt.

»Sit, sit!« Einer der beiden Kellner, die ununterbrochen Teller mit Essen aus der winzigen Küche trugen, dirigierte uns auf eine lange Bank neben eine Gruppe von fünf verschleierten Frauen. Sie drehten uns die Köpfe zu, vielleicht lächelten sie uns zur Begrüßung auch zu – das konnte man unter den Schleiern leider nicht sehen. Ansonsten reagierten sie nicht auf uns, sondern unterhielten sich weiter.

»Wo steht denn, was es gibt?«, fragte Petra.

»Keine Karte. Zwei tolle Sachen«, sagte der Kellner in gebrochenem Englisch. »Fleisch. Und Fleisch mit Salat.«

»Äh, dann nehmen wir doch ... Fleisch mit Salat«, entschied ich. »Und zwei Flaschen Wasser.«

Während wir auf unser Essen warteten, beobachteten wir die anderen Menschen im Restaurant. Es war fest in arabischer und indischer Hand, Western Expats sahen wir nicht. Ein Kellner eilte im Laufschritt mit einem Arm voller Teller an unserem Tisch vorbei. Salatblätter flatterten zu Boden. Er bückte sich, schüttelte den Salat einmal und drapierte ihn mit den Fingern wieder neben dem Fleisch.

»Lecker«, murmelte Petra.

Die Damengruppe neben uns bekam gleichzeitig mit uns ihr Essen. Köstlich duftende Fleischbrocken lagen neben Salatblättern ohne Dressing, das Ganze mit einem Hauch rotem Sumach bestreut. Besteck? Fehlanzeige.

Petra hob die Hand. »Excuse me. Cutlery?« Der Kellner kannte das Wort nicht. Sie zeigte ihm unsere Teller.

»Sorry. Sofort.« Er joggte los und kam mit einem Korb voller Fladenbrot zurück.

Die Damen neben uns genossen schon ihr Essen, ganz ohne Besteck. Unter gesenkten Lidern spickten Juliane und ich, wie sie das machten: Man riss ein Stückchen Fladenbrot ab, griff damit ein Stück Fleisch, drehte die Hand um und drapierte Salat auf dem Fleisch. Das kleine Paket verschwand dann im Mund. Aha, also wie Fajitas.

Wir machten uns ans Werk, mussten aber neidlos zugeben, dass das, was bei den Damen nebenan äußerst grazil und elegant aussah, bei uns an Steinzeitmenschen erinnerte. Das Fleisch war lecker und saftig. Die größte Überraschung kam jedoch beim Bezahlen: Alles zusammen kostete nur ein paar Euro. Unglaubliche Preise für Doha.

Auf dem Rückweg zum Parkhaus räumten die Verkäufer bereits ihre Waren aus den Gängen in die Läden, um ihr Geschäft zu schließen. Kurz vor dem Parkhaus kamen wir an den Pferdeställen und Kamelkoppeln vorbei. Ich versuchte mal wieder, die Kontraste von Doha mit der Handykamera einzufangen, und scheiterte wie so oft: Hier standen die edlen Rösser des Emirs in ihren offenen Boxen und träumten vor sich hin – und keine hundert Meter weiter erstrahlte im kalten Licht das Milliardenprojekt Msheireb, mit dem Katar an seiner Zukunft baute.

> **Msheireb**
>
> Englisch auch *Musheireb* geschrieben. In dem Innenstadtbezirk von etwa 32 Hektar wurde alles abgerissen und sehr modern neu errichtet. Nicht nur die alten Gebäude Katars werden nachgeahmt, sondern auch deren Errungenschaften, um der Hitze zu trotzen: Windtürme, Schattensegel, Wasserspiele. Erhalten geblieben sind vier historische Häuser, genannt *Heritage Houses*, in denen Museen untergebracht sind. Die Museen verbinden Exponate mit kurzen Filmvorführungen, was Geschichte sehr lebendig werden lässt: *Mohammed bin Jassim House* (Exponate, die bei der Ausgrabung entdeckt wurden, und Darstellung, wie Msheireb traditionelle mit moderner, nachhaltiger Architektur vereint), *Company House* (Entwicklung der Öl- und Gasindustrie in Katar), *Bin Jelmood House* (Geschichte und Tragik des Menschenhandels bis in unsere Zeit), *Radwani House* (Entwicklung des Alltagslebens bzw. der Wohnhäuser in Katar). Sie sind alle einen Besuch wert.

Ein paar Tage später waren Petra und ich schon wieder unterwegs zum Souk Wakif, diesmal am Vormittag. Auf dem Programm standen dieses Mal Tiere. Doch heute sollte es nicht um Kamele gehen, sondern um Falken. Es gab in Doha mehrere Dutzend Läden, in denen man Falken kaufen konnte, alle in einer Ecke versammelt. Und, größte Kuriosität für uns: ein eigenes Falkenkrankenhaus im Souk Wakif. Die Falken und der Kult, den die Kataris um diese Vögel machen, faszinierten mich vom ersten Augenblick an. Ich drückte mir seit unserer Ankunft in Katar alle paar Monate an den Schaufensterscheiben im Falken-Souk die Nase platt. Frauen sah ich aber nie in den Geschäften und nie Western Expats, sondern nur viele ernst schauende Männer in Golftracht. Also blieb es beim neugierigen Glotzen.

Über eine Bekannte hatte ich eines Tages Karin kennengelernt, eine Deutsche, die sich kürzlich vom Tourismusbüro in Doha zur Fremdenführerin hatte ausbilden lassen und plante, Touristen eine interessante Tour durch den Souk Wakif anzubieten.

Denn Doha erlebte just in der Zeit einen unerwarteten Andrang von Kreuzfahrtschiffen, der die kühnsten Träume der Tourismusplaner übertraf. Auf einmal standen Tausende Touristen Schlange und erwarteten, dass jemand ihnen in ihrer Muttersprache die schönsten Ecken Dohas zeigte. Der Plan stand: Petra und ich würden Karins Versuchskaninchen sein und ausprobieren, ob ihre Souk-Tour bei Touristen gut ankäme.

Da Karin keine Frühaufsteherin war, starteten Petra und ich erst einmal ohne sie im Souk mit einem Besuch beim »Dattelmann«. Das kleine Geschäft hat einen legendären Ruf in Doha. Der Laden ist winzig und bis unter die Decke vollgepackt mit Datteln und Dattelpaste. Kaum ein Schild, keine hübsche Werbung. Ohne den Tipp eines Doha-Kenners läuft man beim Souk-Besuch achtlos daran vorbei.

Zum Verkosten der Datteln serviert der Dattelmann gratis starken arabischen Kaffee, von dem er selber ebenfalls reichlich trinkt. Jedes Mal, wenn ich dort war, fand das gleiche Ritual statt: Er redete schon morgens früh wie ein Wasserfall in gebrochenem Englisch, immer die gleichen paar Sätze, hielt einem eine geöffnete Dattel-Probierpackung nach der anderen vor die Nase und tauschte die Packung beim kleinsten Zögern wie der Blitz gegen die nächste aus.

Bisher war ich immer allein im Shop gewesen. An diesem Tag standen schon zwei arabische Pärchen an der Theke, eins in traditioneller Kleidung, eins westlich gekleidet. Als wir uns danebenstellten, rotierte der arme Dattelmann, als hätte er vier Arme. Er schob die verschiedensten Sorten so schnell vor die Nasen der Kunden, dass die Datteln fast aus den offenen Packungen flogen. »Probieren, probieren, probieren!«

Zack, standen zwei henkellose Tässchen vor Petra und mir. »Hier! Kaffee für die Damen.« Zu den anderen: »Oh, lieber Fard? Oder Khalas? Ich habe auch was aus Bahrain, nämlich die. Und die hier, mit Pistazien gefüllt. Lecker! So toll! Probieren, probieren, probieren!« Er leerte sein kleines Tässchen in einem Zug und sah uns fragend an. »Noch mehr Kaffee?«

Petra und ich unterdrückten ein Grinsen. »Danke, nein, wir haben noch.«

Mein Nachbar hatte noch gekaut und konnte nicht sofort nach dem neuen Angebot greifen. Flugs entzog ihm der Dattelmann die Packung und knallte sie vor uns auf die Theke. »Mit Sesam! Try, try, try!«

Ich wechselte einen Blick mit dem arabischen Pärchen neben mir, und wir grinsten uns an.

Man fühlte sich wie bei einem Hütchenspiel: »War das die Dattel, die du lecker fandest? Oder doch die? Oder die?«

Sehr zur Freude des Dattelmanns konnten Petra und ich uns nicht einigen. Es war einfach alles zu köstlich. Wir kauften vier Sorten und noch eine Packung Dattelpaste. Beim Preis musste ich wie jedes Mal schlucken, aber mit dem großzügigen Dattelmann handelte ich grundsätzlich nicht.

Voller Energie nach dem Koffein- und Zuckerschub im Dattelladen machten wir uns auf den Weg, um Karin bei den Falkenläden zu treffen.

Die Falkenläden reihten sich an einer Nebenstraße aneinander und waren von außen unscheinbar. Mehr als ein eingestaubtes Schild mit arabischen Schriftzeichen und leicht erblindete, dreckige Scheiben, durch die man den ganzen Laden überblicken konnte, gab es nicht zu sehen. Abends waren die Läden stets gut besucht von Golf-Arabern. Junge Kataris kamen mit einem Armvoll Accessoires für ihre Falken heraus. Opas, Väter und Onkel nahmen regen Anteil, wenn ein Junge sich seinen ersten Falken aussuchte. Freunde ließen sich verschiedene Tiere vorführen und fachsimpelten. Deswegen hatte ich mich bisher nie in die Läden getraut, sondern nur die Nase an der Scheibe platt gedrückt. Aber um diese Tageszeit war nichts los.

Karin führte uns zielstrebig in einen Laden. Drinnen war es, im Gegensatz zur typischen Souk-Klangkulisse draußen aus

Vogelschreien und Stimmengewirr, erstaunlich still. Reihe um Reihe hockten mehrere Dutzend Greifvögel auf ihren Podesten, die wie umgedrehte Sandeimerchen geformt waren. Die meisten Tiere trugen eine Schutzhaube aus Leder über dem Kopf.

Karin fragte einen alten Mann mit Turban, der auf ausgetretenen Sandalen langsam durch den Laden schlurfte und die Vögel versorgte, nach einem bestimmten Verkäufer, den sie kannte. Leider sprach der Alte kein Wort Englisch, doch immerhin konnte er durch Gesten vermitteln, dass der Verkäufer noch nicht da war.

Tausend Fragen schwirrten mir durch den Kopf, die alle herauswollten und nun keinen Adressaten fanden. Stimmte es, dass ein »Einsteiger-Falke« dreitausend Euro aufwärts kostete? War es richtig, dass die Jungen mit etwa zwölf Jahren den ersten Falken bekamen und von ihren männlichen Verwandten in der Erziehung des Falken unterwiesen wurden? Kamen manchmal auch Frauen, um einen Falken zu kaufen?

Eine ganze Wand des Ladens hing voll mit Accessoires: wunderschön gefertigte Hauben, Handschuhe, Federspiele, mit denen man Falken für die Jagd abrichtet. Der alte Mann legte den Finger an die Lippen und winkte uns, ihm durch das Halbdunkel des Ladens zu folgen. Geschützt hinter einer Abtrennung hockte ein Dutzend ganz junger Falken auf einem langen Podest. Sie sahen noch rund und pummelig aus, ganz anders als die eleganten erwachsenen Vögel. Sie alle trugen gefiederte Hauben. Durch die pummelige Figur darunter wirkten sie wie knuffige Zeichentrickfiguren. Wie das wohl war, wenn man so einen kleinen Falken bei sich zu Hause aufnahm und auf sich prägte?

»Nein«, flüsterte Petra, als sie meinen Blick sah. »Kein Falke!«

»Aber sie sitzen hier den ganzen Tag nur gelangweilt rum! Die Armen.«

Karin führte uns aus dem Laden, bevor ich fragen konnte, was denn ein »Einsteiger-Falke« nun kostete.

»Vielleicht treffen wir ja auf unserer nächsten Station jemanden, der Bescheid weiß«, vertröstete sie mich.

Nur ein paar Meter weiter stand in großen Leuchtbuchstaben *Souq Waqif Falcon Hospital* über einem eleganten sandfarbenen Gebäude mit Säulenumgang. Anders als der Rest des Souks sah es modern aus und nicht bewusst auf alt getrimmt.

»Und die lassen uns wirklich hier rein, obwohl wir keinen Falken und keinen Termin haben?«, flüsterte ich.

»Die sind total nett«, sagte Karin. Mit einem gehauchten »Good morning« ging sie durch die Glastüren in das Foyer der Klinik. Es roch ein wenig wie Tierarzt und Krankenhaus. In dem großen Foyer gab es einen langen Empfangstresen und einen Wartebereich mit rot-grau gestreiften Sofas für die Menschen, davor eine Reihe Sitzstangen für die Falken. Ein Mann in Golftracht saß auf einem der Sofas und las eine Zeitschrift, während sein Falke mit Haube auf dem Kopf auf der Stange wartete. Er war mit einer dünnen, langen Leine an der Sitzstange befestigt.

Karin sprach kurz mit dem Mann hinter dem Empfangstresen, sie kannten sich schon. Dann winkte sie uns, ihr zu folgen. Es ging durch einen schmalen Gang tiefer in die Klinik hinein. Zwei Pfleger und ein Arzt in blauen Kitteln kamen uns entgegen und begrüßten uns freundlich. Ihnen folgten zwei junge Kataris, einer mit einem Falken auf der Hand, die uns genauso freundlich grüßten wie das Klinikpersonal.

»Ein Arzt hat mir letztes Mal erzählt, dass sie hier die kleinsten maßgefertigten Atemmasken der Welt verwenden für ihre Patienten«, sagte Karin flüsternd. Sie deutete durch ein Fenster. Man konnte direkt vom Gang in den OP blicken. Auf dem OP-Tisch lag ein Falke, über den sich gerade ein Team aus Ärzten und Helfern beugte.

Fasziniert lugten wir drei durch die Scheibe.

»Es bricht einem das Herz, wenn man seinen Liebling da so liegen sieht«, sagte eine tiefe Stimme hinter uns.

Wir drehten uns um. Hinter uns stand ein groß gewachsener

Katari von etwa Mitte dreißig, ein kleines Bäuchlein zeichnete sich unter der schneeweißen Dischdascha ab. Auf der Faust trug er einen Falken mit Haube.

»Ist der Falke krank?«, fragte ich ihn.

»Ja, aber ich weiß noch nicht, was sie hat.« Er streichelte den Vogel. »Aber man kennt seine Vögel. Wenn du jeden Tag mit ihnen verbringst, dann spürst du einfach, wenn etwas nicht stimmt.«

»Ist das Krankenhaus hier gut?«

»Ja, sie finden eigentlich immer heraus, was mit den Falken nicht stimmt. Es gibt mehrere Tierärzte für Falken in Doha, aber ich komme immer hierher.« Seine Hand strich erneut über das Gefieder. »Ich habe Najam schon, seitdem sie ganz klein war. Sie war noch nie krank.«

Er wirkte erleichtert, als ein Pfleger ihn in ein Behandlungszimmer bat.

Wir sahen zu, wie Najam aus dem Zimmer getragen und in den OP gebracht wurde. Ihr Besitzer stellte sich neben uns und sah besorgt zu. Nach einer kurzen Prozedur, die ich nicht sehen konnte, weil ein Pfleger vor der Scheibe stand, kam ein Arzt heraus und besprach sich mit Najams Besitzer in Arabisch. Als er erleichtert strahlte, fiel auch mir ein Stein vom Herzen.

»Sie hat etwas gefressen, das sie krank gemacht hat«, sagte er. »Sie haben den Magen gespült und geben ihr Medikamente. Es wird ihr bald besser gehen.«

Er verabschiedete sich und setzte sich ins Wartezimmer, um auf Najam zu warten.

SANDSTÜRME UND GERÖLLWÜSTE

Große Teile Katars bestehen nicht aus Sand, sondern aus Geröllwüste. Für Neuankömmlinge ist das erst einmal seltsam: Man zieht in einen »Wüstenstaat«, also erwartet man einen gigantischen Sandkasten. Was man sieht, wenn man Doha im Auto verlässt, sind aber vom Wind abgeschliffene Felsformationen, grauer, trockener Boden und Geröllbrocken. So sehen auch die Brachflächen aus, auf denen man in Doha bevorzugt parkt – noch ein Grund, warum alle SUVs fahren.

Doch dann wacht man eines Morgens auf, springt aus dem Bett – und tritt in Sand. Mitten im Schlafzimmer. Denn über Nacht ist ein Sandsturm herangezogen. Besonders am Tag sieht das dramatisch aus: Eine zusammengeballte wogende Staubwolke verdunkelt den Horizont, rollt auf die Stadt zu und taucht Straßen und Gebäude in eine undurchdringliche Suppe. Man sieht beim Autofahren kaum die Hand vor Augen. Der Sand presst sich durch alle Ritzen ins Haus, legt sich liebend gern auf Druckern, in der Obstschale und auf dem Fernseher ab. Autos, Pflanzen, Grill und Gartenmöbel sind im Handumdrehen von einer Dreckschicht bedeckt. Einfach mit dem Schlauch abspülen funktioniert nicht, denn dieser Sand ist von einem anderen Kaliber. Ihm sind abgeschilferte Partikel vom Boden und vom Felsgestein beigemischt, weshalb man so viel wie möglich trocken abfegen muss. Denn wenn auch nur ein Tropfen Wasser ins Spiel kommt, verwandelt sich der Staub in dunkelgraue Rinnsale. Sie färben alles dreckig grau und sind kaum mehr wegzubekommen.

Was nicht von der Sonne ausgeblichen wird, wird in Katar vom wirbelnden Staub so bearbeitet, dass die Oberflächen aufrauen. Plastik wird spröde und brüchig und verliert seine Farben, Autos werden im wahrsten Sinne des Wortes »gesandstrahlt«. Neuankömmlinge aus Deutschland beschweren sich in Katar häufig darüber, dass vieles so alt und farblos aussieht, auch in den Hotels. Dabei sehen neu gekaufte Pool- oder Terrassenmöbel schon nach einem Jahr aus, als hätten sie bereits zehn Jahre auf dem Buckel. Und die verdreckten Fensterscheiben sind vermutlich vom Ladeninhaber erst vor zwei Tagen das letzte Mal geputzt worden.

Aber der Sand hat auch seine schönen Seiten. Vor allem in Richtung Saudi-Arabien zeigt er sich in aller Pracht. Hier gibt es weich gewellte Dünen, so weit das Auge reicht. Und ebenfalls hier macht das Meer einen großen Schlenker ins Landesinnere und bildet die berühmte Inland Sea. Halb Doha macht sich am Wochenende auf den Weg hierher – die einen zum Campen, zum Schwimmen und Chillen am Meer, die anderen mit Falken und Kamel oder SUV zur Jagd. Die Jüngeren vergnügen sich mit Skiern, Sandboards, Quads und Wüstenbuggies.

Khor al-'Udeid (so der arabische Name der Inland Sea) ist ein Naturschutzgebiet. Seit jeher grasen hier Kamele, es leben aber auch Schildkröten, Fischadler und Dugongs (eine seltene Form der Seekuh) in der Bucht. Um zur Inland Sea zu gelangen, sind gute Orts- und Wüstenkenntnisse unerlässlich, wenn man nicht auf Nimmerwiedersehen in der Wüste verschwinden will. Man fährt deshalb immer im Konvoi mit mindestens zwei Autos und mit reichlich Wasser und einem Klappspaten im Kofferraum – sollte das Auto in der Wüste liegen bleiben.

Die erste Station nach Doha ist Sealine Beach, das belebteste Freizeitbad Katars, wo die befestigte Straße endet und in eine Sandpiste übergeht. Vor der Weiterfahrt muss man Luft aus den Reifen lassen, und jemand, der die Route kennt, muss vorausfahren, denn von nun an folgt man einer von vielen möglichen

Pisten, die kaum von der kargen Landschaft links und rechts zu unterscheiden sind. In der Nähe der Küste fährt man vorbei an grasenden Kamelen, die in den Sabkhas stehen – einzelnen Senken mit Salzmarsch an der katarischen Küste.

Nach etwa vierzig Kilometern, für die man gut und gerne mehr als eine Stunde braucht, findet man sich in einer Landschaft wieder, die wie eine Fantasywelt aus einem Computerspiel oder eine Fata Morgana wirkt: Sanddünen umschließen einen großen See aus Meerwasser. Besonders bei Sonnenuntergang kann man hier wunderbare Fotos machen. Das Gebiet ist weitläufig, und man hat mit etwas Glück und Planung einen Strandabschnitt ganz für sich allein.

Doch auch wer lieber auf Adrenalin pur steht, findet hier das Passende: »Dune Bashing« heißt ein beliebtes Freizeitvergnügen in Katar, für das man Nerven aus Drahtseilen braucht. Es geht dabei darum, möglichst schnell mit einem dicken Auto über die Dünen zu brettern.

Mark und ich gewöhnten uns zwar daran, auf Pisten durch die Wüste zu fahren. Aber quer über die Dünen? Da überließen wir das Steuer lieber einem erfahrenen Fahrer. Es gibt viele Touristikunternehmen in Doha, die solche Dünentouren anbieten. Wenn man nur gemütlich durch die Wüste kurven will, muss man das bei der Buchung und beim Einsteigen extra betonen. Ansonsten gehen die Fahrer davon aus, dass man mit ihnen den Adrenalinkick des »Dune Bashing« erleben möchte. Sie heizen mit reichlich Tempo die Düne hoch, damit das Auto nicht kippt und nicht im Sand stecken bleibt. An der Spitze der Düne macht der Wagen einen Satz über den Kamm oder driftet schräg auf derselben Seite wieder herunter. Man weiß nicht, was das Auto mehr zum Vibrieren bringt: der fette Motor, der sich abmüht, die schwere Karosse steil durch den feinen Sand Richtung Dünenkamm zu bewegen, oder die laute Musik aus den Boxen. Düne rauf, Düne runter, rutschen, anfahren, kippeln: Es fühlt sich an wie auf der Kirmes. Schade nur, dass einem jeden Moment ein hochmotorisierter SUV von der anderen Seite der

Düne ins Auto rasen kann. Immer mal wieder meldeten die Zeitungen, dass Expats bei einem solchen Ausflug ums Leben gekommen waren.

Der beliebteste Treffpunkt für junge katarische Männer waren die Dünen um Sealine Beach. Hier können sie gleich mehreren Hobbys hintereinander frönen: Mit Jetskis und anderem Wasserspielzeug röhrend vor dem Strand auf und ab heizen. Mit Boards die Dünen heruntersurfen oder mit Dünen-Buggys wagemutige Stunts ausprobieren. Und mit ihren aufgemotzten Autos angeben. Dazu parkt man die Autos unten in der Dünenlandschaft. Oben auf dem Dünenkamm stehen weitere Wagen. Und überall dazwischen Pulks von jungen und nicht mehr ganz so jungen Männern – Kataris, aber auch Männer anderer Nationen.

Immer wieder rast ein Wagen schräg die Düne hoch, die Fahrer versuchen, Stunts auszuführen, möglichst lange abzuheben und besonders nah an den Zuschauern vorbeizurasen. Dazwischen gurken die Dünen-Buggys herum, die neben den fetten SUVs wie Kinderspielzeuge wirken. Sie können aber 500 PS mit acht Zylindern haben.

Manchmal rasen gleich drei Autos und Buggys auf einmal die Düne hoch. Niemand ist angeschnallt, viele Fahrer haben gerade erst den Führerschein gemacht. Gibt es einen Unfall – und es kommt so gut wie jedes Wochenende zu Unfällen –, werden die Fahrer in den Sand geschleudert und manchmal vom eigenen Fahrzeug überrollt. Bis es ein 4 x 4-Krankenwagen bis hierher ins Nirgendwo schafft, kommt manchmal jede Hilfe zu spät. Jedes Jahr starben laut einer katarischen Dokumentation mehr als 200 Menschen in Sealine Beach, zu 96 Prozent Männer zwischen 19 und 39 Jahren, die meisten von ihnen Kataris.

Zu Sonnenaufgang und -untergang kann man grandiose Fotos an der Inland Sea schießen. Den Sonnenuntergang »malerisch in der Wüste erleben«, das haben wir allerdings nur ein Mal ausprobiert, ganz am Anfang unserer Katar-Zeit. Hach, es war auch wirklich schön. Man bekommt traumhafte Fotos! Aber was kommt nach dem malerischen Abendrot? Pechschwarze Nacht. Wir hatten Angst, den schmalen Pfad, der als Straße herhalten musste, aus den Augen zu verlieren und uns auf ewig zu verirren. Oder einfach zwei Meter neben der Straße im tiefen Sand stecken zu bleiben. Oder unserem Auto die Achse zu brechen an einem der Felsbrocken, die in der Dunkelheit mit der Piste verschwammen.

Wir überlebten die Fahrt ohne irgendwelche Zwischenfälle. Fortan ertrugen wir die Neckereien als »Warmduscher« und machten uns immer bei Tageslicht auf den Rückweg nach Doha.

LAND UNTER

»Der Emir von Katar und Schulkinder beten um Regen«, stand im Winter auf der Titelseite der *Gulf Times*. Die Fotos von dem Ereignis prangten auf allen lokalen Zeitungen. Der Emir und die Kinder, so wusste der Autor des *Times*-Artikels, waren extra früh aufgestanden, um sich um kurz nach sechs Uhr morgens zum traditionellen Regengebet *(Itisqa)* zu treffen.

Die durchschnittliche Niederschlagsmenge beträgt in Katar etwa 72 mm im Jahr. Zum Vergleich: In Deutschland fallen im Durchschnitt 700 mm im Jahr, also knapp zehn Mal so viel. Die Regenwahrscheinlichkeit liegt in Katar in den Sommermonaten bei 0 Prozent. Aber selbst im Winter ist Regen extrem selten: Es regnet meist nur ein paar Tage im Jahr. So wird auch das Regengebet entstanden sein, denn der Winter ist die »growing season« in Katar, die Zeit, wo Pflanzen gedeihen und Dattelpalmen Früchte ansetzen. Wenn der Regen ganz ausbleibt, ist das eine Katastrophe.

Wenn es mal stärker oder tatsächlich drei Tage hintereinander regnet, steht ganz Doha unter Wasser, da die Systeme dafür nicht ausgelegt sind. Es ist wie bei der Deutschen Bahn und dem Winter: Zu viel Regen kommt in Doha jedes Jahr wieder »unvorhersehbar« herunter.

In Katar bedeutet starker Regen innerhalb kürzester Zeit buchstäblich »Land unter«: Von vielen Autos ragen dann nur noch die Dächer aus den sich stauenden Wassermassen. Und die meisten Autos in Doha sind große SUVs – die niedrigen Limousinen, die hauptsächlich Taxifahrer und Angestellte mit niedrigen Löhnen fahren, sind dann schon längst nicht mehr zu sehen.

Schon mit dem ersten Regen bilden sich tiefe und große Pfützen auf den Straßen, denn das extreme Klima reißt in kürzester Zeit Löcher in den Straßenbelag. Tim und Noah stachelten mich, wenn es mal regnete, auf dem Weg zur Schule vom Rücksitz jedes Mal an: »Fahr durch die Pfützen! Fahr durch die Pfützen!« Und dann juchzten wir alle drei, wenn das Wasser in großen Fontänen bis über das Dach spritzte.

Eines Tages – wir waren vor ein paar Monaten in ein neues Haus gezogen, und Petra war gerade mal wieder zu Besuch – erlebte ich meinen ersten »richtigen« Regen in Katar. Wir wollten abends noch kurz mit dem Auto zur Mall, es regnete seit Stunden mäßig, aber stetig. Alles ging gut, ich umkurvte die Pfützen, aber die letzte Straße vor der Mall stand komplett unter Wasser. Ich wusste aus Erfahrung, dass hier keine Mäuerchen oder tiefen Schlaglöcher lauerten. Links wurde die Wasserfläche von der Mauer der Mall begrenzt, rechts von einer Compound-Mauer. Dazwischen lag jetzt ein »See« unbekannter Tiefe. Na, wie tief sollte das nach einem Tag Nieselregen schon sein?

Am Beginn der Straße standen zwei Land Cruiser, deren Fahrer sich angesichts der Riesenpfütze offenbar weder vor noch zurück trauten. Petra und ich lachten. »Was für Warmduscher! Wofür haben die solche Riesen-SUVs, wenn nicht genau für solche Situationen?«, meinte ich und gab Gas.

Nach ein paar Metern sahen wir etwas fassungslos im Scheinwerferlicht, wie von uns ausgelöste Bugwellen hoch an den Mauern links und rechts anbrandeten. Das Wasser war verdammt tief. Es half nichts: Nach dem Einkaufen mussten wir den gleichen Weg zurücknehmen.

Wir kamen schließlich trotz der ungewohnten Straßenverhältnisse wohlbehalten zu Hause an, und ich erzählte Mark beim Abendessen lachend von den »Warmduschern«, die ihre Autos hatten stehen lassen, obwohl die viel höher als meins waren. Mark standen während meiner Erzählung sichtlich die Haare zu Berge. »Frida, bist du verrückt? Du hast doch kein Auto, das durch Flüsse setzen kann! Wenn dir das Wasser in den Motor oder den Auspuff gelaufen wäre, wäre es das mit dem Auto gewesen!«

Upps! Deswegen waren die anderen so vorsichtig gewesen.

Am nächsten Morgen wollte ich wie immer die Jungs zur Schule beziehungsweise zum Kindergarten fahren, Petra schlief noch. Doch ich kam gerade mal bis zum Tor unseres Compounds. Direkt dahinter verschwanden meine Vorderreifen komplett im Wasser. Die Straße, über die Petra und ich gestern Abend noch problemlos vom Einkaufen zurückgekehrt waren, hatte sich über Nacht in einen See verwandelt und war nicht mehr zu sehen.

Vorsichtig tastete ich mich mit dem Auto vorwärts, doch als das Wasser über die Kühlerhaube schwappte, legte ich den Rückwärtsgang ein. Die Kinder und ich stiegen aus, gingen zu Fuß vors Tor und besahen die Straße. In beide Richtungen dehnte sich eine endlose Wasserfläche aus – von all den Schlaglöchern, Mäuerchen und Bremsschwellen, die sonst das Bild prägten, war nichts mehr zu sehen. Ein Mann mit Bürorucksack auf dem Rücken glitt in diesem Moment kniend auf einem Stand-up-Paddleboard an uns vorbei und winkte uns mit breitem Grinsen zu.

Von einigen Ingenieuren, mit denen Mark befreundet war, wusste ich, dass in Doha ein neues Abwassersystem im Bau war. Nur der alles entscheidende Anschluss in Abu Hamour fehlte angeblich noch. Sie sagten, dass sich deshalb das Wasser aus den umliegenden Stadtteilen in Abu Hamour sammelte, sobald es etwas stärker regnete, und dort nicht abfließen konnte. Deshalb war in unserem Stadtteil »Land unter«.

Ich rief in der Schule an, um zu sagen, dass Tim heute wegen der Überflutungen nicht kommen würde. Die Schule lag ja schließlich auch in Abu Hamour.

»Aber das ist doch nur ein bisschen Regen«, sagte die Assistentin. »Der Unterricht findet ganz normal statt!«

Kurz überlegte ich, ob wir uns irgendwie zur Schule durchkämpfen sollten, wie ich das als gute, pflichtbewusste Mutter vielleicht in Deutschland getan hätte. Wegen Schulpflicht und so. Doch ein wenig Katar hatte inzwischen auf mich abgefärbt, ich war in manchen Dingen merklich entspannter geworden. »Das kann Tim ja dann zu Hause nacharbeiten«, entschied ich und wünschte der Assistentin einen schönen Tag.

Tim und Noah genossen die spontanen Ferien und verteilten ihr Spielzeug in ihren Zimmern.

»Noah, was machst du in unserem Bad?«, rief ich, als ich ein lautes Plätschern aus dem Elternbadezimmer, das direkt an unser Ankleidezimmer grenzte, hörte. »Badest du mitten am Tag?« Misstrauisch stieß ich die Badezimmertür auf. Es dauerte ein paar Schocksekunden, bis ich kapierte, was ich da sah: Wasser sprudelte wie ein Gebirgsquell durch das geschlossene Fenster! Wie ging das denn? Ganz einfach: Es sammelte sich auf der schiefen Fensterbank draußen und lief durch den handbreiten Spalt, der sich (bisher unbemerkt) unter dem Fensterrahmen befand, ins Innere.

Hektisch stellte ich einen Eimer unter das Leck, aber das Wasser sprudelte munter über den Rand des Eimers. Als Nächstes öffnete ich den Gully im Bad, schloss die Tür, rollte eine Bettdecke zu einer Wurst und versuchte, damit die Tür abzudichten.

»Mama, mir hat was auf den Kopf gespuckt!«, rief Noah in diesem Moment entrüstet aus dem Nachbarzimmer.

Mit großen Schritten ging ich in Richtung des langen Flurs, an dem die Schlafzimmer und auch mein Arbeitszimmer lagen. Statt einer geschlossenen Decke hatte er ein etwa zehn Meter langes Oberlicht. Sofort erkannte ich, was Sache war: »Blipp, blipp«, tropfte es munter von oben herab. Überall auf dem Flur bildeten sich große Pfützen, und ich konnte zusehen, wie das Wasser in immer kräftigeren Strömen von dem undichten Oberlicht die Wände hinablief.

»Noah, Tim, lauft los und holt die Putzeimer! Und bringt auch gleich eure Sandeimer mit!« Die Situation erinnerte mich fatal an unseren »Frühjahrsputz« in unserem ersten Jahr in Katar.

Während die Jungs nach unten spurteten, brachte ich erst mal alles Elektrische in Sicherheit. Dann raffte ich zusammen, was ich an Handtüchern und Decken finden konnte, um wenigstens etwas von der Überschwemmung aufzusaugen. Bald musste es doch mal gut sein mit dem Regen! Der hielt normalerweise nie länger als ein paar Stunden an.

Eine Stunde später regnete es immer noch. Jetzt lief das Wasser in breiten Rinnsalen durch jedes Fenster herein, die Fliesenböden entlang und verwandelte unser Treppenhaus in eine Regendusche.

Inmitten des ganzen Schlamassels trafen von allen Seiten WhatsApp-Meldungen auf meinem Handy ein, die mir zeigten: Wir waren nicht allein. Mark schickte mir ein kurzes Video aus der Ezdan Mall, wo er Büromaterial besorgen wollte. Es tropfte an vielen Stellen aus der Decke, der Gang mit den Geschäften direkt vor ihm war mit Baustellenband abgesperrt. Dahinter standen zwanzig bunte Eimerchen. Auf einmal gab ein Teil der Decke nach und klatschte in den Gang. Zum Glück war der menschenleer. Das Wasser lief von oben in einem breiten Strom nach.

Mark leitete mir auch ein Video von seinem Kollegen Andreas weiter, der in einem Apartmentturm in der West Bay lebte. Im Film drückte eine Hand auf einen Fahrstuhl-Rufknopf. »Passt auf!«, hörte ich Andreas' Stimme aus dem Off. Der Fahrstuhl hielt mit einem fröhlichen »Ding!«, die Türen öffneten sich, und Wasser lief wie aus einer Schwalldusche von oben in die Kabine.

In der WhatsApp-Gruppe der Klasseneltern trafen Fotos und Statusmeldungen ein, die zeigten, wie ungleich die Überschwemmungen im Stadtgebiet von Doha verteilt waren. Mal war es nur ein kleines Rinnsal vor dem Haus, dann wieder Szenen, die einem Lust machten, eine Arche zu bauen. Die Straßenkatzen retteten sich zu kleinen Gruppen auf die Autodächer.

Um halb elf landete eine E-Mail der Schule auf meinem Handy, die mit »DRINGEND!!« markiert war. »Bitte holen Sie sofort Ihre Kinder wieder ab«, hieß es darin. Das Hochwasser hatte offenbar auch die Schule erreicht. Eine der beiden Zufahrtsstraßen war nicht mehr passierbar, und das Wasser lief bereits ins Schulgebäude. »Die Kinder müssen innerhalb der nächsten halben Stunde abgeholt werden! Sonst ist vielleicht die zweite Straße auch nicht mehr passierbar!«

Ganz blöd für die Eltern, die in der Pearl oder der West Bay wohnten und auch ohne Regen vierzig Minuten zur Schule brauchten. Aber es zeigte sich, dass man sich in Doha nicht im Regen stehen ließ: In null Komma nix bildeten sich über WhatsApp Notfallgruppen aus Eltern, die ihre SUVs bis unters Dach mit Kindern aus der Nachbarschaft vollstopften, damit niemand in der überschwemmten Schule ausharren musste.

Wir fingen das Wasser mit allem auf, was wir an Decken und Handtüchern hatten. Dank unserem »Frühjahrsputz« hatten wir ja schon Routine darin. Zur Mall zum Einkaufen pilgerten die Kinder und ich zu Fuß, und zwar in wasserfesten Sandalen – im Gänsemarsch mit vielen Indern und Filipinos. Dank Mäuerchen und anderen Erhöhungen konnten wir, ein wenig wie die Berggämsen, die größten Untiefen überwinden.

Über Nacht hörte der Regen so abrupt auf, wie er gekommen war. Die Sonne kam am nächsten Morgen mit solcher Macht hervor, dass man meinte, die Straßen förmlich dampfen zu sehen. Auch das Haus trocknete bei geöffneten Fenstern innerhalb weniger Stunden.

»Bis nächsten Regen«, sagte Mon, ein Filipino, fröhlich, während er den Mob schwang, um die dunklen Schmutzstreifen zu beseitigen, die das Regenwasser hinterlassen hatte. Er war der Elektriker in unserem alten Compound gewesen und half mir gegen Bezahlung häufiger im Haus. »Dachfenster prüfen lassen,

Miss Frida. Noch mehr Regen: Krawumm! Fenster kaputt.«

Die Maintenance fand jedoch nichts, was an den Fenstern nicht in Ordnung sein könnte (»Welcher Spalt?«). Bei uns gab es zum Glück trotzdem beim nächsten Regen kein »Krawumm«, dafür aber bei unseren direkten Nachbarn.

FLIRTEN AUF KATARISCH

Katara, das »Kulturdorf« im Norden Dohas, war – neben dem Souk Wakif – von Anfang an eines meiner bevorzugten Ausflugsziele in Katar. Wann immer es ging, zog es mich dorthin, weil ich es liebte, mich von der Sonne geschützt im Freien zu bewegen und dabei auch noch eine Brise vom Meer zu erhaschen. Und jedes Mal beobachtete ich, wenn ich in der Nähe des Parkplatzes auf meine Familie oder einen Fahrer wartete, ein seltsames Schauspiel, das ich mir nicht erklären konnte: Autos, bis auf den letzten Platz besetzt, entweder mit jungen Männern oder mit jungen Frauen, fuhren immer wieder vorbei. Sie drehten ganz offensichtlich eine um die andere Runde um Katara.

Die Besatzungen der Autos waren fein säuberlich nach Geschlechtern getrennt. Junge Männer in westlicher Kleidung, häufig aber in Dischdascha, umkurvten meinen Standplatz in fetten Land Cruisern, junge Frauen in Abaya mit Kopfschleier in schicken Sportautos mit viel PS. Die Fensterscheiben waren heruntergelassen, Musik und lautes Lachen drangen heraus. Ab und an stoppte ein Männer- und ein Frauenauto für wenige Sekunden nebeneinander. Ein vorsichtiger Blick nach links und rechts – und schon flogen weiße Papierstreifen von einem Auto ins andere, bevor es wieder losging.

Interessiert fragte ich Inas neue Bekannte Reem, was das für ein komisches Spiel sei. »Du bist doch mit einem Katari verheiratet. Was machen die da?«

»Das wird in der gesamten arabischen Welt gespielt«, erklärte sie mir lachend. »Sie tauschen Handynummern aus, um sich später über WhatsApp besser kennenzulernen und auszutauschen!«

»Wie bitte? Aber wie geht das genau ab?«

»Das ist eigentlich ganz einfach: Häufig kennen sich zwei der Insassen der Autos, er ist vielleicht ihr Cousin oder ein Bekannter von der Universität. Sie verabreden sich. Er lädt ein paar interessierte Kumpel in sein Auto, sie ihre Freundinnen. Dann trifft man sich an der Pearl oder in Katara, fährt haarscharf aneinander vorbei, dreht die nächste Runde, trifft sich wieder. Jedes Mal checken sich die Insassen gegenseitig ab. Bei der nächsten Begegnung gibt es dezente Handzeichen oder Augenkontakt, später sind die Fenster heruntergelassen, auch in der größten Hitze. Schließlich, wenn man sich gegenseitig etwas genauer in Augenschein genommen hat, fliegen Papierzettel mit der Handynummer ins andere Auto. In Situationen, wo das nicht möglich ist, presst man den Zettel an die Scheibe. In Katar findet das soziale Leben auf WhatsApp statt. Dort kann man sich dann in Ruhe austauschen.«

Der weitere Kennenlernprozess verlagert sich, so erklärte mir Reem weiter, an einen Ort, wo man sich live begegnen kann. Ein Kinobesuch eignet sich zum Beispiel hervorragend. Sie geht mit ihren Freundinnen ins Kino, er mit seinen Freunden. Entweder sitzen sie »ganz zufällig« nebeneinander, oder sie lösen sich im Schutz der Dunkelheit von ihren jeweiligen Gruppen und ziehen sich in den hinteren Bereich des Kinosaals zurück, wo sie sich leise unterhalten können.

Einmal mehr überraschten mich das Land und seine Bewohner. Was, wenn die beiden entdeckt wurden? Arabische Familien lieben es, ins Kino zu gehen, auch die Kataris. Und es gibt so wenige Kataris. Die Wahrscheinlichkeit, dass Onkel Yusef oder Tante Maryam im selben Kino sitzen und den Annäherungsversuch per iPhone-Taschenlampe mitbekommen, ist deshalb sehr hoch. Womöglich steckt dann Onkel Yusef dem Vater von Alija bei der nächsten Gelegenheit, was sie da mit dem Sohn von Cousin Ahmed gemacht hat. Dann doch lieber flirten aus dem Auto, oder?

SEASON'S GREETINGS

Auch in Katar möchten die Expats aller Nationen gern ihre Feiertage mit dem entsprechenden kulinarischen und dekorativen Drumherum feiern. Sei es Ostern, Valentinstag, Diwali, Weihnachten oder Ramadan und Eid.

Die Wochenzeitschrift *Time Out Doha*, eine in vielen Städten weltweit erhältliche englischsprachige Zeitschrift mit lokalen Event- und Gastro-Tipps, brachte zu wichtigen Feiertagen (Weihnachten genauso wie Ramadan) immer Sonderausgaben heraus. Denn passend zu den europäischen Jahreszeiten in Weihnachts- oder Frühlingsstimmung zu kommen, ist in einem Land mit mehr oder weniger immer gleichen Temperaturen gar nicht so leicht.

In der Dezember-Ausgabe gibt es in *Time Out Doha* lange Artikel mit Tipps, wo man in Doha den »Seasonal Spirit« erhaschen kann. Viele verschiedene Advents- und Weihnachtstraditionen aus aller Herren Länder treffen dabei aufeinander. So sah dann auch unser Advent aus: Lebkuchenhaus bauen und Plätzchen backen an der Deutschen Schule, danach Truthahnessen mit britischen oder amerikanischen Freunden. Am nächsten Tag mit niederländischen Bekannten nobel im Four Seasons Hotel auf »Santa« warten, der unter großem Jubel der Kinder auf einem Jetski über das Wasser der Bucht zum Hotelanleger fuhr. Einen Tag später verzückte er dann als Nikolaus mit Kamel die kleinen deutschen Kinder in der Wüste an den Singenden Dünen. Eine Woche danach lauschten wir im Grand Hyatt Doha Hotel englischen Weihnachtsliedern, vorgetragen von

Dohas ältestem und bekanntestem Amateurchor, den »Doha Singers«. Wir nippten an alkoholfreiem Punsch und Eggnogg, während ein großer Weihnachtsbaum mit viel Tamtam erleuchtet wurde. Und draußen war es immer noch warm genug, um im Pool schwimmen zu gehen …

Von Jahr zu Jahr wurde in den großen Supermärkten mehr Weihnachtsdeko angeboten, das meiste allerdings aus Plastik und so glitzernd wie möglich. Man musste schon genau hinschauen, um in all der kitschigen Pracht zu merken, was fehlte: Engel und das Christkind beziehungsweise Weihnachtskrippen. Die Läden und Hotels setzten ebenfalls auf konfessionsneutrale Deko, also gern Zuckerstangen-Optik, Plastik-Tannengrün sowie Schriftzüge wie »Joyful Season« an der Wand und auf den Bechern.

Auch im Souk gab es mehr oder weniger geschmackvollen Tannenbaumschmuck, darunter Kugeln, auf denen die Wüste und Kamele abgebildet waren. Das Prunkstück in der Sammlung einer Freundin bestand aus einem Weihnachtsmann, der auf einem Kamel reitet.

Am 18.12. ist dann Weihnachten in Katar abrupt vorbei, denn das ist der katarische Nationalfeiertag. Wehe dem Geschäft, das am Morgen des »Qatar National Day« noch für Weihnachten dekoriert ist! Ab dem 17.12. ist alles mit katarischen Farben und Fahnen zu schmücken. Am Nationalfeiertag selbst gibt es Paraden an der Corniche und abends ein großes Feuerwerk.

Wir flogen in den vier Jahren, die wir in Katar wohnten, nur ein Mal zu Weihnachten nach Deutschland. Irgendwie hatte es uns der bizarre Touch von »Weihnachten in der Wüste« angetan. Offiziell gibt es in Katar an Weihnachten keine Feiertage, aber viele westliche Firmen geben ihren Angestellten frei. Eine unrühmliche Ausnahme bilden viele Gastro-Ketten. So musste unsere Starbucks-Barista, eine alleinerziehende Mutter, den ganzen Heiligabend im Dienst verbringen, die achtjährige Tochter feierte allein bei Nachbarn mit.

Außerhalb des Hauses war wegen des vorangegangenen Nationalfeiertags an Heiligabend nichts mehr von Weihnachtsstimmung zu spüren. Wir aßen mittags im Sonnenschein auf der Terrasse bei Applebee's – mit Blick auf den Parkplatz, wie man das so macht in Doha. Den Nachmittag verbrachten wir auf dem Fußballplatz im Compound und dann im und am Pool. Um kurz vor fünf wurde es schon stockdunkel. In vielen Häusern flammte die Weihnachtsdeko auf, eine Beleuchtung kitschiger als die andere, und es gab endlich Bescherung. Viele muslimische Familien hatten ihre Häuser ebenfalls mit Lichtern dekoriert. Wir hätten auch einen Gottesdienst besuchen können, aber uns war nicht so recht danach, uns an Weihnachten durch Sicherheitskontrollen zu bewegen.

Silvesterfeuerwerk gab es nicht in Doha. Die Deutschen trösteten sich damit, dass sie schon das große Feuerwerk am National Day gesehen hatten. Die anderen Nationen vermissten es nicht, da es bei ihnen nicht üblich ist.

Wenn der National Day vorbei war, wurden die Schoko-Adventskalender und die Christbaumdeko in den Supermärkten wieder ausgepackt. Auf den Ramschtischen begleiteten sie uns sanft bis weit in das nächste Jahr hinein. »Was sich im Dezember gut verkauft, wird doch auch im Februar gut gehen«, schien das Motto in den Geschäften zu sein. Die Beliebigkeit der Angebote wurde um Ostern besonders deutlich, wenn heruntergesetzte Schoko-Weihnachtsmänner und Zuckerstangen auf den Aktionstischen direkt neben Osterhasen standen.

Der ständige »Sommer« ohne spürbare Jahreszeiten trug auch dazu bei, dass die Feste ineinander verschwammen. Ostern ist für uns mit dem Frühling verbunden – in Katar wird es zu der Zeit aber gerade wieder so richtig heiß, die angenehme »growing season« neigt sich dem Ende zu. Wenn es draußen immer warm ist, verlieren die Feste ihren jahreszeitlichen Charakter. An Halloween kann man nicht lange ein Kostüm tragen, weil man sich schier zu Tode schwitzt, und die Stumpenkerzen, die ich auf die Treppe vor unserer Haustür gestellt hatte, schmolzen einfach so weg – auch ohne Sonne. Ich kam gar nicht dazu, sie anzuzünden.

CHANGES

Nach unserem dritten Jahr in Katar bemerkten wir auf einmal, dass sich das Land schleichend veränderte: *Residents* kamen nun eher aus arabischen Ländern, weniger aus westlichen. Strengere Öffnungszeiten am Freitag und Beschränkungen des Alkoholausschanks in Hotels wurden eingeführt. Für alle Schüler landesweit standen von nun an verpflichtend katarische Geschichte mit zwei Wochenstunden und Arabischunterricht mit vier Wochenstunden auf dem Stundenplan.

Das Land fühlte sich aber auch aus anderem Grund immer »arabischer« an: Als wir in Katar angekommen waren, war die inoffizielle Arbeitssprache aller Nationen im Land noch Englisch gewesen. Doch schon bald war die Zahl der Neuzugänge mit Arabisch als Muttersprache gestiegen. Das machte sich in der Lebensmittelauswahl der Supermärkte bemerkbar, auf den Spielplätzen und auch an den Schulen.

Der Grund war, dass eine große Anzahl von Firmen aufgrund fallender katarischer Investitionen gezwungen war, Sparkurs zu fahren. Viele Western Expats, die in katarischen Firmen arbeiteten, verloren ihre Jobs, weil sie für die Unternehmen zu teuer waren. An ihrer Stelle stellte man Araber ein. Diese kamen meist nicht aus der Golfregion, sondern aus dem arabischen Ausland. Interessanterweise schulten diese Familien ihre Kinder nicht auf den preisgünstigen staatlichen Schulen ein, in denen Arabisch die Unterrichtssprache war, sondern bevorzugt in den internationalen Schulen.

Der Effekt war, dass die deutschen Lehrer mitunter vor

Grundschulklassen mit zwölf Kindern standen, von denen drei Kinder kein Wort Deutsch sprachen. Immer häufiger kam es auch zum Clash zwischen deutschen und arabischen Eltern über Schultraditionen. Dazu gehörte zum Beispiel die Tradition, dass die Kinder während der Grundschulzeit einmal im Jahr in der Schule übernachteten. In unserem ersten Katar-Jahr war das noch problemlos möglich gewesen, im zweiten ging es auch noch so gerade – da mussten die Mädchen aber schon in ein separates Zimmer und bekamen eine Aufpasserin. Im dritten Schuljahr wurden die arabischen Mitschülerinnen nach dem Grillen um neun Uhr abends abgeholt. Im vierten Jahr schließlich wechselte die Klassenlehrerin. Auf die deutsche Lehrerin folgte eine Deutsche mit arabischen Wurzeln. Jetzt gab es plötzlich gar keine Übernachtung mehr. Offenbar war es im arabischen Kulturkreis allgemein unüblich, dass arabische Kinder woanders übernachteten oder einen Freund oder eine Freundin als Übernachtungsgast mit nach Hause brachten. Es wurde auch immer schwieriger, deutsche Traditionen wie den Sankt-Martins-Umzug im Kindergarten stimmungsvoll zu feiern. Kein Wunder, wenn weder Kinder noch Eltern mit der Tradition eines Laternenumzugs vertraut waren.

Auch in Marks Firma war die »Arabisierung« zunehmend zu spüren. Mehr und mehr offene Stellen wurden mit lokal angeheuerten Kräften wie zum Beispiel Ägyptern besetzt. Viele Muslime, die aus anderen Ländern nach Katar zogen, waren zudem besonders strenggläubig, so auch Marks neue Kollegen. Damit veränderte sich die Firmenkultur. Feiern zerfielen nun grundsätzlich in zwei Teile: Der Alkohol wurde erst ausgepackt, wenn die strenggläubigen Muslime gegangen waren. Und gemeinsame Essen fanden jetzt nicht mehr im Interconti statt, sondern in einem »trockenen« Hotel, also einem ohne Alkoholausschank.

Mark und sein Team trafen sich regelmäßig zu Krisensitzungen, denn es ging der Firma vor Ort inzwischen immer schlechter, da wichtige Aufträge in Katar auf Eis gelegt wurden. Wer von der Mutterfirma in Deutschland in einem anderen Projekt eingesetzt werden konnte, verließ Katar. Gefühlt halfen wir jede Woche bei einer Haushaltsauflösung. Wir karrten für Kollegen und Freunde Haustiere zum Flughafen oder betreuten beim »Open House« die Besucherströme, die alles – von Barbie-Sets bis zu Tiefkühltruhen – billig erstanden und wegschleppten. Die Pflanzen landeten häufig bei mir, mein grüner Daumen hatte sich anscheinend herumgesprochen. Während ich immer mehr Töpfe mit Aloe und Frangipani-Bäumchen nach Hause schleppte, fragte ich mich, wie lange sie bei mir überhaupt Station machen konnten. Wann würde es uns treffen?

Anfang Juni 2017 eskalierte dann die diplomatische Krise zwischen Saudi-Arabien und Katar.

Begonnen hatte es mit Iran-freundlichen Zitaten des katarischen Emirs auf der Webseite der *Qatar News Agency* und anderen staatlichen Webseiten. Die katarische Regierung ließ sofort verlauten, die Seiten seien gehackt worden. Der Emir habe diese Sätze nie gesagt. (Die Untersuchung des amerikanischen Geheimdienstes kam Monate später zu dem Schluss, die Webseiten seien tatsächlich gehackt worden, laut der Amerikaner von russischen Hackern.) Die Medien vieler anderer Golfstaaten griffen die Meldung schon Minuten später entrüstet auf. Es gab laut unserer arabischen Freunde kein anderes Thema als »das böse Katar«. Da wir kein Arabisch sprachen, ging diese Berichterstattung an uns vorbei.

Kurze Zeit später wurden die E-Mails des Emirati-Botschafters Yousef Al-Otaiba in den USA gehackt. Die aus Emirati-Sicht politisch brisanten, angeblich echten E-Mails wurden sofort vom katarischen Sender Al Jazeera weltweit ausgestrahlt. Daraufhin bezichtigten die Emirate Katar, den Hack durchgeführt oder in Auftrag gegeben zu haben. Es gab noch weitere Medienscharmützel.

Wir nahmen das zunächst nicht weiter ernst. Es war ja nicht das erste Mal, dass Minister des einen arabischen Staats den anderen Verfehlungen vorwarfen. Nach ein paar Wochen mit bösen Artikeln in den lokalen Zeitungen und beleidigten Statements in Interviews hatte sich bisher immer alles eingerenkt.

Doch dieses Mal nicht.

Am 5. Juni 2017 erwachten wir in einem Land, das buchstäblich über Nacht von der Außenwelt abgeschnitten worden war: Saudi-Arabien, alle Länder der Vereinigten Arabischen Emirate, Bahrain, Ägypten, Jordanien und einige weitere Länder hatten am frühen Morgen die diplomatischen Beziehungen zu Katar abgebrochen. Die Fluglinien der Länder stellten ihre Flüge von und nach Katar ein. Die staatliche Fluglinie Qatar Airways erhielt keine Landegenehmigungen mehr und durfte die betreffenden Länder nicht überfliegen. Auch die Seewege nach Katar wurden abgeriegelt. Saudi-Arabien schloss zudem den einzigen Landweg nach Katar. Ein harter Schlag für ein Land, das die meisten Lebensmittel aus Saudi-Arabien importierte.

Ich besprach mit Mark und mit meinen Freundinnen vor Ort Angstszenarien. War das alles nur heiße Luft, oder stand der Region ein neuer Golfkrieg bevor? Falls die Saudis tatsächlich mit Bodentruppen angriffen: War es da besser oder schlechter, »nur« ein Expat zu sein? Würden sie überhaupt einen Unterschied zwischen *Residents* und *Nationals* machen? War es besser, in der Großstadt Doha zu bleiben, oder sollte man versuchen, sich Richtung Grenze durchzuschlagen, in der Hoffnung, dass die Saudis uns Expats mit Beginn des Krieges aus Katar rauslassen würden?

Über eine »Deutsche in Doha«-Facebook-Gruppe erreichte uns der Aufruf, uns auf der Liste der Auslandsdeutschen bei der deutschen Botschaft in Katar einzutragen. So wüssten sie, wie viele Deutsche sich überhaupt in Doha befanden. Meine Freundinnen und ich hofften, dass sie die Anzahl auch wissen wollten, um uns im Fall eines Kriegsausbruchs auszufliegen, und nicht nur, um abzuschätzen, wie stark Deutschland sich in dieser diplomatischen Krise engagieren sollte. Mark fuhr schließlich zur Krisenbesprechung ins Büro, ich meldete die Kinder für den Tag in der Schule ab und machte mich auf, um Vorräte zu kaufen.

In den Geschäften spielten sich Szenen ab, wie ich sie bisher nur aus Hollywoodfilmen kannte: Menschen, die sich schlagend und tretend um Einkaufswagen stritten. Meterhoch mit Wasserflaschen und Lebensmitteln beladene Wagen, die von ihren »Besitzerfamilien« vehement und handgreiflich verteidigt wurden. Menschen, die am Regal um die Lebensmittel rangen und sie sich gegenseitig aus den Händen rissen, vor allem die Wasserflaschen. In jedem Laden dieselben Szenen.

Juni in Katar, das bedeutete, dass draußen Tagestemperaturen von 40 bis 48 Grad im Schatten herrschten. Kein Wunder, dass Wasser höchste Priorität hatte.

Die Kinder und ich kauften statt Wasser lieber Essensvorräte. Mark hatte bereits bei unserem Umzug nach Katar für alle Fälle »Life Straws« gekauft, mit denen man zur Not auch über längere Zeit mit Keimen belastetes Wasser trinken kann. Und da den Kataris weder der Strom für ihre Entsalzungsanlagen ausgehen würde noch das Meerwasser, machten wir uns um das Wasser deshalb erst mal keine Sorgen. Wir hatten auch noch, wie die meisten Expats, drei große Kanister für den Wasserspender in der Küche auf Lager.

Stattdessen packten wir Notfallrucksäcke mit den allerwichtigsten Dingen, die man in einer Wüstenregion zum Überleben braucht. Dazu gehörten Life Straws, Powerbanks, Wasserreinigungstropfen, Wasserflaschen, Sonnenschutz, Schlafsäcke, Wechselklamotten, Müsliriegel, Medikamente, reichlich Bargeld in Riyal, Euro und Dollar, wassergeschützt verpackte Ausdrucke der wichtigsten Kontaktnummern und Adressen sowie Kopien der wichtigsten Familiendokumente. Anleitungen dafür, was je nach Region in einen solchen »bug out bag« (Abhauen-Rucksack) gehörte, gab es im Internet zuhauf. Ich packte zusätzlich meine Abaya und den Shayla ein, für mich als Frau unerlässlich, sollte die Flucht durch Saudi-Arabien gehen. Aber auch Mark und die Kinder bräuchten in der Region Tücher, um Kopf und Gesicht vor der Sonne zu schützen.

Die Rucksäcke hatten wir, genau wie unsere Pässe, ab jetzt immer dabei. Die Kinder fragten mir Löcher in den Bauch: »Mama, gibt es jetzt Krieg? Werden die anderen auf Doha schießen? Wird die Botschaft wirklich die ganzen Deutschen evakuieren, und wie?«

Gute Fragen. Wir hatten selbst keine Ahnung. Es lebten aktuell angeblich etwa 2000 Menschen mit deutschem Pass in Doha. Und es würden ja nicht nur die Deutschen evakuiert. Wo in Doha sollte man Hunderttausende Expats zur Evakuierung sammeln, falls Katar von saudischen Truppen und Bombern angegriffen würde? Wohin sollte man diese Menschen bringen, wenn Luftraum und Seewege abgeriegelt waren?

Die Kinder fragten jeden Tag wieder ganz bang, ob wir tatsächlich alle Möbel zurücklassen würden, wenn wir evakuiert werden müssten. »Auch das ganze Playmobil?«

Ich schluckte die melodramatische Antwort herunter, die mir auf der Zunge lag und leider die Wahrheit war: »Wenn Saudi-Arabien und die VAE Katar in einen Krieg stürzen, können wir froh sein, wenn wir mit dem Leben davonkommen.« Stattdessen logen wir die Kinder an und verbreiteten Optimismus: »Gar kein Problem. Dann kommen wir einfach ein paar Monate später zurück und holen die Sachen.« Dabei versuchten Mark und ich, nicht an die Bilder aus dem zerbombten Syrien zu denken, die täglich über die Fernsehbildschirme flackerten.

Wir klammerten uns alle daran, dass die USA eine große Militärbasis mit 11 000 Soldaten in Katar hatten. Das würde doch die Nachbarstaaten von einem Angriff abschrecken, oder? Oder würde Trump, der in den ersten Tagen der Blockade in die Anti-Katar-Tiraden eingestimmt hatte, die Soldaten abziehen und nach Bahrain verlagern?

Die Einzigen, die ganz entspannt blieben, waren die Qatar-Airways-Piloten in unserem Bekanntenkreis. »Gib ihnen ein paar Tage, um sich zu sortieren. Spätestens in ein, zwei Wochen gehen auch wieder Flüge nach Europa raus.« Daran klammerte ich mich und versuchte, mich nicht von der Panik anstecken zu lassen.

Etwa eine Woche lang war die Blockade deutlich zu spüren. Die Supermärkte waren ziemlich leer; lokal produzierte Produkte gab es aber noch, hauptsächlich Gemüse und Eier. Wasser in Flaschen war ausverkauft, lange haltbare Lebensmittel ebenfalls. Dann kamen die Türkei und der Iran zur Rettung.

Der Iran öffnete seinen Luftraum für katarische Flüge nach Afrika und Europa, angeblich gegen eine heftige Gebühr pro Flug. Der Oman gestattete Oman-Air-Flüge von Muscat nach Doha und umgekehrt. Damit kamen zumindest die Omanis, die mit Beginn der Krise in Katar gestrandet waren, wieder raus. Die Kataris durften umgekehrt auch aus dem Oman zurückkommen, ebenso konnten die in anderen Ländern quasi ausgesperrten Kataris nach Hause zurückkehren.

Unsere ägyptischen Freunde erlebten hingegen furchtbare Situationen: Familienmitglieder, die Anfang Juni beruflich in Ägypten unterwegs gewesen waren, konnten nicht wieder zu ihren Familien nach Katar zurück. Alias frisch angetrauter Ehemann Mohamed hatte zwei Firmen – eine in Doha, eine in Kairo. Seine Mitarbeiter in Kairo verloren mit Ausbruch der Krise de facto ihren Geschäftsführer, weil Mohamed lieber in Doha blieb. Alia und Mohamed hatten zu große Angst, dass er sonst nicht wieder nach Doha zu seiner Familie zurückreisen durfte.

Die Türkei flog nun all die Güter ein, die bisher aus Saudi-Arabien und den VAE gekommen waren, wie Hühnerfleisch, Kuhmilch, Kaffee, Gemüse und Wasser. Damit Katar auch bei der Milch nicht mehr von den Nachbarländern abhängig war, war schon seit Monaten geplant gewesen, 10 000 Milchkühe per Schiff ins Land zu holen. Doch die Schiffe mit den Kühen kamen, zumindest für den Moment, nicht durch. Die Lösung? Über 4000 Kühe wurden den Sommer über zu Hunderten nach und nach in umgebauten Cargo-Flugzeugen aus Deutschland, Australien und den USA nach Katar geflogen.

Als sich Ende Juni abzeichnete, dass sich die Krise länger hinziehen würde, warfen viele Expats, die eigentlich noch hatten bleiben wollen, doch das Handtuch. Mark besprach sich lange mit Oliver und allen anderen aus der Firma. Sie beschlossen, die Niederlassung in Doha doch dichtzumachen. Lieber jetzt ein geregeltes Abwickeln als vielleicht im nächsten Golfkrieg festsitzen.

Auch meine Freundin Ina beschloss, nach Deutschland zurückzukehren. Wir teilten uns einen Container. Unsere Umzugsgesellschaft versicherte Ina und mir, unser Umzug würde trotz der Blockade ablaufen wie geplant. »Wir kennen doch die Region. Spätestens in ein paar Wochen ist das Problem behoben, und Sie bekommen Ihre Sachen.« Natürlich hätten sie bei der Seefracht Pufferzeiten eingerechnet. Deswegen würde unser Haushalt ja auch schon Ende Juni in Container gepackt. »Dann müssen Sie in Deutschland nur zwei oder drei Wochen auf Ihre Möbel und Kisten warten.«

Ein Dutzend Packer leerten innerhalb von zwei Tagen unser Haus von allem, was wir mitnehmen würden. Wir sahen dem Truck sehnsüchtig nach, als er mit unserer gesamten Habe davonfuhr: Ein seltsames Gefühl, dass unsere Möbel und Bücher Katar offenbar einfacher verlassen konnten als wir.

Da wir in dem halb ausgeräumten Haus nicht mehr wohnen konnten, zogen wir in ein preiswertes »trockenes« Hotel in der Innenstadt. Inzwischen war Ramadan, und wir mussten uns morgens durch dicke Stoffgardinen wühlen, um den Frühstücksbereich zu erreichen. Sie schirmten die Tische und das Büfett zur Lobby und zu den großen Straßenfenstern hin vor den Blicken der fastenden Muslime ab.

Die nächsten vier Wochen bereiteten wir unseren Abschied aus Doha vor. Tagsüber besuchten wir Freunde und unsere Lieblingsorte in Doha. Im Ramadan, bei Gluthitze, war der Abschied aber ziemlich kläglich. Die meiste Zeit hingen wir in unserem halb leeren Haus ab und warteten auf Käufer, die auf unsere Facebook-Inserate geantwortet hatten. Wir verkauften jetzt alles deutlich unter Preis, denn Mitte Juli würden wir das Haus leer an den Compound-Verwalter übergeben müssen.

Inzwischen konnte ich verstehen, warum so viele meiner Freundinnen immer mit Container umzogen: Es tat unglaublich weh, Möbel, Spielzeug und Geräte an Menschen zu verkaufen, die alles erst mal niedermachten, um den Preis zu drücken. Vor allem bei den Möbeln wurde ich irgendwann bockig. Sie waren maximal vier Jahre alt und in einem Top-Zustand, aber die Interessenten boten Preise, als sei das alles Schrott. Irgendwann ging ich dazu über, die Sachen an bedürftige Menschen zu verschenken, statt es an jemanden zu verkaufen, der mich nur fies runterhandeln wollte. Dann hatte ich wenigstens noch etwas Gutes getan.

Eine besondere Aufgabe war, das wusste ich, der Verkauf unserer Autos, für die wir eine Stange Geld bezahlt hatten. In der jetzigen Situation gelang es manchen Expats nicht, ihr Auto bis zur Abreise über Inserate zu verkaufen. Dann mussten sie es auf der Straße versuchen. Ein bekannter Umschlagplatz befand sich an einer Nebenstraße der Salwa Road, wo tagein, tagaus Männer herumhingen, die preisgünstig Autos kauften und verkauften.

»Frida, ich muss morgen dorthin, um unser Auto loszuwerden«, erklärte mir Inas Mann Simon eines Morgens am Telefon. »Könntest du in deinem Wagen mitfahren und mich anschließend, wenn ich meine Karre los bin, nach Hause fahren? Du würdest mir einen großen Gefallen tun!«

»Klar, mach ich!«, erwiderte ich. Auch ich hatte bisher noch keinen Käufer für meinen Wagen gefunden, obwohl ich inzwischen nur noch ein paar Tausend Euro für den gepflegten SUV, der erst vier Jahre alt war, verlangte. Prophylaktisch wollte ich mich deshalb schon mal informieren, wie so ein Straßenverkauf ablief.

Simon fand an der Salwa Road tatsächlich einen Käufer. Allerdings zahlte auch der Höchstbietende nur knapp tausend

Euro für den Wagen, der eigentlich mindestens achttausend Euro wert gewesen wäre. Nachdem sich Käufer und Verkäufer einig waren, fuhr ich hinter Simon und dem Käufer her zur Polizeistation in Abu Hamour. Dort legten sie ihre katarischen Personalausweise vor, Simon außerdem die Autopapiere. Er bezahlte 200 Riyal (etwa 40 Euro) für die Ummeldung, überreichte Papiere und Schlüssel, und die Sache war erledigt.

Auf dem Nachhauseweg sah Simon ziemlich bedröppelt auf das Bündel von Hundert-Riyal-Scheinen in seiner Hand. »Vielleicht hätte ich das Auto doch mitnehmen sollen. Frank hat jetzt doch einen ganzen Container gebucht, weil er sein Auto mitnimmt.«

»Frank hat aber nur einen Mini«, erinnerte ich Simon sanft. »Und überleg dir, was dein Auto an Sprit schluckt. Da wirst du doch in Deutschland arm. Falls du so eine amerikanische Karre überhaupt zugelassen bekommst.«

Zwei Tage bevor unser Flug nach Deutschland ging, schaffte auch ich es, mein Auto zu verkaufen. Der Käufer hatte auf mein Inserat reagiert. Ich traf mich auf dem Mall-Parkplatz in Abu Hamour mit ihm. Nee, mit mir wollte er nicht handelseinig werden. Ob mein »Sir« nicht da sei. Schnell rief ich Mark im Büro an. Innerhalb von einer Stunde war das Auto verkauft und umgeschrieben.

Mark musste einen anderen Ausweg finden, seinen alten Jeep wollte niemand. Er überschrieb das Auto an eine ehemalige Kollegin, die in Doha einen neuen Arbeitgeber gefunden hatte. Sie wartete ein paar Monate und verkaufte das Auto, als der Markt sich etwas beruhigt hatte, und überwies uns das Geld.

Nun stand unserer Ausreise nichts mehr im Wege. Anders als auf dem Hinweg nach Katar fühlten wir uns dieses Mal aber nicht frei und unbeschwert. Wir wussten, dass knapp vierzig Kubikmeter Hausrat schon auf dem Seeweg nach Deutschland waren. Er würde in spätestens drei Wochen dort eintreffen.

Bei der Ausreise war ich gedanklich so sehr bei der Blockade und der Angst, dass wir es doch nicht rausschaffen würden, dass der Abschied von Doha, von Katar viel zu kurz kam. Unser Flieger ging morgens um kurz nach sieben. Um ihn zu erreichen, fährt man mitten in der Nacht zum Flughafen.

Noch halb im Schlaf bestiegen wir das Auto. Als wollte uns die Stadt zum Abschied die Zunge herausstrecken, waren die Straßen so gut wie leer. Keine hupenden Wahnsinnigen, keine Arbeiter, die plötzlich auf die Fahrbahn sprangen oder mitten auf der Straße stehen blieben, um etwas in Ruhe auf dem Handy zu lesen. Man sah den Staub nicht, es war warm, aber noch nicht wirklich heiß.

Wir glitten mit der Limousine durch eine wunderbar erleuchtete Großstadt, in der Ferne grüßten der wie das Weiße Haus angestrahlte Emirpalast, der »Leuchtturm« des Fanar-Zentrums am Souk, und beleuchtete Dau-Boote lagen malerisch vor Anker.

»Ich will nicht weg«, sagte Tim mit zitternder Stimme. »Wir hätten doch noch ein paar Jahre bleiben können.«

SINGENDE DÜNEN:
WAS BLEIBT

Wir waren extra um sechs Uhr morgens losgefahren, um die Kühle zu Tagesanbruch für unseren Ausflug zu nutzen. Außerhalb des Autos herrschten »nur« 34 Grad im Schatten – geradezu frisch für Katar im späten Frühjahr.

Es war ein Samstag, wir waren bereits zehn Minuten auf der Schnellstraße unterwegs, und noch immer war uns kein anderes Auto begegnet. Google Maps behauptete, dass wir die Straße an der nächsten Abzweigung verlassen müssten, um zu den »Singing Sand Dunes«, den »Singenden Sanddünen«, zu gelangen. Ganz klar war eine Straße auf der Karte verzeichnet. Vor uns lag aber: nichts. Noch nicht einmal ein Trampelpfad. Lediglich staubige Geröllwüste. Sollten wir hier wirklich abfahren? »Turn right«, quakte die Navi-Stimme aus dem Lautsprecher meines Smartphones.

»Dafür haben wir uns einen Geländewagen angeschafft«, verkündete Mark fröhlich und ließ unseren Kia Mohave im rechten Winkel von der geteerten Straße rollen. »Einfach geradeaus, da wird bestimmt irgendwo die Dünenlandschaft sein.« Über das Holterdiepolter des Wagens konnte ich ihn kaum verstehen.

Meine Eltern saßen auf der Rückbank und lächelten gezwungen. Sie waren vor zwei Tagen aus Deutschland zu uns gekommen und bereuten vermutlich schon, dass sie sich einen Ausflug »in die Wüste« gewünscht hatten. Der Wunsch war gar nicht so leicht zu erfüllen, denn in die »richtige« Wüste darf man in Katar nur im Konvoi fahren, damit ein Ersatzfahrzeug zur Stelle ist, sollte ein Wagen liegen bleiben. Jetzt, im späten Frühjahr, war jedoch niemand bereit gewesen, sich gemeinsam mit uns auf einem Tagesausflug von der Sonne rösten zu lassen. Also hatten wir einen Kompromiss gefunden: Wir würden mit dem Auto in Stadtnähe durch die Geröllwüste fahren und in der Morgenfrische zu Fuß die ersten Dünen erklimmen.

Alles hatte so machbar und nach einem guten Plan geklungen: Dünen in Stadtnähe, gleich in der Nähe einer Straße ... Jetzt schaukelten wir schon fast eine Viertelstunde abseits der Straße über Sand und Steine und kamen uns vor wie im Niemandsland. Der ausgedörrte Boden war übersät von kindskopfgroßen Geröllbrocken. Hier ein Krater, da ein Hügel, alles von der sengenden Sonne, die in Katar viel früher aufgeht als in Europa, förmlich zum Leuchten gebracht. Wir wurden kräftig durchgeschüttelt und kamen nur im Schneckentempo vorwärts.

»Mama, Dünen wo?«, fragte Noah. Berechtigte Frage. Meinem Bauchgefühl nach hinter dem nächsten Achsbruch rechts.

»Wann ist noch mal unsere Reservierung für den Brunch?« Mein Vater klang besorgt. Um das Frühstück oder um unser Leben?

»Keine Sorge, Papa, der Brunch geht erst um halb eins los«, beruhigte ich ihn. »Bis dahin sind wir längst zurück!«

Innerlich beschlichen mich Zweifel. War es eine Schnapsidee gewesen, den Ausflug in die Wüste mit einem anschließenden opulenten Frühstück im Interconti krönen zu wollen? Bei dem Tempo waren wir vermutlich erst heute Nacht im Hotel. Immerhin hatten wir eine Klappschaufel und für jeden zwei Liter Wasser im Kofferraum – wie man das so macht, wenn man in Katar die Großstadt Doha verlässt.

»Ich sehe die Dünen!«, schrie in diesem Moment Tim.

Tatsächlich! Wie eine Fata Morgana kamen sanft ansteigende gelbe Sandberge in Sicht. Erst einer, dann zwei, dann immer mehr.

Die »Singenden Dünen« in der Nähe von Mesaieed in Katar sind einer von nur dreißig Orten weltweit, an denen durch eine Laune der Natur die Sandkörner zu singen anfangen, sobald sie in Bewegung kommen. Wenn die Witterung mitspielt, erzeugt jeder Windstoß, der über den Dünenkamm fegt, ein sirrendes Geräusch. Ein Mensch, der die Flanke der Düne herunterrutscht, erzeugt sogar einen donnernden Orgelton – hatte man uns gesagt.

Wir benötigten eine halbe Stunde Experimente in Sachen Düne runter, Düne hoch, um die richtige Technik zu entwickeln. Die Kinder waren zu leicht, um dem Sand Töne zu entlocken, aber wenn ein Erwachsener auf dem Po hinunterrutschte, begann der ganze gewaltige Sandkoloss zu vibrieren. Für uns klang es jedoch weniger wie »Gesang«, sondern eher wie das Grummeln eines Ungeheuers. Wenn man sich in die warme Umarmung des Sandes legte, übertrug die Düne jeden Schritt, jedes Händepatschen meterweit. Rutschte jemand hinunter, ließ das tiefe Brummen den ganzen Körper schwingen.

»Hey! Ma'am! Sir!«, hörte ich plötzlich jemanden rufen. »Tea?«

Außer unserem Auto war bis zum Horizont kein weiteres Gefährt zu sehen. Auch kein Kamel. Wer redete uns also an?

Auf der uns abgewandten Seite der Düne entdeckten wir schließlich einen Mann in weißem Kaftan, ein Tuch um die Haare geschlungen. Seine Gesichtszüge ließen uns vermuten, dass er Inder oder Pakistani war.

»Tea?«, rief er wieder freundlich. Er deutete auf die nächste Düne und erklärte in holprigem Englisch, dass sein Chef, ein Katari, hier dauerhaft sein Wochenend-Camp aufgeschlagen habe. Der Chef und seine Familie seien im Moment nicht da, und er würde uns gern zum Tee einladen.

Neugierig folgten wir ihm zum Camp, auch wenn wir sein Angebot zum Tee nicht annehmen wollten, um dem Mann Scherereien zu ersparen, sollte die katarische Familie plötzlich auftauchen. Auf dem Plateau hinter der nächsten Düne tauchte plötzlich eine Ansammlung von stattlichen Wüstenzelten auf, komplett mit Klimaanlagen. Dazwischen versorgte ein Generator alles laut knatternd mit Strom. Ein richtiges Anwesen, mitten im Nirgendwo. Er sei der Einzige hier draußen, erklärte der

Mann. Irgendjemand müsse ja auf die Zelte aufpassen. Wie einsam musste das sein?

Leider sprach der Mann kaum Englisch, und so verabschiedeten wir uns bald und machten uns auf den Rückweg über den Dünenkamm. Eine letzte Abfahrt auf dem Po für alle Abenteurer, ein letztes Donnergrollen durch Mark und Bein, dann saßen wir wieder im Auto.

Zwanzig Minuten später erreichten wir die Schnellstraße, vierzig Minuten später tauchten wir schon in die Hochhausschluchten der West Bay ein. Für uns war der Wüstenausflug wie eine Zeitreise durch Katar im Schnelldurchlauf gewesen: vom Zelt in die reiche Glitzermetropole, vom heißen Sand ins eisgekühlte Luxushotel, wo ein üppiger Brunch auf uns wartete.

Arabische Familien umringten uns auf dem Weg ins Hotelrestaurant. Die Damen waren alle professionell geschminkt und unter den schwarzen Abayas bestimmt aufgedonnert wie für den Laufsteg, die Männer trugen die traditionellen blütenweißen Gewänder mit ebensolcher Kopfbedeckung. Der exotische Duft von Oud-Parfüm hüllte uns ein.

Erst als eins der arabischen Kinder, ein Mädchen mit Zöpfen und feinem Kleidchen, kichernd mit dem Finger auf mich zeigte, bemerkte ich, dass mir und allen anderen Familienmitgliedern bei jeder Bewegung hauchfeiner Sand aus der Kleidung rieselte.

Wir mussten ebenfalls kichern und zwinkerten der Kleinen zu. So ist das Leben in Doha: innerhalb einer Stunde von einem Extrem ins andere, aber die Hitze und den Sand wird man nicht los.

Zugegeben: Katar zu lieben fällt aus der Ferne leichter als aus der Nähe. Wenn man noch mittendrin steckt, gibt es jeden Tag etwas zu motzen. Wenn mal wieder auf den Straßen nichts geht, die Polizisten hilflos inmitten des Chaos herumwinken, die ersten fetten Land Cruiser sich rechts und links rücksichtslos am Stau vorbeiquetschen. Wenn der Barista im Starbucks aus Angst um seinen Job hektisch das Pärchen in traditioneller Tracht vorzieht, das sich gerade lässig an der langen Schlange vorbeigeschoben hat. Wenn wieder mal nirgendwo Öffnungszeiten stehen. Wenn die Nachbarskinder lautstark Terror machen.

Aber das verdrängt man schnell. Wenn ich mich jetzt mit Freunden unterhalte, die ich in Katar kennengelernt habe und die inzwischen auf der nächsten Auslandsstation oder zurück in ihrem Heimatland sind, verklären wir die Zeit im kleinen Wüstenstaat.

»Weißt du noch, wie blau der Himmel war? Jeden Tag!« Ein sehnsüchtiges Seufzen. »Jeden Morgen zu blauem Himmel aufwachen, das war toll.«

»Ich vermisse am meisten die lauen Abende. Es wird so früh dunkel, und dann sitzt du mit Freunden stundenlang beim Barbecue oder fährst an den Strand. Ein Traum!«

»Die großen Villen.«

»Wie schnell man mit anderen Expats Freundschaft schließt.«

Man weiß irgendwann nicht mehr, wo echte Erinnerung aufhört und Nostalgie anfängt.

Es gibt vieles, über das man sich in Bezug auf Katar aufregen kann, vieles, das besonders mir als westlich geprägter Frau schwer im Magen liegt, wie die Lebensbedingungen der Arbeiter, das Schattendasein der Frauen, die Zensur. Aber die Wahrheit ist: Ich vermisse Katar auch. Ich vermisse die Hitze, das Bad in exotischen Düften, die arabischen Leckerbissen, die Wüste, die geometrischen Muster und Verzierungen überall, das dauerhafte Urlaubsfeeling unter blitzblauem Himmel, das Gemisch aus vielen Nationen, Küchen und Sprachen, die lauen Abende auf der Promenade, das Leben am Meer, unser Familienleben in Katar und das herzliche Willkommen, das jedem Neuzugang in der Expat-Gemeinschaft zuteilwird.

Es war eine tolle Zeit, und wir möchten sie auf keinen Fall missen. Es war eine wunderbare Erfahrung für unsere Kinder, mit so vielen verschiedenen Sprachen und Kulturen aufzuwachsen und zu lernen, dass man auch in einer so ganz anderen Welt ein Zuhause aufbauen kann. Beide Kinder hatten übrigens kein

Problem, den Anschluss an das deutsche Schulsystem zu finden – trotz viel mehr Ferien und anderen »Auszeiten« in Katar und hohem Anteil nicht deutschsprachiger Kinder in der Klasse beziehungsweise in der Vorschule.

Zwei derart verschiedene Welten erlebt zu haben, hat unser Leben sehr bereichert und unseren Horizont dauerhaft erweitert.

GLOSSAR

Abaya: elegantes verhüllendes Übergewand der Frauen, in den Golfstaaten meist schwarz. Form eines Kleides, es kann aber auch ein dünner Mantel sein.

Adhān, arabisch: der Gebetsruf, siehe auch → Call to Prayer

al humdulillah: Gott sei (es) gedankt

Al Jazeera: katarischer Fernsehsender, der großen Einfluss in der arabischen Welt hat. Den arabischen Nachbarstaaten seit dem Arabischen Frühling ein Dorn im Auge.

Arabic Sea – Arabischer Golf: Wenn man in den Golfstaaten das angrenzende Meer als »Persischen Golf« bezeichnet, hat das ungefähr denselben Effekt, wie wenn man einen Schotten als Engländer tituliert.

Ardah: folkloristischer Gruppentanz der Männer, häufig mit Schwert oder Stab ausgeführt. Eine Tradition in Katar, die zu festlichen Angelegenheiten noch praktiziert wird. Wie viele Traditionen in Katar wirkt sie auf den ersten Blick touristisch, gehört aber zum gelebten Alltag der Menschen.

Batoola: eine metallisch aussehende Gesichtsmaske. Alte Damen in den Golfstaaten tragen sie manchmal heute noch.

Call to Prayer: der Gebetsruf des Muezzin fünfmal am Tag, arabisch **Adhān**

Compound: Wohnsiedlung aus (meist) identisch gebauten Einfamilienhäusern mit einer Mauer drum herum. Typische Bauweise in vielen Golfstaaten, wenn man größere Mengen gut bezahlter Expats unterbringen will. In Doha umfasst ein Compound meist zwischen 20 und 150 Villen. In Saudi-Arabien gibt es Compounds, die die Größe von deutschen Kleinstädten haben, mit eigenem Kino, Supermarkt, Café.

Corniche: in den Golfstaaten häufig verwendeter Name für Küstenpromenade. Dohas Corniche verläuft sichelförmig entlang der Küste des arabischen Golfs.

Dallah: die geschwungene arabische Kaffeekanne, der an der Corniche in der Nähe des Dau-Hafens sogar ein Denkmal gesetzt wurde

Dama: die arabische Variante des Dame-Spiels, in Deutschland meist als *Türkisches Dame* bezeichnet. Das Brett ist einfarbig, die Spielsteine meist schwarze und weiße Halbkugeln. Die Regeln weichen von unseren Dame-Regeln ab. Die dritten Weltmeisterschaften im Türkischen Dame-Spiel wurden 2016 in Doha abgehalten.

Dau oder **Dhau** (englisch Dhow): Name für in den Golfstaaten anzutreffende Segelboote mit ein bis drei Masten und trapezförmigen Segeln (sogenannte Settee-Besegelung), inzwischen von Motoren angetrieben. Bezeichnet nicht einen einzelnen Typ; es gibt bis zu 60 verschiedene Arten von Daus. In Doha gern für Touristen eingesetzt: nachts farbig beleuchtet mit lauter Musik.

Dischdascha: das weiße Gewand vieler arabischer Männer, auch Thobe genannt. Geschnitten wie ein knöchellanges Männerhemd, mit Kragen und Manschettenknöpfen.

Emirati: männlicher oder weiblicher Bürger der Vereinigten Arabischen Emirate (VAE)

Emiri Diwan, arabisch eigentlich *Amiri Diwan*: Regierungssitz des katarischen Emir in der Nähe der Corniche. Hier sind auch die Büros des stellvertretenden Emirs und des Premierministers untergebracht. Besonders nachts wirkt der Palast durch die Beleuchtung wie ein Märchenschloss oder die arabische Antwort auf das Weiße Haus.

Expats: Sammelbegriff für Menschen, die auf Zeit im Ausland leben, meist aus wirtschaftlichen Gründen

Fattusch: beliebter Salat in Katar, ursprünglich aus dem Libanon. Der besondere Geschmack stammt von der Vinaigrette, die mit → Sumach gewürzt wird.

Fuwairit: Dorf und beliebter Strand im Norden Katars, leider ohne Infrastruktur. Die Straße führt nur bis ins Dorf, nicht bis zum Strand, die letzte halbe Stunde fährt man über Geröllklippen und Sandpisten. Nachts ohne Beleuchtung. Beliebter Sammelplatz für Jetskifahrer; einige arabische Familien haben dort dauerhaft Wohnwagen stehen. Auch Tagesbesucher betreiben gern mit knatternden Generatoren Lampen und Klimaanlagen.

Gahwa (Aussprache in etwa *Ga-wa*), auch als Qahwa umschrieben: das arabische Wort für Kaffee. Unterscheidet in der Praxis den westlichen »Coffee« (meist Espresso plus Milch) vom klassischen *qahwa saada* (arabischer Kaffee ohne Milch und Zucker).

GCC: Gulf Cooperation Council, veralteter, aber noch vielfach verwendeter Name des *Cooperation Council for the Arab States of the Gulf*. Das regionale politische und wirtschaftliche Bündnis aller arabischen Staaten am Arabischen Golf. In der Region ist GCC ein häufig auf Schildern verwendeter Sammelbegriff für Bewohner der Golfstaaten, besonders im Flughafen und auf Ämtern. Gemeint sind dann immer die »Einheimischen« (→ *Nationals* oder → *Locals*) der Golfstaaten, nicht die Bewohner mit Arbeitserlaubnis *(Residents)*. Für die Einheimischen der Golfstaaten gibt es meist andere Zugänge und Schalter als für *Residents* und Touristen.

habibi: mein Schatz, Schätzchen. Oft zu hörender Ausspruch von Eltern gegenüber ihren eigenen, aber auch fremden (Expat-)Kindern. Das Kind weint beim Impfen? »Ach, habibi, bald sind wir fertig.«

halal: nach den islamischen Vorschriften erlaubt; das Gegenteil von → *haram*. Häufig verwendet als Kennzeichnung für Nahrungsmittel und fertige Gerichte. In Katar begegnet einem die Kennzeichnung bei Essen nicht so oft, da per Gesetz alles Essen *halal* sein muss. Schweinefleischprodukte gibt es nur im → QDC.

haram: verboten bzw. schädlich, je nach Kontext. Stark vereinfacht ausgedrückt: Es gibt den religiösen *haram*-Begriff und den kulturellen. Kulturell eher der Gegensatz zu *halal*. Essen, das nicht *halal* ist, ist *haram*. Sexuelle Beziehungen jeder Art ohne verheiratet zu sein, sind *haram*. Mit einer Frau, die verheiratet ist, zu flirten, ist *haram*.

Industrial Area: ein Industriegebiet, das an das Stadtviertel Abu Hamour angrenzt. Hier sind z. B. Autowerkstätten angesiedelt. Die Straßenverhältnisse sind anarchisch.

inschallah: reflexartige Ergänzung in jedem Satz, um bloß nicht durch Wünsche das Schicksal herauszufordern (»Wir sehen uns nächste Woche, inschallah«). Gern auch von Nicht-Muslimen benutzt, um sich aus der Affäre zu ziehen. Egal, ob man auf die Ausreisegenehmigung für das Haustier oder auf das Auto in der KFZ-Werkstatt wartet: Alles wird in »inschallah zwanzig Minuten« fertig sein – auch wenn es noch Stunden dauert.

Karak: süßer schwarzer Tee, der in schlanken kleinen Gläsern serviert wird. Inoffizielles Nationalgetränk von Katar, findet sich überall.

khalas!, gesprochen »challass!«: Genug jetzt! Der Ausruf der genervten Familienväter, die sich in der Mall seit zehn Minuten das Gezanke ihrer Kinder angehört haben. Auch der Name einer sehr leckeren Dattelsorte.

Local: (englisch ausgesprochen): häufig verwendeter Begriff in den Golfstaaten für einen Einheimischen, siehe auch → *National*.

mafi mushkila: Kein Problem! In der Regel dann benutzt, *wenn* es ein Problem gibt. Araber und Asiaten in Doha verwenden genauso das englische »No problem!«. Bei »No problem, Sir!« sollte man wachsam werden.

Majlis, arabisch wahlweise ausgesprochen *medschiliss* oder *madschiliss*: separater Bereich des Hauses, mit typisch arabischen Sofas ausgestattet und nur den Männern vorbehalten. Hier lädt der Hausherr zu einer festen Zeit jede Woche zum Treffen ein. Auf diesen Sofas werden Netzwerke geknüpft und die Entscheidungen getroffen, die über Gedeih und Verderb der Firmen in Doha entscheiden. In vielen Familien haben auch die Frauen einen eigenen Majlis.

Mangroven: Baumart, die in Salzwasser wächst. Die Gebiete an der Küste, in denen die Mangroven wachsen, heißen »Mangrovensümpfe«. Das Wasser ist dort oft nur knietief und warm wie eine Badewanne. Besonders um Al Thakira (Nähe Al Khor) gibt es einen ausgedehnten Mangrovenwald, den man wunderbar per Kajak erkunden kann.

marhaba: Willkommen!

mashallah: von Gott so gefügt. Reflexartiger Einwurf muslimischer Eltern, sobald ein Lehrer oder Trainer das Kind lobt (»Sie hat ein tolles Ballgefühl«, »Habiba fällt Mathe so leicht«). Der Aberglaube dahinter ist: Wenn jemand ein Kompliment macht, und man sagt nicht »mashallah«, ist man schuld, wenn etwas schiefgeht. Ähnlich unserem Ausdruck »Klopf auf Holz«.

MIA: Museum of Islamic Art. 2008 nach Plänen des zu dem Zeitpunkt über neunzigjährigen Architekten I. M. Pei entworfen. Für das Museum wurde eigens eine künstliche Insel vor Doha angelegt. Das Museum ist mit dem Festland über eine von Palmen beschattete und mit einem Wasserlauf gekühlte Promenade verbunden.

Msheireb, englisch auch *Musheireb* geschrieben: neu gebaute Innenstadt von Doha (→ S. 217)

Muezzin: der Gebetsrufer, der aus dem Turm der Moschee, heutzutage verstärkt über eine Anlage, fünfmal am Tag mit einem ritualisierten Ruf (→ Adhān bzw. → Call to Prayer) zum Gebet ruft.

National, auch *Local* genannt (englische Aussprache): bezeichnet in der Golfregion einen »Einheimischen« eines Landes im Gegensatz zu den vielen Einwohnern mit Arbeitserlaubnis *(Residents)*. Für die *Nationals* der Golfstaaten und vor allem für Kataris gibt es z. B. am Flughafen und in manchen Einrichtungen eigene Schalter.

Niqab bzw. Nikab: meist schwarzer Gesichtsschleier, der häufig zur Abaya getragen wird. In Katar nicht verpflichtend.

NOL, auch gern doppelt gemoppelt »NOL letter« genannt: *No Objection Letter*. Meist ist ein Brief des Arbeitgebers gemeint, dass man etwas tun darf, z. B. im → QDC einkaufen oder den Arbeitgeber wechseln.

okay: hat am Golf nicht ganz die gleiche Bedeutung wie im Rest der Welt. Bedeutung fließend: von »Von mir aus, aber du warst jetzt gerade tierisch unhöflich«, bis: »Ich tue jetzt so, als kümmere ich mich um dein Anliegen, aber in Wirklichkeit passiert nichts.«

Oud: ein wunderbar erdiger Duft. Das Holz des seltenen Baums wird zu teuren Parfüms und zu Räucherwerk verarbeitet.

Pearl, die Pearl: künstliche Insel im Norden Dohas mit verschiedenen Vierteln. Am bekanntesten sind die hohen Wohntürme, die im Kreis um den Jachthafen stehen, am schönsten ist Qanat Quartier, ein buntes Venedig.

QDC: *Qatar Distribution Center*. Unscheinbares Gebäude, das offiziell keine Adresse hat. Hier und nur hier werden in Katar Alkohol und Schweinefleisch verkauft. Zutritt nur mit QDC-Lichtbildausweis, den man erst einmal beantragen muss.

Resident: Die Einwohner der Länder in den Golfstaaten unterscheiden sich in »echte« Einheimische, die → *Nationals* oder → *Locals* genannt werden, und in *Residents*, das sind Menschen mit Arbeitserlaubnis. Wird überall zur Unterscheidung verwendet, so z. B. auch beim »Resident's Guide to Qatar« oder auf Ämtern.

RP: *Resident's Permit*. Am ehesten mit »Arbeits- und Aufenthaltserlaubnis« übersetzbar. Auch nötig, um eine Wohnung zu mieten, ein Auto zu kaufen, einen Mobilfunkvertrag abzuschließen, die Schule zu besuchen. Meist erhalten Männer ein RP über ihren Arbeitgeber. Erst dann können sie RPs für ihre Frau und Kinder beantragen. Der Arbeitgeber ist der Sponsor des Ehemanns. Der Mann ist, nach lokalem Gesetz, der Sponsor seiner Frau und Kinder. Vorteil: Frau und Kinder sind nicht von einem katarischen Sponsor abhängig. Nachteil: Wird die Ehe geschieden, erlischt das Sponsoring und damit das RP. Zweiter Nachteil: Der Sponsor konnte bis vor Kurzem entscheiden, ob man Katar verlassen darf oder nicht. Erst seit 2019 kommen zumindest Western Expats immer raus, es sei denn, sie stehen auf einer No-Fly-Liste.

Rub al Kahli: »Empty Quarter«, zu Deutsch »das leere Viertel«: eine große Wüstenlandschaft, die sich von Katar bis hinein nach Saudi-Arabien erstreckt. Den Beginn in Katar markieren steile Sanddünen, die ständig ihre Form ändern. Darin liegt die → *Inland Sea*.

Sabkha: Salzmarsch

Salāt, auch Salah or Salaah umschrieben: das rituelle muslimische Gebet, das fünfmal am Tag zu verrichten ist.

Salouki: Arabische Windhunde, die jahrhundertelang die Beduinen begleiteten und für sie Beute fingen. Leider sind die katarischen Tierheime inzwischen voll von diesen Hunden.

Shawarma: Teigfladen mit vom Spieß geschnittenem Fleisch (ähnlich Döner), je nach Lokal und Region wird dazu Salat gepackt, ein bisschen Gemüse und zwei, drei Pommes.

Shayla: der offizielle Name für den »Kopfschleier«. Fälschlich oft als »Kopftuch« bezeichnet. Es ist ein dünnes Tuch, das in verschiedenen Stilen von Frauen um die Haare gewunden wird. Schützt die Haare auch vor der Sonne.

shukran: danke

Sumac, auf Deutsch Färber- oder Gerber-Sumach: sehr leckeres rotes Gewürzpulver, das im Nahen und Mittleren Osten über Salate, Fleischgerichte und vermischt mit Thymian und Bohnenkraut auf Brot gestreut wird. Geschmack säuerlich-fruchtig, ähnlich wie Sauerampfer.

Valet: der Hotelbedienstete in der Auffahrt des Hotels, der das Auto für die Gäste ein- und ausparkt. In vielen Hotels in Doha gibt es Valets und einen Welcome Service.

walahi: Ich schwöre bei Gott (Allah). Wird in vielen Ländern inflationär im Gespräch benutzt, ähnlich wie im Deutschen »Ich schwör!«. Meine ägyptischen Bekannten behaupteten: Wenn ein Ägypter »Walahi!« sage, sei das, was folge, meist gelogen. So krass scheint es aber nicht zu sein: Wenn die Kinder sich danebenbenahmen, riefen die ägyptischen Eltern: »Walahi, wenn du deine Schwester noch einmal haust, gibt's den Rest des Tages iPad-Verbot!«

yalla, yalla: Los! Hau rein! Beeil dich! Gern von den Polizisten im Roundabout und von den Eltern vor der Schule benutzt.

yanni: arabische Version des im Englischen genauso exzessiv benutzten »you know« im Gespräch. Auf Deutsch je nach Kontext »… oder?«, »Du weißt schon« oder, wie der Schwabe sagen würde: »Weisch?«

Za'atar: Gewürzpflanze Ysop *(Origanum syriacum)*, die in der gleichnamigen Gewürzmischung enthalten ist. Meist ist Za'atar in Katar erhältlich als Topping auf Fladenbrot und Croissants. Gewürzmischung mit gemahlenem Thymian, Oregano, Majoran und Salz, manchmal noch mit geröstetem Sesam und etwas Sumach vermischt.

WEITERFÜHRENDES

ZUM ANSCHAUEN

»Der neue Golfkrieg«, arte Dokumentation von 2019. Zu sehen u. a. auf YouTube.

Ali, Samina: »What does the Quran really say about a Muslim woman's hijab?« | *TEDxUniversityofNevada* https://youtube/_J5bDhMP9lQ

Mr. Q, Sendung »I love Qatar« auf YouTube. Er ist selber Katari. Genauso wie »The Qatari Guy«, ein Stand-up-Comedian aus Katar. Z. B. von »I love Qatar«: Klassischen katarischen Kaffee (Gahwa) selbst herstellen: https://www.youtube.com/watch?v=dDypjDx3pVs; Flirten auf Arabisch: https://www.youtube.com/watch?v=3IQtOMKzmVM

Schöne visuelle Eindrücke von Doha und Katar liefert Reiseblogger Jordan Simons in seiner dreiteiligen Videoserie über Katar auf YouTube (Kanal: Life of Jord). www.youtube.com/watch?v=CPY6GyXCF5A

»Cover-up Couture«, eine 30-minütige Folge der Doku-Serie »Follow this« zum Thema Modest Fashion – inzwischen ein Markt mit der Größenordnung von 250 Milliarden Dollar. Die Sendung ist leider nur auf NETFLIX zu sehen.

Christiane Amanpour: »Sex & Love Around the World«, Staffel 1, Folge 3: »Beirut«. Für die CNN produzierte Sendung, in Deutschland nur auf NETFLIX zu sehen. Thematisiert wird nicht nur das LGBTQ Leben in muslimischen Staaten, auch die Rolle und Rechte der muslimischen Frau z. B. beim Thema Scheidung.

BÜCHER UND ARTIKEL

DEUTSCH

Bolle, Wiebke: »Wir machen unser Ding – vom neuen Selbstbewusstsein geflüchteter Frauen«, in: bento 3.4.2019 https://www.bento.de/gefuehle/gefluechtete-frauen-in-deutschland-vom-neuen-selbstbewusstsein-a-4802db15-fa80-42aa-8543-9e473db47061 (zuletzt abgerufen 09.11.20)

Bile, Amina; Srour, Sofia Nesrine; Herz, Nancy: »Schamlos«, Thienemann Verlag 2019

Dönhoff, Marion Gräfin: »Die arabische Welt«, in: »Der Effendi wünscht zu beten. Reisen in die vergangene Fremde«, Siedler 1999

Kabsci, Kirstin: »Kleine Golfstaaten/Oman«, in der Reihe »Kulturschock«, Reise Know-how Verlag 2009 (3. Aufl.)

Oelhafen, Harriet von: »Inscha'allah Arabia. Katar, drum herum und außerdem …«, Harriet von Oelhafen/Hvo Training und Consulting, München 2015 (3. Aufl.)

ENGLISCH

»The Search for Sustainability at the Qatar World Cup. Interview with Architect Albert Speer«, in: SPIEGEL Online, 8.1.2015 https://www.spiegel.de/international/world/architect-albert-speer-interview-on-qatar-world-cup-a-1011520.html (abgerufen 09.11.20)

»Why You Shouldn't Learn Modern Standard Arabic Before A Dialect«, auf Talk in Arabic.com https://www.talkinarabic.com/learn-modern-standard-arabic-or-a-dialect/ (abgerufen 09.11.20)

Cristol, Jonathan: »The Cows come Home to Qatar«, in: World Policy 27.3.2018 http://worldpolicy.org/2018/03/27/the-cows-come-home-to-qatar/ (abgerufen 09.11.20)

Crosby, Mike; Gerber Rutt, Christine; Khatri, Shabina S.: »Qatar Residents' Guide«, Explorer Group 2015 (7. Aufl.)

Gillespie, Frances; Al-Naimi, Faisal Abdullah: »Hidden in the Sands. Uncovering Qatar's Past«, Medina Publishing Ltd. 2013 *(Schön gemachtes Kinderbuch, d. Verf.)*

Hajar, Rachel M.D.: »My Life in Doha between Dream and Reality«, Strategic Book Group, 2011

Holm, Niels Borchert: »Interrogated in Qatar: One journalist's experience«, in: Doha News, 1.6.2016 https://dohanews.co/opinion-qatar-may-recordings-back/ (abgerufen 09.11.20)

Holton, Patricia: »Mother Without a Mask. A Westerner's Story of her Arab Family«, Motivate Publishing, 2014 (4. Aufl.)

Jodido, Philip: »Museum of Islamic Art Doha Qatar. Photography by Lois Lammerhuber«, Prestel Verlag, 2008

Kennedy, Robert jr.: »Why the Arabs Don't Want Us in Syria«, Artikel im US-Magazin Politico, 22.2.2016 https://www.politico.com/magazine/story/2016/02/rfk-jr-why-arabs-dont-trust-america-213601 (abgerufen 09.11.20)

Koch, Nathalie: »Building glass refrigerators in the desert: Discourses of urban sustainability and nation building in Qatar«, in: Urban Geography 2014, Vol. 35, No. 8, 1118–1139, DOI: 10.1080/02723638.2014.952538 (abgerufen 5.9.2019)

»Qatar Kaleidoscope«, Marhaba/Dana Public Relations s. a.

State of Qatar Education Institute (Hrsg.): »Qatari History and Citizenship Grade 1«, Private Schools 2013

State of Qatar Education Institute (Hrsg.): »Qatari History and Citizenship Grade 2«, Private Schools 2014

Untermeyer, Diana C. K.; Dallal, Henry (Fotos): »Qatar. Sand, Sea and Sky«, Bright Sky Press 2011

Wasserman, Gary: »The Doha Experiment. Arab Kingdom, Catholic College, Jewish Teacher«, Skyhorse Publishing 2017

Wazir Burhan: »Mysterious shutdown plagues popular news site in Qatar«, in: Columbia Journalism Review 9.12.2016 https://www.cjr.org/watchdog/doha_news_censorship_journalism.php (abgerufen 09.11.20)